일본
디플레이션의
진실

DEFURE NO SHOUTAI—Keizai wa "Jinkou no Nami"de Ugoku

© Kousuke Motani 2010

Edited by KADOKAWA SHOTEN

First published in Japan in 2010 by KADOKAWA CORPORATION., Tokyo.

Korean translation rights arranged with KADOKAWA CORPORATION., Tokyo.

through Shinwon Agency Co.

경제는 '인구'로 움직인다!

일본
디플레이션의
진실

모타니 고스케 藻谷浩介 지음
김영주 옮김

동아시아

'이 책은 읽을 필요가 있다'라고 모두에게 권할 수 있는 책은 그리 많지 않습니다. 하물며 자기가 쓴 책에 대해서 그렇게 말하는 것은 대단히 부끄러운 일입니다. 하지만 이번에는 진심으로 추천하겠습니다. 이 책은 '읽을 필요가 있는' 책입니다. 누가 읽어도 객관적인 것을 알 수 있는 지극히 당연한 사실들을 나열하고 있습니다만, 다른 책에서는 볼 수 없는 단 하나뿐인 내용을 담고 있습니다.

지금 일본에서는 '디플레이션deflation'이나 '불경기'라는, 학술용어처럼 보이지만 사실은 의미가 애매모호한 단어만으로 적당히 경제문제를 정리하고 있습니다. '무엇이 원인이며 무슨 일이 일어나고 있는가?'라는 '사실'을 명쾌하게 말로 분석하거나 논하지 않고 있습니다(이것은 학자나 매스컴처럼 말로 먹고사는 사람들의 태만이라고 생각합니다). 누구도 진정한 문제가 무엇인지 잘 모르고 있습니다. 그렇기 때문에 적절한 대처를 못하고 있으며 모두의 불안은 커져갈 뿐입니다.

이 책은 일반인들이 경제에 대해서 느끼고 있는 불안의 정체正體를 애매모호한 단어를 쓰지 않고 간단한 논리로 알기 쉽게 정리하고 있습니다. "뭐야? 그런 거였어? 그렇다면 이렇게 대처할 수 있잖아" 하는 방법을 제시합니다. 사람들이 대처방안인 것처럼 떠들고 있는 것들 중에 아무 쓸모가 없는 공론空論이 섞여 있는 것도 알 수 있습니다. '생산성 향상'이나 '성장전략'처럼 구체적인 부분이 결여된 슬로건에 현혹되는 일도 없어질 것입니다.

병도 그렇지만 원인이 무엇인지 모르면 (실은 감기에 걸린 것뿐이라도) 내일 일도 알 수 없을 정도로 불안해지고, 원인을 알게 되면 (설령 치료에 시간이 걸리는 병이라고 해도) 왠지 그 순간부터 마음이 조금 가벼워지는 법입니다. 잘못된 치료법에 빠져서 시간과 에너지를 낭비하는 일도 막을 수 있습니다.

세계는 어떻게 변해갈 것인가? 우리는 어떻게 대처해야 하는가? 우리들은 그리고 아이들은 어떻게 하면 행복한 인생을 보낼 수 있을까? 세상이 다소 신경질적으로 마치 패닉 상태처럼 변해버린 것 같지 않습니까? 이 책을 읽고 단순한 사실을 알게 되면 단숨에 통찰력을 갖게 될 것입니다. 그러니 나아가야 할 방향도 취해야 할 행동도 명백합니다. 그렇게 어려운 일이 아니며 누구라도 스스로 할 수 있는 일이 있습니다. 국가나 관공서, 다른 사람이 어떻게 하는지가 아니라 먼저 자기 자신을 주체로 생각해보십시오.

그런 행동들을 늘려가기 위해서라도 먼저 사실을 파악합시다. 그리고 천천히 한번 심호흡을 하고 걸어가기 시작합시다. 우리는 할 수 있습니다. 저는 그렇게 확신하고 있습니다.

일러두기

• 이 책은 지은이가 총 3,000회 이상 실시한 강연경험을 바탕으로, 출판을 위해 새로 쓴 내용들로 구성되어 있다.

• 본문 중 각주는 옮긴이 주이고, 괄호는 지은이 주이다.

• 인명, 지명, 저서명 등의 고유명사는 국립국어원 외래어 표기법을 따랐다.

선입견의
껍질을 깨자

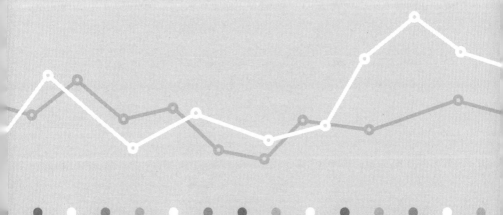

여러분 안녕하십니까. 이제부터 시간을 잠시 빌려서 '일본에서 지금 어떤 일들이 일어나고 있는가?', '앞으로 일본의 경제는 어떻게 되는 것인가?'라는 문제에 대해서 다소 생소한 이야기를 하겠습니다.

하지만 제가 말씀드리는 것은 "객관적인 통계수치는 이렇습니다", "실제 현장은 이런 상황입니다", "단순한 논리로 생각해보면 이런 것 아니겠습니까?"라는 것들뿐입니다. 보여드리는 수치는 공표통계^{公表統計}로, 정부기관 같은 홈페이지에서 다운로드할 수 있습니다. 말씀드리는 내용은 전부 사실입니다. 어떤 방향으로 여러분을 유도하려는 의도는 없습니다.

고대 그리스에서 '지구는 둥글다'라는 사실을 지적한 아리스토텔레스의 사고^{思考}는 대단히 간단한 관찰에서 출발했다고 합니다. '항구에서 멀어져가는 배는 밑바닥부터 점차 보이지 않게 되고, 마지막에는 돛대만 보이게 된다'라는 사실입니다. 저의 이야기도 마찬가지입니다. 같은 공표수치를 확인하시고 선입견을 배제하고 논리적으로 사고한다면, 누구라도 제가 발견한 것과 같은 사실을 발견하시게 될 것입니다.

바로 '경기景氣**의 파도'를 집어삼킬 정도로 거대한 '인구의 파도'가 일본경제를 휩쓸고 있다는 사실입니다.**

그러나 세상은 그런 수치에도, 간단한 추론에도 주의를 기울이지 않고 있습니다. 정계·재계·관료·학계·언론 각계는 검증도 하지 않고 '모든 것은 경기의 파도로 결정된다'라고 믿고 있습니다. 마치 중세유럽의 대학자들이 '성서에는 지구가 둥글다고는 적혀 있지 않다'라고 당시의 통설(이라는 이름의 검증이 결여된 선입견)을 제시하며, 누구라도 관찰할 수 있는 사실을 계속 외면하고 있었던 것처럼 말입니다.

우리의 사고방식도 중세유럽과 크게 다르지 않을 수도 있습니다. 하지만 다행히 화형은 존재하지 않습니다. 여러분도 마지막까지 제 이야기를 들어보시고, 무엇이 더 객관적인 사실인지 생각해보십시오.

경기판단을
건강진단과 비교해보면

일본에서는 제가 철이 들었을 무렵부터 계속 'GDP가 들썩거린다', '호경기다', '아니, 불경기다' 하는 모 아니면 도라는 결론이 매일 홍수처럼 흘러넘치고 있습니다. 그러나 'GDP가 떨어진다' 혹은 '경기가 나쁘다'라는 말은 결국 '무엇이 어떻게 되고 있는' 것일까요? 경기가 좋아지면 모두가 행복해지고 여러 문제가 해결될까요?

실제로는 경기의 좋고 나쁨만을 논하고 있어도 일본이 어떻게 되고 있는 것인지, 자신은 어떻게 해야 하는지는 알 수 없습니다. 최소한 기업실적이나 고용·개인소비·수출·수입 같은 GDP의 기본요소 중에서 몇몇 통계수치를 확인하지 않는 한, 경제의 실태는 파악할 수 없습니다.

건강진단에 비유해보겠습니다. 일본의 경기에 대한 논의는 "나의 '종합건강지수'는 A인가, B인가, 그렇지 않으면 C인가?"라고 호들갑을 떠는 것과 마찬가지입니다. 그러나 '종합건강지수'를 보기만 해서는 혈압은 얼마인지, 체지방률, 혈당치, 요산치, 간 기능은 어떤지 개별적인 중요지표가 어떻게 되어 있는지는 알 수 없습니다. 골절되지 않았는지, 동맥류는 없는지 같은 외과적인 부분도 알 수 없습니다.

이래서는 만약 '종합건강지수'가 악화되었더라도 운동을 해야 하는지, 요양을 해야 하는지, 절식을 해야 하는지, 영양을 잘 섭취해야 하는지, 단순히 잠을 좀 더 자면 해결되는지, 특정한 약을 먹어야하는지, 구체적인 대처방안을 세울 수 없기 때문입니다. 그러니 다짜고짜 "종합건강지수가 떨어졌잖아. 무엇보다 건강해지기 위해서 노력해라. 건강해지기 위한 노력을"이라고 부르짖어도, '구체적으로 어디가 안 좋으니까 그 대책으로 이렇게 해라' 하는 논리가 전혀 없기 때문에 형

식적인 구호로 끝나거나 전혀 다른 방향으로 가버리기 쉽습니다.

이렇게 표현하면 우스갯소리 같지만, "경제성장률이 떨어지고 있잖아. 성장전략을 세워라. 디플레이션 대책을 취해라"라고 외치고 있는 것도 바로 이것과 똑같은 경우입니다! 구체적으로 어떤 증상에 대해서 어떤 대책이 효과를 발휘하는지 현상분석의 단계부터 애매모호한 의견, 이른바 '구두선口頭禪'*에 불과합니다.

여러분도 느끼고 있지 않습니까? "성장전략을 제시해라" 혹은 "디플레이션 대책을 취해라"라며 큰 목소리로 주장하고 있는 분들의 대부분이 어떤 원인에 대해서 무엇을 해야 하는지 분명하게 말하지 않고 있다는 것을 말입니다. 구체적인 대책을 굳이 찾아보면, "일본은행은 금융완화를 더 실시해라"라는 주장 정도입니다. 그러나 아직도 그런 거시적인 정책에 눈에 보이는 효과를 기대할 수 있다고 진심으로 믿고 있는 사람은 실제로 몇 명이나 있겠습니까?

여기저기에서 다양한 분들과 이야기를 나누고 깨달았습니다만, '내수가 침체되고 있는 것은 경기가 나쁘기 때문이다'라고 기계적으로 생각하고 있는 사람들도 상당히 많이 있습니다. "경기가 나쁜 것은 내수가 침체되고 있기 때문이다"라고 말하면서 '내수가 침체되고 있는 것은 경기가 나쁘기 때문'이라고 하면, 단순한 순환논법에 지나지 않습니다.

그리고 이보다도 더욱 곤란한 사고회로가 '경기만 좋아진다면 모두

---

* 실행이 따르지 않는 실속이 없는 말.

가 행복해진다'라는 착각입니다. 지금 직면한 '100년에 한 번의 불황'을 극복하면 다시 '호경기'가 찾아와서 모두가 경제적으로 풍요롭게 된다는 이야기입니다만, 이것은 과연 사실일까요?

얼마 전의 '전후戰後 최장의 호경기', 다들 이미 잊어버리셨을지도 모르지만 2002년부터 2007년까지 계속된 수출 주도의 호경기를 떠올려봅시다. '경기가 일본의 구석구석으로 파급되어 모두를 풍요롭게 만들었다'라는 실감은 없었을 것입니다. 아니 오히려 많은 사람들이 "그 사이에 격차가 확대되었다"라고 말합니다. 정말로 격차가 확대되었는지는 뒤에 설명하는 것처럼 의심스러운 부분이 많습니다만, 일단 일부 경제학도까지도 그런 말을 하고 있습니다.

그에 대한 반론입니다. "경기확대가 더 계속되었다면, 언젠가는 모두에게 효과가 파급되었을 것이다"라는 이야기를 들은 적이 있습니다. 그러나 '전후 최장의 호경기'였음에도 파급되기에는 시간이 부족했다면, 그럼 얼마나 더 호경기가 계속되면 효과가 나타났다는 것입니까? 1960년대 후반의 이자나기 경기いざなぎ景氣*도, 1980년대 말의 거품경제도, 이보다 훨씬 짧은 기간에 모두가 풍요로워졌다고 생각합니다. 그런데 어째서 헤이세이平成** 경기에는 같은 파급효과가 나타나지 않았을까요?

이것도 역시 건강진단에 비유해보겠습니다. 'GDP가 상승하면 사

---

* 1965년부터 1970년까지 이어진 일본 고도경제성장시대의 호경기를 이르는 말.

** 1989년부터 사용되고 있는 현재 일본의 연호.

회 구석구석까지 경제적인 풍요로움이 파급된다'라는 사고방식은 '종합건강지수가 개선되면 혈압도 체지방률도 혈당치도 요산치도 전부 개선된다'라는 발상과 똑같습니다. 그러나 실제로는 그 반대로, 혈압이나 체지방률, 혈당치, 요산치가 개별적으로 개선되면 그 귀결로서 계산결과인 종합건강지수가 상승합니다. 게다가 만약 여러 수치가 좋아져서 결과적으로 종합건강지수가 좋아졌다고 해도, 예를 들어 요산치만은 악화되었을지도 모릅니다. 저도 그렇습니다만, 중년남성이라면 모두 경험이 있지 않을까요? 나이를 먹으면 먹을수록 각각의 지표가 '나란히' 움직이는 경우는 오히려 적습니다.

그렇기 때문에 사람의 생사가 달린 건강진단에서는, 도움이 될 것 같지만 실은 아무것도 알려주지 못하는 종합건강지수라는 '종합지표'는 아무도 고려하지 않고 사용하지도 않습니다. 어디까지나 개별지표를 하나하나 검토하고 개선해갑니다. 그런데 경제의 경우는 대략적이라도 사람이 죽는 일은 없어서인지, GDP라는 종합경황판정지수만 멋대로 강조되어 정작 중요한 개별지표는 무시되고 있습니다.

절대로 'GDP는 의미가 없다'라는 이야기가 아닙니다. 개별지표가 향상되고, 그 결과 GDP도 증가하는 것은 대단히 바람직합니다. 그러나 반대로 누군가가 계산한 GDP만 체크하고 개별지표를 확인하지 않는 것은 논할 가치조차 없습니다. 매스컴에 등장해서 경제를 논하고 있는 분들의 실력에는 하늘과 땅 정도의 개인차가 있다고 생각합니다만, 이런 부분에 있어서의 자세 차이를 보면 아마추어라도 그들의 우열을 판단할 수 있지 않을까요?

지금 사람들이 말하고 있는 '100년에 한 번의 불황'도 GDP만으로 논하는 경제와 공통점이 있습니다. 평균치를 보면 물론 불황입니다. 그러나 이 시기에 유니클로나 일본 맥도날드나 닌텐도처럼 사상 최고의 수익을 올린 기업도 상당수 존재합니다. 오일쇼크는 35년, 태평양전쟁 이후의 혼란기는 60년, 세계경제공황은 80년 정도 전의 일이었습니다. 그러니 '100년에 한 번'이라고 한다면 그런 힘들었던 과거의 경험보다도 지금의 불황이 심각하다는 의미일 것입니다. 하지만 종전 직후는 물론이고 오일쇼크나 세계경제공황 시기에도 사상 최고의 큰 수익을 올린 기업이 있었습니까?

　그렇습니다. '종합지표'나 '평균치'에 맞춰서 모두가 대동소이하던 시대는 끝났습니다. '호경기인데 내수가 확대되지 않는다'나 '불경기인데도 사상 최고의 수익을 올린 기업이 있다'라는 것처럼, 전체적인 경향과는 모순되는 일이 실제 세상에서는 많이 일어나고 있습니다. 그런데 그것을 보면서도 '그런 특이한 개별적인 움직임은 예외에 불과하다'라고 단정 짓고, 믿어 의심치 않는 자신의 총론을 지키려고 합니다. 그런 사람은 현실로부터의 피드백을 받아들일 수 없는, 학술용어로 표현하면 '연역'만 있고 '귀납'은 불가능한 사람입니다. 이론과 현실의 지양이 불가능하다(변증법을 사용하지 않는다)고도 말할 수 있습니다.

　평균치나 일반론을 내세울 뿐, 그와 모순되는 현실을 통해서 더욱 현실적인 규칙성을 귀납해내지 못하는 사람은, 고속도로를 역주행하면서 계속해서 반대편에서 달려오는 자동차를 보고 "저 녀석들이야말로 역주행하고 있다"라고 단정 짓는, 최근 유행하는 '역주행 운전자'와 같은 부류입니다. 나야말로 역주행하고 있지 않은지, 우리는 어떤 경우에도 스스로 경계하지 않으면 안 됩니다.

개별적인 수치나 현상을 확실히 확인하고 복잡하게 모순되는 사실을 그대로 받아들이며, 예외도 포함해서 우리가 사는 세상의 전체상을 파악합니다. 그 과정 속에서 귀납해감으로써 또는 모순을 지양함으로써 더욱 높은 개연성의 이론을 재구성합니다. 이 책에서는 순서대로 그 작업과정을 보여드리도록 하겠습니다.

어느 도시의 역 앞에 펼쳐진 일본의 현재

추상론만으로는 부족하니까, 도쿄東京에서 사람들이 떠들고 있는 총론적인 해석과 현장에서 볼 수 있는 사실이 얼마나 다른지, 일본 전국을 돌아다니다 마주친 극단적인 실례를 소개하도록 하겠습니다.

이것은 인구 10만 명의 어느 시市 중심역 앞의 사진입니다(22쪽 〈사진1〉, 〈사진2〉). 메이지明治* 말기부터, 다시 말해 100년에 가까운 역사를 가진 역입니다만, 이 분위기를 어떻게 생각하십니까?

역 앞 광장 맞은편의 건물에 들어와 있는 것은 소비자금융업체뿐입

---

* 1868년부터 1912년까지 사용된 일본의 연호.

니다. 일반적인 가게는 물론이고 편의점도 패스트푸드점도 없습니다. 이것이 옆 앞의 도로입니다만, 좁고 보행자도로도 없습니다(23쪽 〈사진3〉). 주변은 공터 천지입니다. 주차장이 된 곳도 있지만, 전체적으로 갱지更地* 상태인 곳도 많습니다.

그리고 선로 옆의 포장마차구역입니다(23쪽 〈사진4〉). 어지간히 토지를 이용할 방법이 없는 모양인지 잠정적으로 포장마차구역으로 만든 것 같은데, 보시는 것처럼 점포안내판에 덕지덕지 흰 종이가 붙어 있는 것을 보면(〈사진4〉), 입점했던 가게들도 계속 망해버리고 있는 모양입니다. 이 포장마차구역에 '주차장 250대', '90분 무료'라고 적혀 있습니다. 역 앞인데도 실질적으로 무료인 주차장이 250대분이나 있습니다. 인구 10만 명인 시의 현관이 이런 모습이라면 이 도시는 어지간한 시골구석에 있는 경기가 안 좋은 도시일까요?

참고로 사진을 찍은 것은 2007년 7월입니다. 아직 최고로 경기가 좋았다고들 하는 시기입니다만, 이 도시에는 어지간히 산업이 없어서 그로 인한 은총도 없는 것일까요?

아닙니다. 이 역은 아이치현 도카이시愛知縣東海市에 있는 오타가와大田川역입니다. 세계 최대 수준의 자동차용 강판공장인 신니쓰테쓰나고야제철소新日鐵名古屋鐵所가 위치한 기업도시company town의 거점이 되는 역입니다. 낮 시간대에는 매시간 네 편의 특급과 급행으로 나고야까지 20분이 채 걸리지 않으며, 반대 방향으로도 특급으로 20분 정도면

---

* 전에는 집이나 건물이 있었지만, 지금은 아무것도 남지 않은 빈터.

[사진1]

[사진2]

[사진3]

[사진4]

주부中部국제공항인 센트레아Centrair에 갈 수 있습니다. 대도시의 중심 역 그리고 공항까지 약 20분이라는 것은 도쿄라면 시나가와品川에 해당하는 위치입니다. 게다가 신니쓰테쓰나고야제철소를 비롯해 다이도특수강大同特殊鋼 같은 많은 첨단기술기업이 위치하고 있고, 또한 기후가 따뜻해서 나고야의 베드타운으로도 발전하고 있습니다. 소득수준도 높고 일본 유수의 높은 인구증가율을 보이는 지역입니다. 이 사진을 찍었을 때는 일본에서도 손꼽힐 정도로 재정 상태도 양호했습니다. 일본 최강이라 불렸던 아이치현 안에서도 특히 경기가 좋은 도시였습니다.

생각해보십시오. 호경기의 은총을 가장 많이 받고 있던 나고야 도시권에 자리 잡은 대기업의 산업도시, 메이지 말기부터 존재해온 거점역 앞에 비즈니스호텔 하나, 맨션 하나, 패밀리레스토랑 하나, 편의점 하나 들어서지 않는 호경기. 역 앞의 갱지가 90분 무료주차장으로 방치되고 있는 호경기. 이것은 대체 어떤 호경기인가요? 나고야가 자동차 사회이기 때문일까요? 아닙니다. 이 오타가와역의 이용객 수는 일반적인 지방도시의 현청소재지에 있는 JRJapan Railways역보다 훨씬 많습니다. 평일 낮 1시인데도 역의 승강장에는 이렇게 이용객이 있습니다(〈사진5〉).

도카이시의 시민과 시 당국 그리고 지역기업의 명예를 위해서 말씀드리자면, 시내에서 가장 이용객이 많은 역 앞은 이런 모습이지만, 도카이시 그 자체는 누가 살아도 만족할 만한 멋진 도시입니다. 대단히

[사진5]

강력한 산업집적産業集積*을 가지고 있으며, 기후는 온난하고, 천재지변도 물부족도 없습니다. 주택지에는 녹지가 풍부하고 지역민들은 예로부터 성실하며 치안도 양호합니다. 고속도로는 사방으로 뻗어 있고, 대도시도 국제공항도 대단히 가깝습니다. 이웃하는 오와리요코스카尾張橫須賀라는 조금 더 작은 역 앞에는 작지만 오래된 시가지가 있으며, 역 앞을 벗어나 눈을 돌리면 슈퍼마켓도 패밀리레스토랑도 로드사이드roadside 매장도 얼마든지 있습니다. 단, 교통이 가장 편리한 역 앞에서 당연히 일어났을 법한 도시개발이 근 100년 동안 거의 이루어지지

---

* 비슷한 업종이면서 서로 다른 기능을 하는 관련 기업과 기관들이 모여 있는 군집체.

않았다는 것은 사실입니다.

한마디로 호경기라는 이유만으로는, 자유방임만으로는 개발은 일어나지 않았습니다. 시 당국을 대변해서 말씀드리면, 원래 산업도 인구도 자본도 가지고 있는 지역이기 때문에 민간 독자적으로도 가능한 일은 얼마든지 있습니다. 그런데 그렇게 생각하고 100년간 방치해두었더니 이런 상태가 되어버렸습니다. 출장을 오는 사람들이 대단히 많은데도, 최근 주변에 회사도 없을 법한 시골도시에도 늘고 있는 숙박전용 호텔 하나 없습니다. 아무도 호텔을 지어서 돈을 벌려고 하지 않았기 때문입니다.

실은 이 사진을 촬영한 뒤, 겨우 조금씩 시의 주도로 구획정리가 시작되었습니다. 최근에는 호텔도 한 채 들어섰다고 합니다. 하지만 적어도 시가 앞장서서 얼마간의 공금까지 투입해서 조정을 시작할 때까지, 이 역 앞의 모든 민간인 관계자들은 자발적으로는 100년 동안 아무것도 안 했다고 할 수 있습니다. 그 이유는 무엇일까요? 역 앞의 토지소유권자 여러분들이 부유해서 딱히 아무것도 할 필요를 느끼지 못했기 때문입니다. 토지건물에 대해서 절대적인 권리를 가지고 있는 토지소유권자가 '토지를 활용해서 돈을 더 많이 번다'라는 '합리적'인 행동을 취하지 않기 때문에, 아무리 잠재력이 있는 장소라도 전혀 개발이 이루어지지 않습니다. 캐스팅보트casting vote*는 경기라는 총론적

---

* 합의체의 의결에서 가부可否가 동수인 경우에 의장이 가지는 결정권을 이르는 말. 대세를 좌우할 열쇠를 쥔 대상에 대한 비유로도 사용된다.

인 사태가 아니라 토지소유권자라는 개별적인 경제 주체가 쥐고 있는 셈입니다.

근본적으로 풍요로운 아이치현에서는 토지소유권자도 대체적으로 부유합니다. 그 결과 역 앞의 이런 모습은 상당히 일반적인 풍경입니다. 도요하시豊橋, 히가시오카자키東岡崎, 도요타시豊田市, 가리야刈谷, 오부大府, 지타한다知多半田, 오와리이치노미야尾張一宮, 메이테쓰이치노미야名鉄一宮, 고마키小牧…. 이런 주요도시의 중심적인 역 앞에는 모두 인구 규모로 생각하면 놀랄 정도로 작은 산업집적밖에 없습니다. 심지어 나고야역조차 서쪽 출구를 나와서 100미터만 가면 이들과 다르지 않습니다.

그런데 도쿄 사람들은 나고야에 가보지도 않고, 술도 마셔보지 않고, 돌아다녀보지도 숙박해보지도 않고 멋대로 "아이치현은 호경기다. 틀림없이 북적거리고 있을 것이다"라고 말하고 있었습니다. 그리고 이제는 "아이치현도 불황으로 힘들다네"라고 말합니다. 경기라는 '총론의 총론'에 ○○역 앞의 개발 같은 '현장의 현장'이 발을 맞춰 연동되자 멋대로 그렇게 믿어 의심치 않는 것입니다. 실은 그런 논의를 하는 사람이 바로 '역주행 운전자'입니다.

반대로 생각해보면, 그런 현장에서의 전개를 동반하지 않는, 총론의 총론으로서의 '호경기'는 대체 무엇이었을까요? 정말 실체가 있었을까요?

글로벌 경제경쟁의 승자, 일본

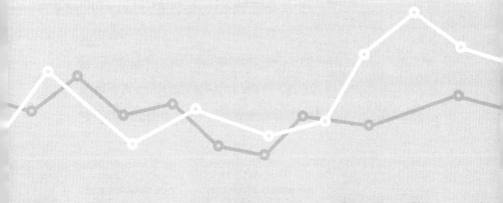

지금부터 잠시 '기본통계에 나타난 일본경제의 실태에 관한 문제'를 내보겠습니다. 여러분 이번 기회에 꼭 한번 생각해보십시오.

세계동시불황인데도 감소하지 않는
일본인의 금융자산

첫 번째 문제입니다. 2009년 초의 이야기입니다. 한 싱크탱크^{think tank}가 '세계동시불황이 시작된 2008년 한 해 동안, 일본인의 개인금융자산은 110조 엔 감소했다'라는 시산^{試算}을 발표했습니다. 2007년 말에 1,544조 엔이었던 것이 2008년 말에는 1,434조 엔이 되었으니, 1년 사이에 110조 엔이 사라져버렸다는 이야기입니다. 1년 사이에 개인금융자산이 7퍼센트나 줄었기 때문에 '역자산효과*'로 개인소비는 얼어붙을 것이다'라는 예측이 그 뒤에 덧붙어 있었습니다.

110조 엔 감소라는 수치는 맞는다고 칩시다. 하지만 뒷부분의 예측은 어떻습니까? "일본의 소비는 오히려 자산효과로 인해서 증가하지 않으면 이상하잖아?" 하고 정반대의 지적을 하시는 분은 안 계십니까?

네, 그렇습니다. 달러 기준으로 생각해보면 어떻게 될까요? 엔 기준으로 7퍼센트 정도의 감소에 그쳤다고 하면, 달러 기준에서도 유로 기준에서도 일본인의 개인금융자산은 증가한 셈입니다. 그동안에 10~20퍼센트의 엔고가 진행되었기 때문입니다.

실제로 달러나 유로와 같은 국제 기축통화基軸通貨로 환산해서 수중의 돈이 늘어나는 것은, 일본과 같은 식량 및 자원 수입국에게는 고마운 일입니다. 즉, 수입이나 해외여행, 해외투자에 관해서는 '역자산효과'가 아니라 '자산효과'가 발생하지 않는다면 이상하지 않습니까?

일본의 국제경쟁력이 저하되었다는 이야기를 할 때 자주 사용되는 '1인당 GDP'의 하락에 대해서도 같은 지적을 할 수 있습니다. 2007년에는 싱가포르에 추월당했습니다. 그러나 이 계산도 당연히 달러 기준입니다. 그 당시는 엔화 약세였기 때문에 아무것도 안 해도 계산상으로는 일본의 경제력은 떨어졌다는 결과가 나옵니다. 하지만 그

---

*   자산가치가 떨어져 소비침체가 이어지고 다시 자산가치가 하락하는 악순환.

뒤에 반대로 싱가포르달러에 대해서도 엔은 20퍼센트 정도 값이 올랐기 때문에, 일본이 싱가포르에 재역전했다는 결론이 됩니다. 물론 이것은 숫자상의 이야기일 뿐으로, 양국의 경제 실태가 변했을 리는 없습니다. 그러나 근본적으로 계산상의 결과만으로 '일본경제는 쇠락하고 있다'라고 호들갑을 떠는 것은 과연 바람직한 일일까요?

계산이 아니라 실태를 살펴보면, 알고 계시듯이 2009년 일본의 내수부진은 아시아는 물론 유럽과 미국에 비해서도 심각했습니다. 조금 증가한 것은 중장년의 해외여행 정도라고 합니다. 젊은이들은 해가 지날수록 해외에 나가지 않게 되었다고도 합니다. 어째서라고 생각하십니까? '역자산효과로 개인소비가 얼어붙었다'라고 하면 바로 믿어버리기 쉽습니다. 하지만 왜 엔 기준의 영향만 있고 달러 기준의 영향이 없는지에 대한 제대로 된 설명을 들은 적이 있습니까? 과연 설명도 없이 한쪽의 이야기만 믿어도 될까요?

거품경제 붕괴 후에 배로 증가한 일본의 수출

그것은 잠시 제쳐두고 두 번째 문제로 넘어가겠습니다. '중국의 대두와 자원의 현저한 가격상승으로 인해, 21세기에 들어섰을 때부터 일본의 무역흑자는 감소 기조가 되었다.' 자, 이것은 사실일까요, 거짓일까요?

재무성의 홈페이지에 올라와 있는 다음의 국제수지통계를 살펴봅

[표1] 일본 무역수지의 연차추이

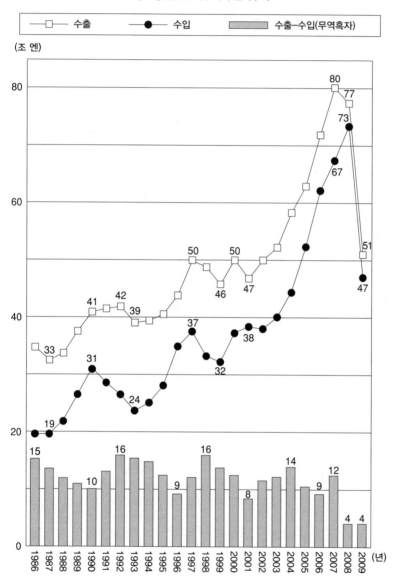

(조 엔)

[자료] 재무성 '국제수지통계'
[주] 재무성 '무역통계'와는 산정 기준과 수치가 조금 다르다. 반올림 처리로 인해 계산이 일치하지 않는 경우가 있다.

시다(〈표1〉). 알고 계셨습니까? 2001년에 8조 엔이었던 일본의 무역 흑자는 자원가격의 상승이 정점에 달했던 2007년에는 12조 엔이었습니다. 21세기 초의 7년 사이에 50퍼센트나 증가했습니다. 참고로 세계동시불황이 시작된 2008년은 4조 엔으로 급락했습니다만, '21세기에 들어섰을 때부터 감소 기조'였던 것은 아닙니다. 오히려 일본의 무역흑자는 중국의 대두와 자원의 현저한 가격상승에도 해마다 증가추세였으며, 세계 경기가 좋아지면 다시 회복되고 있습니다. 사실 일본의 수출은 2009년 1월에 바닥을 치고 다시 늘기 시작했고 무역흑자도 또한 확대 기조로 돌아왔습니다.

"조금 전까지 뭐든지 경기 탓으로 돌리는 것은 바람직하지 않다고 말해놓고는, 이번에는 갑자기 경기 이야기를 꺼내는 것이냐?" 하는 한마디를 들을 것 같지만, 일본의 수출은 이론대로 해외 경기에 크게 좌우되고 있습니다. 뒤에서 말씀드릴 것처럼 정작 가장 중요한 내수는 해외는 물론 일본 국내의 호경기와도 연동되지 않게 되어버렸지만 말입니다.

어쨌든 2007년 일본의 수출, 그 대부분은 해외에서의 공업제품 매상이었는데, 그 금액은 사상 최고인 80조 엔이었습니다. 1987년의 엔고불황 시절에 33조 엔, 거품경제가 절정이었던 1990년에도 겨우 41조 엔밖에 안 되었던 것이, 21세기가 시작된 이후의 급성장으로 자그마치 2배나 증가했습니다. 세계동시불황이 시작된 2008년에도 77조 엔으로 3퍼센트밖에 하락하지 않으며 여전히 과거 최고 수준을 기록했습니다.

2009년이 되면 어쩔 수 없이 세계불황의 심각화와 엔고의 이중고로 인해, 수출은 한순간에 51조 엔까지 떨어졌습니다. 그렇지만 이것도 충분히 높은 수준입니다. 일본의 연간수출은 2002년까지 한 번도 50조 엔을 넘어본 적이 없었기 때문입니다. 한마디로 일본제품의 상대적인 국제경쟁력은 약화되지 않았으며, 나빠지거나 좋아지는 해외소비자들의 지갑사정에 매상=수출이 연동하고 있는 것뿐입니다. 지금이 위기라면, 2002년까지의 일본은 훨씬 더 위기였다는 이야기입니까?

여러분의 표정을 보니, 충분히 납득하지 못한 분이 많으신 것 같습니다. 그렇다면, 수입(기업의 경우 비용cost)과 무역수지(기업의 경우 매출총이익*)의 절대수치도 확인해봅시다.

세계동시불황 속에서도
이어지는 무역흑자

일본에는 천연자원도 없고 식량생산도 충분하지 않습니다. 그러나 가공무역국인 데다가 내수부진이기 때문에, 제품이 안 팔린다면 원재료도 수입하지 않는 구조입니다. 일본의 식량자급률은 칼로리 기준으로 41퍼센트(2008년)로 선진국 중에서 최저 수준이라고 합니다. 하지만 식량수입의 절대치를 살펴보

---

* 경비를 계산하지 않고, 상품 혹은 제품의 매출액에서 매출된 상품 혹은 제품원가를 공제한 차액.

일본 디플레이션의 진실

면 9조 엔대입니다. 수입의 극히 일부분에 지나지 않습니다(이뿐만이 아닙니다. 절대수치를 확인하지 않고 퍼센트만을 보고 놀라 허둥대는 것은 일본 국내에서 큰 목소리로 논쟁을 펼치고 있는 분들의 곤란한 특징입니다). 즉, 수입의 대부분은 반드시 사용해야 하는 고정비가 아니라 매상에 연동해서 오르내리는 변동비이므로, 수출이 줄었는데 수입만 늘어나는 일은 일어나지 않습니다.

그렇기 때문에 일본이 무역적자를 기록하기란 구조적으로 어려운 일입니다. 보시는 것처럼 과거 20년간 이상, 일본의 무역흑자는 수출의 증감과는 관계없이 평균 10조 엔 이상의 수준을 유지해왔습니다. 2007년까지의 원유의 폭발적인 가격상승에 따른 수입급증도, 보시는 것처럼 급증하는 수출과 연동된 것이었습니다.

그러나 2008년에는 말씀드린 것처럼 무역흑자는 4조 엔으로 급락했습니다. 5조 엔 이하로 떨어진 것은 1980년대 후반의 엔고불황 이후 처음이었습니다. 게다가 2009년 1월에 월차 무역수지가 큰 폭의 적자를 기록한 일도 있어서, '일본이 무역흑자를 벌어들이는 시대는 끝났다'라는 주장이 일부의 목소리 큰 사람들로부터 나왔습니다.

그러나 이것은 '전년동기대비만 보고 절대수치를 확인하지 않아서, 전체적인 구조를 파악하지 못하는' 전형적인 예입니다. 근본적으로 전연자원은 어느 정도 사전에 계약을 통해 확보하는 것이기 때문에, 자원가격이 하락할 때는 수입 감소가 수출 감소보다 몇 개월 뒤늦게 나타납니다. 보시는 것처럼 절대수치를 그대로 표로 만들면 명료합니다(〈표2〉). 수출이 정점이었던 2008년 3월과 바닥을 쳤던 2009년 2월을

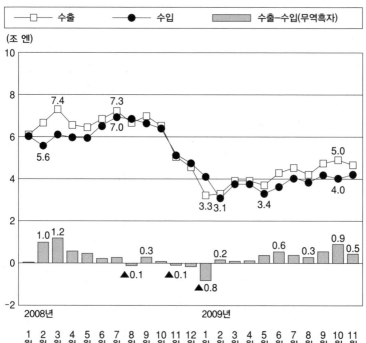

[표2] 일본의 최신 무역수지

범례: □ 수출 / ● 수입 / ▨ 수출-수입(무역흑자)

(조 엔)

수출: 5.6, 7.4, 7.3, 7.0, 3.3, 5.0, 4.0 등
수입: 5.6, 6.1, 7.0, 3.1, 3.4, 4.0 등
무역흑자: 1.0, 1.2, 0.3, ▲0.1, ▲0.1, ▲0.8, 0.2, 0.6, 0.3, 0.9, 0.5

2008년 / 2009년

1월 2월 3월 4월 5월 6월 7월 8월 9월 10월 11월 12월 1월 2월 3월 4월 5월 6월 7월 8월 9월 10월 11월

[자료] 표1과 동일.　[주] 2009년 10월~11월은 속보치

비교해보면, 수출도 수입도 함께 50퍼센트 감소했습니다. 세계동시불황 속에서도 수입은 고정비가 아니라 계속해서 변동비였으며, 바로 그런 이유에서 수출과 수입은 완벽하게 연동하고 있습니다.

수출과 수입의 감소에 다소 간격이 발생하는 구조적 원인 때문에, 2008년 11월부터 2009년 1월까지 3개월 연속해서 무역적자가 발생했습니다. 그러나 2009년 2월부터는 이미 흑자로 돌아왔습니다.

2009년의 합계에서는 2008년과 동일한 4조 엔의 흑자를 기록했습니다. 2008년과는 반대로 월별 흑자 폭이 확대 기조로 회복되었기 때문에, 2010년에는 더욱 큰 흑자를 전망할 수 있습니다.

"그런 말을 하지만, 일본기업은 생산성도 대단히 떨어졌다. 즉, 국제경쟁력이 저하되었다"라는 논쟁도 최근 활발한 것 같습니다. 틀림없이 일본기업의 생산성은 선진국이나 신흥국 중에서는 유독 낮은 수치를 기록하고 있습니다. 그럼 정말 경쟁력도 자동적으로 가장 낮은 것일까요? 그렇다면 어째서 수출(=일본기업의 해외에서의 매상)의 절대수치가 '100년에 한 번의 불황'이었던 2009년까지 포함해서, 2002년 이전에는 한 번도 없었을 정도로 높은 수준의 추이를 보이고 있을까요? 매상(=수출)이라는 단순한 절대수치의 추이를 확인하지 않고, 생산성이라는 분수만을 가지고 와서 국제경쟁력을 논하고 있기 때문에 그런 어리석은 주장을 하고 있습니다. 기본적으로 이 주장에 대한 찬동자는 생산성의 정의를 알고 계시는 것일까요?

생산성의 정의는 대단히 중요한 개념이기 때문에 뒤에서 천천히 설명드리겠습니다. 단지 한 가지만 먼저 말씀드리자면, 일본기업의 생산성이 낮은 것은 '생산능력이 과잉된 상태에서 수년간 가격인하 경쟁을 계속해온 결과, 생산성의 분자=부가가치액의 주요 부분인 내부유보內部留保*와 인건비가 구조적으로 저수준이 되어버렸기' 때문이지, 분

---

* 기업의 순이익에서 세금, 배당금, 임원 상여 등 외부에 유출되는 부분을 뺀 나머지 금액. 이것으로 조달된 자금에 대해서는 이자나 배당금을 지급할 필요가 없으므로 기업에 유리한 자금이다.

모=노동자수의 과잉 때문이 아닙니다. 즉, '비용절감을 거듭하여 이익저하를 감수하고 소모전으로 저가격 대량생산을 계속한다'라는 것이 특기로 굳어져버린 상태입니다. 그래서 아무리 생산성이 낮아도 국제적인 비용경쟁력은 잃지 않으며, 수출이 줄어드는 상황이 되지도 않습니다. 그만큼의 손해를 보게 되는 국내 관계자들이 힘들어할 뿐입니다.

하지만 '일본의 국제경쟁력이 저하되었다'라는 이런 오해에는 좋은 점도 있습니다. 일본인이 멋대로 자신감을 상실하고 겸손하게 행동하기 때문에, 일본의 제조업이 그렇게 강력한 상태를 유지하고 있다고는 눈치채지 못하고 있습니다. 세계 대부분의 수험엘리트들도 일본과 마찬가지로 절대수치가 아니라 전년동기대비와 종합지수만을 확인하는 분들이기 때문입니다. 1986년의 엔고불황 시절에 "일본은 위협적이다"라고 소동을 피우던 미국 상원위원이 일본의 자동차를 때려 부수는 퍼포먼스를 했습니다만, 지금은 아무도 그런 저급한 일은 하지 않습니다. 그들도 지금은 "일본은 끝났다. 지금은 중국이 적이다"라고 믿어 의심치 않고 있기 때문입니다. 하지만 2008년의 일본의 수출은 오히려 엔고불황 시절의 2배 이상으로 늘었습니다.

오만해지는 것은 피해야 합니다. 그러나 일본의 국제경쟁력을 논하고 있는 모든 사람들은 이런 분위기에 휩쓸려서 좋다 나쁘다 소란 피우는 것은 그만두고, 객관적으로 논쟁의 여지가 없는 절대수치, 즉 수출액·수입액·무역수지액을 냉정하게 주시하고, 그것으로부터 구조를 파악해주셨으면 좋겠습니다. 학자가 아니라도 누구나 할 수 있는 일이며, 오히려 학자 같은 사람들에게 의지하지 않고 관계자 한 사람 한 사람이 스스로 수치를 확인해야 합니다.

전 세계에서 막대한 금리배당을 벌어들이는 일본

그런데 그렇게 벌어들이고 있다는 흑자는 어디로 가버린 것일까요? 실감할 수 없는 것도 당연합니다. 대부분은 수출기업과 그런 기업의 주주로 있는 고령부유층의 지갑에 집중되어 있으며, 서민들과는 상관없이 그대로 해외로 재투자되고 있습니다. 그런데 그것이 다시 해외에서 금리배당을 불러들입니다.

해외에서 벌어들이는 금리배당이 해외에 지불하는 금리배당을 초과한 양을 소득흑자라고 부릅니다. 이 소득흑자는 거품경제 시절에는 3조 엔 정도였습니다(〈표3〉). 그랬던 것이 2007년에는 16.3조 엔으로 5배 이상 증가했습니다. 세계불황이 시작된 2008년의 확정치도 15.8조 엔으로 3퍼센트의 미미한 감소에 머물렀습니다. 보다 불황이 심각해진 2009년이 되면 영향을 피하지 못해 13조 엔까지 저하되었지만, 그래도 거품경제 시절 수준의 4배 이상이며, 2005년 이전의 매해 실적을 상회하고 있습니다. 우리 서민들은 실감하기 어렵지만, 해외에서 보면 일본은 물건을 강매하는 것뿐만 아니라 금리배당도 대량으로 빼앗아가는 장사 잘하는 대금업자인 셈입니다.

"어이 이봐, 일본의 공공부문의 막대한 적자와 1,000조 엔이라고

[표3] 일본 국제수지의 연차추이

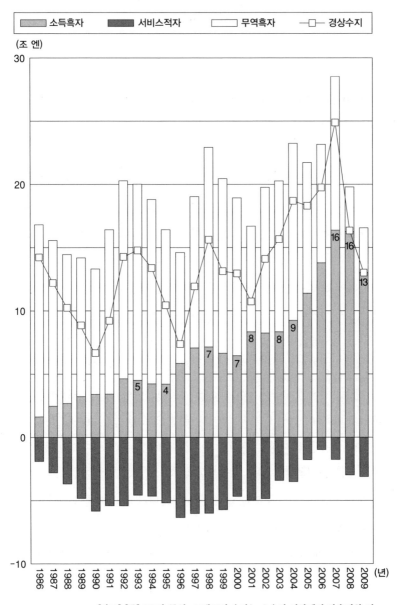

[자료] [주] 표1과 동일. 그래프의 숫자는 소수점 이하에서 반올림한 것

도 하는 국가와 지방의 장기채무에 대한 이야기는 어디로 사라져버린 거야?" 하며 의심스럽게 생각하시는 분들도 계실 것입니다. 분명히 일본정부는 개별 단체로는 세계 최대의 빚쟁이라고 합니다. 그러나 일본정부의 국채를 사고 있는 대부분은 1,400조 엔의 금융자산을 가지고 있다는 일본인 개인과 일본기업입니다. 이율이 너무 낮아서 해외로부터의 투자는 저조합니다. 결국 일본정부가 지불하고 있는 연간 5조 엔대 이자의 수취인도 일본인과 일본기업으로, 국가 전체의 대외수지에는 영향을 주지 않습니다. 그리고 일본인과 일본기업은 그렇게 하고도, 남은 저금을 해외에 빌려주거나 출자하면서, 앞에서 설명한 것처럼 최근에는 매년 10조 엔이 넘는 금리배당수입을 얻고 있습니다.

이 소득흑자에 무역흑자를 합쳐서, 일본인의 해외여행 등에서 발생하는 서비스적자나 해외원조금 같은 것을 뺀 것이 결과적으로 손에 남게 되는 경상수지흑자입니다. 그러나 이것도 2007년에는 25조 엔으로 사상 최고였습니다. 거품경제 시절인 1990년에는 6조 엔이었기 때문에 4배나 증가했습니다. 2008년이 되면 세계불황의 영향으로 16조 엔 정도까지 떨어졌지만, 그래도 2003년 이전의 어느 해보다도 큰 금액이었습니다. 2009년도 1990년의 2배 이상인 13조 엔을 기록했습니다. 앞으로도 세계 경기가 회복되면 틀림없이 증가할 것입니다.

2001년부터 2008년까지의 8년 동안에만 누계 138조 엔의 경상수지흑자가 일본으로 흘러들었습니다. 일본 국내의 1년간 소매판매액(물건 매상의 합계)에 필적하는 금액입니다. 실제로 그만큼의 돈을 가져다 바친 외국의 입장에서는 "우리들한테서 그렇게 많이 돈을 벌어놓고는 잘도 불황이라고 말하는군"이라고 생각할지도 모릅니다.

중국이 번영하면 번영할수록 돈을 버는 일본

이렇게 말하면, 왠지 듣기 좋은 이야기만 하고 있는 것처럼 들리십니까? 실제로는 중국을 비롯한 아시아의 대두로 일본의 국제경쟁력은 해가 지날수록 위협을 받고 있지 않을까요?

자, 여기에서 세 번째 문제입니다. '도야코 서밋洞爺湖 Summit'*이라고 하면 벌써 옛날이야기처럼 느껴집니다. 그 도야코 서밋에 모인 확대 G8 국가들(중국, 러시아, 미국, 캐나다, 영국, 프랑스, 독일, 이탈리아) 중에서 그해 일본에 대해서 무역흑자를 기록한 나라는 세 곳입니다. 하나는 자원수출국인 캐나다였습니다만, 나머지 두 곳은 어디일까요?

일본은 치열한 국제경쟁을 겪고 있는데, 일본이 어느 나라에서 돈을 벌어들이고 어느 나라에 돈을 가져다주고 있는지를 확인하고 있는 사람은 대단히 적습니다. 예를 들어, 상당히 많은 분들이 중일무역은 일본이 적자라고 일방적으로 단정 짓습니다. 그러나 2008년의 중일무역수지는 일본이 2.6조 엔 흑자였습니다(〈표4〉). 2007년도 일본

---

* 2008년 7월, 홋카이도의 도야코에서 개최된 주요국(G8) 정상회의.

[표4] 일본과 중국(+홍콩)의 국제수지

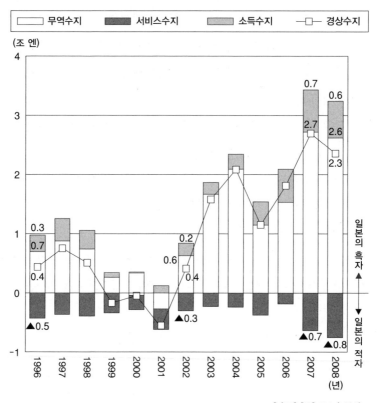

무역수지　　서비스수지　　소득수지　　경상수지

(조 엔)

[자료] [주] 표1과 동일

이 2.7조 엔 흑자를 기록하며, 불황이 되어도 거의 변하지 않았습니다. 참고로 2008년의 대미 무역흑자는 6.3조 엔이었기 때문에, 중국도 미국의 40퍼센트 정도의 규모로 일본의 흑자에 공헌하고 있는 셈입니다.

설명을 한마디 덧붙이자면, 이 숫자는 대중국과 대홍콩의 합계입니다. 삼각무역은 이런 것일까요? 일본의 대중국 수출은 홍콩을 경유하는 경우가 많지만, 중국은 일본에 직접 수출하고 있습니다. 홍콩을 빼놓고 일본과 중국의 수치만 살펴보면 일본이 적자처럼 보입니다. 그러나 일본의 대중국 적자보다도 대홍콩 흑자가 훨씬 크다는 점에 주의해주십시오.

참고로 2002년 이전에는 일본의 대중국 무역흑자는 아직 수천억 엔 정도였습니다. 그런데 21세기 중국의 경제성장과 함께 일본이 중국에서 벌어들이는 흑자는 2조 엔을 넘는 정도까지 빠르게 성장해왔습니다. 공교롭게도 세계동시불황으로 중국경제도 타격을 받았기 때문에 2009년 일본의 대중국 무역흑자는 1조 엔대로 떨어질 것으로 예상됩니다. 그러나 이것은 중국경제가 불황에 빠졌기 때문이지 일본의 경쟁력이 저하됐기 때문이 아닙니다. 그들이 성장궤도로 돌아가는 미래에는 당연히 일본의 대중국 흑자도 다시 증가될 것입니다.

그런데 '자학사관自虐史觀'*이 아닌 '자학경제학'이라고 불러야 하나요? 최근 일본 내에서는 유감스럽게도 "중국의 번영은 일본의 패배다"라며 수치도 확인하지 않은 채 착각과 피해망상에 빠져서, 큰 목소리로 "중국은 조만간 상황이 안 좋아진다"라든가 반대로 "중국 때문에 일본이 몰락한다"라고 호들갑을 떠는 경향이 있습니다. "자학사관은 용서할 수 없다"라고 억지를 부리는 인터넷 우익 무리가 선두에 서

---

* 일본의 극우세력이 구旧일본제국의 만행을 참회하자는 일본 역사학자들의 역사의식을 비꼬면서 사용하기 시작한 용어. 자국 역사를 평가 절하하는 사관을 의미한다.

서 주도하는 경우가 있기 때문에 곤란합니다. 그러나 사실은 그렇지 않습니다. 현실에서는 중국이 번영하면 할수록 일본제품이 잘 팔려서 일본은 돈을 법니다. 오히려 중국경제가 벽에 부딪히면 단골손님을 잃어버리는 일본경제에는 그것이야말로 100년에 한 번의 큰 타격일 것입니다.

"그렇게 여유를 부리면서 말하고 있지만, 중국이 발전하면 물건제조의 경쟁력에서도 언젠가는 일본을 추월할 것이다. GDP도 올해는 중국에 추월당하지 않았는가?" 이렇게 생각하는 분도 계실 것입니다. 그런데 정말 그럴까요? 어떤 근거로 그렇게 생각하시는 것입니까?

물론 GDP의 합계액에 있어서는 중국이 일본을 추월할 것입니다. 중국은 일본보다 인구가 10배 이상이나 많은 나라이기 때문입니다. 일본이 아직 GDP가 높은 현재의 상태는 다시 말해 중국과 일본의 1인당 GDP에 10배 이상의 차이가 있다는 이야기입니다. 중국이 어떻게든 계속 발전해서 1인당 GDP의 차이가 점점 줄어들기 시작한다면, 아니 현실적으로는 상당히 무리가 있겠지만 현재의 싱가포르처럼 일본과 동등해지는 일이라도 생기는 날에는, 오늘날의 싱가포르에서와 마찬가지로 일본제품이 팔릴 것이고 일본경제는 사상 최고의 번영을 맞이하게 될 것입니다.

실제로 인구의 약 80퍼센트 정도가 중국인으로, 이른바 중국의 진화형이라고 할 수 있는 싱가포르에서는 자동차의 과반수가 일본자동차이며, 기계부터 식품·만화 등도 많이 팔리고 있습니다. 인구는 중국의 0.3퍼센트에 불과하지만, 싱가포르에서 일본으로 흘러드는 경상

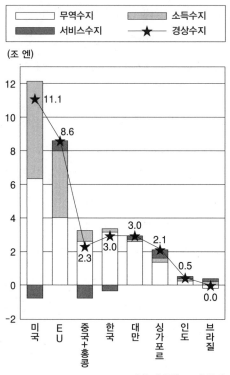

[표5] 일본의 대국가별 국제수지(2008년)

범례:
- 무역수지
- 소득수지
- 서비스수지
- ★ 경상수지

(조 엔)

- 미국: 11.1
- EU: 8.6
- 중국+홍콩: 2.3
- 한국: 3.0
- 대만: 3.0
- 싱가포르: 2.1
- 인도: 0.5
- 브라질: 0.0

[자료] [주] 표1과 동일

흑자는 연간 2조 엔이 넘으며, 중국+홍콩에서 벌어들이는 흑자에 가까운 수준까지 도달해 있습니다. 중국이 싱가포르와 같은 발전된 상태에 조금 가까워지기만 해도, 일본의 수출이 늘어나는 것뿐만 아니라 중국에 투자한 일본기업도 돈을 더 많이 벌어서 일본의 소득흑자도 더욱 늘어날 것입니다.

"싱가포르와는 상관이 없다. 중국은 싱가포르와는 달라서 뭐든지 중국에서 만들 수 있게 될 것이다. 일본 제조업의 미래는 어둡다"라고 생각하시는 분도 계실 것입니다. 그런데 이 또한 정말 그렇게 될까요? 그렇다면 질문을 하나 드리겠습니다. 제조업 분야에서는 중국보다도 훨씬 앞서 있으며 세계적으로 인정받는 고품질의 첨단기술 제품을 만들고 있는 한국과 대만. 이 두 나라와 일본의 무역은 어느 쪽이 흑자이겠습니까?

중국보다 먼저 발전한 한국과 대만이야말로 일본의 가장 좋은 거래처

한국의 인구는 일본의 3분의 1이 조금 넘습니다. 그러나 근성 있는 국민성으로 스포츠에서도 산업에서도 세계로 뻗어나가고 있습니다. 자동차도 일본기업과 어깨를 나란히 하며 전 세계로 침투하고 있으며(세계에서 한국자동차가 팔리지 않는 곳은 오키나와沖縄를 제외한 일본뿐이라고 합니다), 가전제품이나 오디오 분야에서는 이미 한국이 더 강해져 있습니다. 중국이 앞으로 더 발전한다 해도, 한국처럼 일치단결해서 물건제조에 힘을 쏟는 수준까지 갈 수 있을까요? 저는 어려울 것이라 생각합니다. 그리고 대만의 경우도 전 세계의 컴퓨터 생산을 담당하고 있고 적어도 중국보다는 훨씬 앞서서 물건제조 국가로 발전하고 있습니다. 그런 한국과 대만에 대해서 일본은 무역에서도 열세일까요?

말도 안 됩니다. 일본은 중국(+홍콩)뿐만 아니라 한국과 대만에서도

2007년, 2008년 계속해서 각각 3조 엔 전후의 무역흑자를 거둬들였습니다. 중국·한국·대만에서 벌어들인 무역흑자의 합계는 2000년과 비교하면 2배 이상 증가했고, 최근 2년간은 미국에서 벌어들인 흑자를 상회하고 있습니다. 즉, 21세기에 들어 진행된 중국·한국·대만의 경제적인 대두 덕분에 미국에 필적하는 수출시장이 출현한 것입니다. 참고로 조금 전처럼 국민 1인당으로 환산하면, 중국에 비해서 한국은 30배, 대만은 60배, 더 부유한 싱가포르의 경우에는 160배의 무역흑자를 일본에 안겨주고 있다는 계산입니다.

이 수치를 확인하시면 제가 '중국이 공업국으로 발전하면 일본을 능가한다'라는 '분위기'에 간단히 휩쓸리지 않는 이유도 납득이 갈 것입니다. '만약 앞으로 중국이 순조롭게 발전한다면, 먼저 산업을 발전시켜온 한국이나 대만의 상황과 비슷해질 것이다. 그 덕분에 일본은 더욱 돈을 벌게 될 것이다'라는 것이 '분위기'나 감정에 휩쓸리지 않는 제대로 된 추측 아니겠습니까?

하지만 뒤에서도 다루겠지만 중국의 경제발전은 앞으로 10~20년 정도가 지나면 인구적인 측면에서 큰 벽에 부딪힐 것입니다. 그때가 되면 일단 융성하게 보였던 군사적인 지위도 약해질 것입니다. 중국을 싫어하는 당신, 기뻐하고 있을 때가 아닙니다. 이것은 일본경제에 있어서는 치명적인 역풍이 되는 이야기입니다. 하지만 원인이 인구이기 때문에 인위적으로 효과적인 대책을 세우기는 어려울 것입니다.

그보다도 일단 일본이 한국이나 대만에 무엇을 팔고 있는지, 그 실태를 알고 계신다면 '중국의 발전은 일본경제를 이롭게 한다'라는 말은 자연스럽게 납득이 갈 것입니다. 진지한 사람일수록 일본이 팔고 있는 것은 첨단기술의 진수가 응집된 일부 부품이나 소재, 특수한 기계'뿐'이라고 생각하는 경향이 있습니다. 분명히 이것들은 제조업에 있어서 불가결한 물품이며 잘 팔리고 있습니다. 그러나 특히 한국의 산업은 우수하기 때문에 해가 갈수록 스스로 제조할 수 있는 부분을 늘려오고 있습니다. 일본도 그렇게 해왔습니다. 그런데 어째서 21세기에 들어선 이후에 일본의 대對중국·한국·대만의 흑자가 2배 이상으로 증가한 것일까요? 한국의 경우만 살펴보면 3배입니다.

한국과 대만은 일본에서 물건제조에 필요한 첨단기술 부품이나 기계만 사고 있는 것이 아닙니다. 풍요로워진 그 나라 국민들은 일본제품 중에서도 브랜드 가치가 높은 것들을 구입하기 시작했습니다. 자동차나 전기제품은 물론입니다만, 안심안전을 내세우는 식재료나 과자 등도 인기입니다.* 일부 일본인들이 한국에서 직수입한 고급 김치나 도자기를 사는 것처럼, 일부 한국인들이 소비하는 일본직수입 고급품도 해마다 증가하고 있습니다. 바로 그렇기 때문에 기술이 아닌 '브랜드'가 일본의 상품으로 존재하는 한, 상대 나라의 기술력이 아무리 높아져도 아니 그 결과 국민이 풍요로워지면 풍요로워질수록 일본의 무역흑자는 늘어나게 됩니다.

그렇기 때문에 2008년도부터 시작된 한국경제의 위기는 일본의 대한국 비즈니스에 있어서는 큰 타격이었습니다. 엔고원저가 이 현상에

---

* 이 책의 초판이 출간된 것은 후쿠시마 원전사고가 일어나기 전인 2010년 6월이다.

박차를 가하고 있습니다. 그럼에도 2008년도의 대한국 무역흑자가 미세하게 증가한 것은 놀라운 일입니다. 일본자동차의 판매호조 등이 기여한 결과로 추정됩니다. 하지만 그런 구도는 오래가지 않을 것이기 때문에 앞으로는 한국경제가 다시 발전해서 일본의 수익도 늘기를 바랄 뿐입니다. 이런 이치도 모르면서 감정적으로 '혐한嫌韓'이다 뭐다 떠들어대는 사람도 이제는 일본의 경제적인 번영을 유지하는 일에 조금 더 신경을 쓰는 것이 어떻겠습니까?

습성이라고 해야 하나요? 일본인은 스스로를 '동네의 블루칼라', '파견노동자'라고 믿어 의심치 않습니다. "싼 임금이 장점이었는데 그것을 주변의 신흥국에 뺏기고 점점 가난해지고 있다"라고 멋대로 자학의 세계에 빠져서 피해망상에 젖어 있습니다. 그러나 실제로는 일본은 '동네의 보석가게'입니다. 보석가게이기 때문에 오히려 이웃들이 돈이 없으면 매상은 늘지 않습니다. 이웃들이 여유로워지면 여유로워질수록 자기도 점점 더 돈을 버는 구조입니다. 사실 최근 몇 년 동안, 점점 가난해지고 있는 미국을 상대로는 수익이 늘지 않고 있습니다만, 이웃의 중국·한국·대만이 성장한 덕분에 비싼 제품도 잘 팔려서 상당히 큰돈을 벌었습니다. 심지어 자원가격의 상승으로 윤택해진 러시아에도 무역흑자를 기록했습니다. 그러니 전 세계의 다른 도상국들까지 부자가 된다면 일본은 더욱더 많은 돈을 벌게 될 것입니다.

이렇게 지금까지 강경한 발언을 해온 저입니다만, "태평한 소리 하지 마. 실업률은 높아질 뿐이고 저소득으로 신음하는 사람이 점점 늘고 있지 않은가?"라고 하면 아무 말도 할 수 없습니다. "수출이 배로

일본 디플레이션의 진실

늘었다고 하지만 일본의 경제규모는 10년 이상이나 정체되어 있지 않은가?"라는 지적은 지극히 타당합니다. 그렇지만 이것들은 국제경쟁에서 패배한 결과가 아닙니다. 아무리 국제경쟁에서 승리를 거두더라도, 그와는 전혀 무관하게 진행되는 일본 국내경제가 앓고 있는 병 '내수축소'의 결과입니다. 이것은 이른바 경제의 노화현상으로, 기업의 탓도 정치의 탓도 가스미가세키霞が関*의 탓도 아닙니다. 따라서 일본이 국제경쟁에서 계속 승리를 거두는 것은 실은 대책이 되지 못했고 앞으로도 대책이 될 수 없습니다.

그런데 세계에는 이처럼 무적의 상품력을 가진 일본으로부터 오히려 흑자를 거두어가는 더 솜씨 좋은 보석가게가 존재합니다. 바로 앞의 문제에서 등장했던 두 나라입니다.

프랑스, 이탈리아, 스위스를 이길 수 있는가?

무슨 일이 일어나도 수익이 줄지 않는 세계의 공업국 겸 투자국인 일본에서 흑자를 벌어들이는 것은 쉬운 일이 아닙니다. 미국은 물론이고 중국·한국·대만, 러시아마저도 대일본 적자입니다. 자원수출국 중에서도 중동 산유국이나 인도네시아, 오스트리아 등은 대일본 흑자입니다만, 이들 국가는 국내시장의

---

* 도쿄의 지역명. 외무성을 비롯한 주요 관청이 위치한 지역으로 행정을 담당하는 중앙관청의 통칭으로 사용된다.

규모가 작아서 일본의 수출에 한계가 있기 때문입니다. 그 밖의 자원 수출국이 아닌 국가에서는 그것을 보완하고도 남는 금액을 벌어들이고 있습니다.

유럽을 보더라도 EU 전체가 그렇고, 영국이나 독일만 봐도 큰 폭의 대일본 적자입니다. 하지만 실은 확대 G8 중에서도 프랑스와 이탈리아는 최근 계속해서 대일 무역흑자를 기록하고 있습니다. G8를 제외하면 스위스가 무역, 소득, 금융서비스, 특허료의 모든 분야에서 대일본 흑자입니다. 그들은 천연자원의 수출국도 아니고 첨단기술 제조업 입국立國이라고도 할 수 없습니다만, 그런 것들을 능가할 강력한 자원을 가지고 있습니다. 무엇일까요? 바로 '자국생산'의 '고급 브랜드 제품'입니다.

지금 일본에서 팔리고 있는 미국 국내산 고급품은 한정되어 있습니다. 할리데이비슨의 오토바이나 보스Boss의 스테레오 정도로 상당히 한정된 상품으로 줄어버렸습니다. 독일도 고급품으로 유명했지만 지금은 칼이나 카메라도 일본제품 쪽의 성능이 좋아졌습니다. 그러나 아직 프랑스, 이탈리아, 스위스에는 일본제품이 브랜드력에서 따라잡지 못하는 고급품이 많이 있습니다. 그것들은 첨단기술 제품이 아닙니다. 식품, 섬유, 가죽공예품, 가구와 같은 '경공업' 제품이 일본에서 팔리고 있습니다. 식품 중에서도 가장 원시적인 물, 저는 딱히 맛있다는 생각이 들지 않는 에비앙조차 일부러 프랑스에서 운송해와서 팔고 있습니다. 와인도 일본인의 가정으로 급속히 침투하고 있습니다.

물론 프랑스, 이탈리아, 스위스가 일본에서 첨단기술 제품을 안 사는 것은 아닙니다. WTO시대이기 때문에 그런 제멋대로의 무역은 허락되지 않습니다. 그들이 구입해주는 일본의 첨단기술 제품의 금액보다도, 일본인이 흔쾌히 사고 있는 상대 국가의 경공업 제품의 금액이 크기 때문에 일본이 적자인 것입니다. 여러분, 사실을 직시합시다. 일본의 일부 남성들이 좋아하는 첨단기술 제품보다도 여성들이 좋아하는 명품 경공업 제품 쪽이 가방도 숄도, 죄송하지만 더 비쌉니다.

하지만 다행히도 일본은 본래 경공업 제품 분야에서도 대단히 강한 나라입니다. 전통공예에도 훌륭한 것들이 많습니다. 본래 가지고 있던 힘을 발휘하면 전혀 문제될 것이 없습니다.

그런 이유에서 우리가 목표로 삼아야 할 것은 프랑스나 이탈리아나 스위스의 제품입니다. 그것도 식품, 섬유, 가죽공예품, 가구와 같은 '경공업' 제품에서 '브랜드력'으로 승리하는 일입니다. 지금의 불경기를 극복하고 다시 한 번 아시아가 성장했을 때, 지금의 일본인들처럼 부유한 계층이 대량으로 출현했을 때 그들이 프랑스, 이탈리아, 스위스의 제품을 살 것인가, 일본제품을 살 것인가? 일본이 직면하고 있는 국제경쟁은 이런 경쟁입니다. 프랑스, 이탈리아, 스위스의 제품을 이길 수 있는 품질과 디자인과 브랜드력을 획득할 수 있는가? 바로 여기에 일본경제의 장래가 달려 있습니다.

자동차로 예를 들면, 중국의 제조사를 이기거나 인도의 나노Nano*에 대항해서 싼 가격의 자동차를 출시하는 그런 이야기가 아닙니다. 해

---

* 인도의 타타 자동차Tata Motors가 개발한 세계 최저가 승용차. 2009년에 출시되었다.

외시장에서는 BMW나 벤츠와도 충분히 어깨를 나란히 하고 있습니다만, 그보다 위에 있는 페라리를 이길 수 있느냐는 이야기입니다. 부동산개발의 경우라면, 두바이의 초고층개발과 경쟁해서 승리하는 것이 아니라, 파리의 거리보다도 자산가치가 높은 중저층의 거리를 도쿄나 오사카大阪에 만들 수 있는지 여부가 진정한 승부입니다. 전 세계에서 진정한 부자나 문화인들이 모여들어 살면서 소비하고 있는 곳은 바로 파리나 스위스, 캘리포니아와 같은 저층의 고급 주택가, 쇼핑가이기 때문입니다. 두바이나 싱가포르에서도 실태는 마찬가지입니다. 일본은 그런 거리에 필적하는 곳을 만들 수 있을까요? 100년 뒤에도 200년 뒤에도 문화적 가치를 유지하며 상업을 끌어들이는 도시 인프라. 일본에서, 예를 들자면 교토京都 히가시야마東山* 주변 같은 곳을 만들 수 있는지, 그곳에 전 세계 부자들의 고품격 투자를 유치할 수 있는지, 바로 이것이 일본의 과제입니다.

모두가 그것이 일본의 과제임을 깨닫고 열심히 노력한다면 성과가 있을 것이라 생각합니다. 그런데 지금은 그 반대입니다. 중국에서도 충분히 만들 수 있는 것을 인건비가 비싼 일본에서 계속 만들려고 해서 결국 워킹푸어working poor**를 대량으로 생산하고 있습니다. 게다가 급기야 저가의 노동력을 이민시키자고 떠들고 있습니다. 일본은 그런

---

* 교토는 784년부터 1867년까지 일본의 수도였다. 히가시야마는 교토 동쪽에 위치한 산지로 수많은 신사와 사원이 자리 잡고 있으며, 오랜 시간 왕족과 귀족들의 휴양지였다.

** 일하는 빈곤층을 뜻하는 말로, 열심히 일해도 가난에서 벗어나지 못하는 계층을 의미한다.

방법이 아니라, 중국에 맡길 수 있는 일은 맡기고 프랑스, 이탈리아, 스위스를 따라 고급품 분야로 넘어가야 합니다.

왜냐하면 첨단기술 분야에서는 일본의 상대가 되지 않는 프랑스나 이탈리아가, 인구에서도 일본의 절반 정도밖에 안 되는 그들이, 브랜드 식료품과 섬유와 가죽공예품을 만들어서 일본에서 무역흑자를 벌어들이고 있기 때문입니다. 도호쿠지방東北地方*과 큰 차이가 없는 인구를 가지고 있는 스위스도 의약품과 고급 시계 등을 통해서 인구비로 보면 훨씬 큰 흑자를 벌어들이고 있습니다. 일본도 아시아를 상대로 똑같은 일을 할 수 있습니다. 무엇을 두려워하고 있는 것입니까?

"GDP 총액에서 중국에 뒤처진다면, 세계는 일본을 점점 상대해주지 않게 될 것이다"라고 떠들어대는 사람에게 말해주고 싶습니다. 이미 GDP 총액에서 일본에 뒤처진 영국·독일·프랑스·이탈리아, 그리고 처음부터 낮았던 스위스가 세계로부터 무시당하고 있습니까? 선진국의 국력은 양이 아닌 질로 판단됩니다.

유감스럽게도 지금 이대로라면 중국에서도 인도에서도, 아시아가 부유해지면 일본인과 마찬가지로 프랑스나 이탈리아 제품을 사기 시작할 것입니다. 그렇게 되지 않기 위해서는 '최고급품은 일본'이라는 분야를 늘려갈 필요가 있습니다. 화장품은 상당 부분 그 수준에 도달

---

* 일본의 지역 중 하나. 일반적으로 혼슈 동북부에 위치한 아오모리현, 이와테현, 미야기현, 아키타현, 야마가타현, 후쿠시마현의 6개 현을 가리킨다. 총면적은 약 6만 7,000세제곱킬로미터, 인구는 약 900만 명이다.

했습니다. 일본인의 피부에 맞는 제품은 아시아인에게도 맞는다는 이유 때문입니다. 마찬가지로 물이나 와인, 사케日本酒, 쌀, 채소, 과일, 육류 그리고 장식품과 의류잡화에 있어서도 일본제품은 세계 최고라고, 일본자동차가 해온 것처럼 아시아의 부자들이 그렇게 생각하게 만들 수 있을지, 이것이야말로 진정 목숨을 걸고 해야 할 경쟁입니다.

국제경쟁과는
무관하게 진행되는
내수부진

일본경제의 정체停滯는 국제경쟁에서 패배한 결과가 아니라는 것을 설명해왔습니다. 국제경쟁에서 아무리 승리를 거듭해도, 그것과는 무관하게 진행되는 '내수축소'야말로 일본경제가 직면한 무서운 질병입니다. 지금부터 그 실태에 대해 알아보도록 하겠습니다.

'전후 최장의 호경기' 속에서 감소하기 시작한 일본 국내의 신차 판매대수

꽤 간격이 벌어졌지만 네 번째 문제입니다. '일본의 자동차생산은 수출부진으로 큰 소동을 겪고 있다. 그런데 일본 국내의 신차 판매대수만을 살펴보면, 경기는 절정이

었지만 휘발유 가격이 상승한 2007년부터 이미 감소하기 시작했다.'
사실일까요, 거짓일까요? 참고로 출처는 자동차판매협회연합회의 집
계로, 판매가 호조라고 알려졌던 경자동차, 승용차, 화물차, 버스 등
을 전부 더한 수치를 판매대수 기준으로 계산했습니다.

틀리시는 분들이 많습니다만, 유감스럽게도 정답은 '거짓'입니다.

일본 국내의 신차 판매대수는 매달 1대 단위로 발표되는 전수조사
全數調査* 결과입니다. 1년에 한 번 정도는 신문에도 실리고 업계 단체
의 홈페이지에도 나와 있습니다. 그런데 텔레비전은 물론 신문에서도
매일 접하는 대부분의 기사는 세계불황이 되고 나서 갑자기 떠들기
시작한 이야기들뿐입니다. 단기적인 소동만 좇고 있으면 큰 흐름은
절대로 볼 수 없습니다.

일본 국내에서의 신차 판매대수는 그렇게 최근부터 감소하기 시
작한 것이 아닙니다. 최근 10년간을 살펴보면 2000년을 정점으로
2001년부터 떨어지기 시작해서 2003~2004년에는 다소 증가했지만
2005년부터 다시 감소로 돌아섰습니다. 일본의 국내 경기가 최절정
이라고 평가받던 2006~2007년에는 감소폭이 크게 늘었습니다. 불
황으로 수출이 침체된 2008년이 되고 나서 갑자기 "자동차산업이 어
렵다"라고 모두가 호들갑을 떨고 있습니다만, 정작 자동차생산업체
당사자는 그 이전부터 힘들어하고 있었습니다.

장기적인 수치를 확인해보지도 않고 범인을 찾으려고 하면, 자동차

* 통계조사에서 어느 집단의 성격을 파악하기 위해 집단 구성원 각각에 대해 전부 조사하는 방법.

가 팔리지 않는 이유에 대해서도 잘못된 결론으로 치닫기 쉽습니다. 지금 일본에서는 모두가 '젊은이들이 자동차에서 멀어지는 현상'이 원인이라고 말합니다. 확실히 원인이 그런 심리적인 것이라면, 뭔가 매력적인 새로운 콘셉트라도 만들어내면 자동차는 다시 팔릴지도 모릅니다. 세상 사람들에게 그런 인상을 심어두는 것이 유리하기 때문에, 자동차제조업체도 자동차가 팔리지 않는 진정한 이유를 알고 있지만 듣기 좋은 그 핑계에 동조했습니다. 그러나 '젊은이들이 자동차에서 멀어지는 현상'은 정말 2001년 무렵부터 시작됐을까요? 근거불명의 감정론에 걸려들어서는 안 됩니다.

근본적으로 대도시권의 중심부 가까이에 살고 있는 극히 일부를 제외한 대부분의 일본인들에게 자동차는 기호품이 아니라 필수품입니다. 싫증이 나서 사지 않는 그런 대상이 아닙니다. 없으면 생활할 수 없기 때문입니다. 관심이 없어서 싼 것으로 해결하려는 사람은 늘었을지도 모릅니다. 그러나 그런 것은 단가 감소로 인해 매상고가 감소한 이유는 되지만, 판매대수가 감소한 이유는 될 수 없습니다. 그렇다면 2006년 무렵, 한창 '호경기'였던 시기조차 매상뿐 아니라 대수까지 감소해버린 이유로 '젊은이들이 자동차에서 멀어지는 현상'은 설득력이 없습니다.

경제적으로 봤을 때 뭔가 구조적인 이유가 없다면 이렇게 장기적인 동향은 나타나지 않습니다. 불과 몇 년 전의 호경기 시절의 이야기입니다만, 도요타에 근무하는 한 사람이 이렇게 말했습니다. "해외에서의 도요타 자동차의 판매는 당연히 경기와 연동하고 있다. 하지만 일본 국내에서의 판매는 경기와 전혀 연동되지 않는다. 우리는 이미 그것을 뼈저리게 깨달았다"라고 말입니다.

소매판매액은 물론이고 국내 운송량이나 1인당 수도사용량까지 감소하다

자동차의 국내 판매부진의 예만 자꾸 들어서 죄송합니다. 실은 이것은 일본경제 전체에 나타나는 변화의 한 가지 예에 불과합니다. 그 밖에도 장기적으로 줄어들고 있는 것들은 많이 있습니다.

예를 들어, 백화점의 경영이 부진하다는 이야기는 매스컴이 자주 다뤄서 누구라도 알고 있을 것입니다. 그렇다면 슈퍼마켓은 어떨까요? 통신판매는? 백화점뿐 아니라 전국적인 체인망을 가지고 있는 대형슈퍼마켓, 전국의 수많은 슈퍼마켓, 거기에 통신판매회사의 매상까지 더한 경제산업성*이 계산한 상업통계의 소매판매액을 살펴보면, 2008년도는 감소가 시작된 지 몇 년째라고 생각하십니까? 2년? 3년? 정답은 12년입니다. 실은 연료소매업을 포함시키면 2006년도 만은 미세하게 증가했습니다만, 이것은 휘발유의 가격상승으로 인한 결과로 일본 국내에서는 아무도 돈을 벌지 못했습니다. 연료소매업을 제외하면 1996년도를 정점으로 12년 연속으로 감소가 계속되고 있는

---

*   우리나라의 산업통상자원부에 해당하는 일본의 정부기관.

상태입니다. 소매판매액의 최고치를 기록한 해가 거품경제의 정점이었던 1990년도가 아니라는 점에 주의해주십시오.

이 12년 동안, 일본의 실질GDP는 10몇 퍼센트나 증가했지만 일본 국내의 소매업 매상은 계속 감소하고 있었습니다. '주가하락에 의한 역자산효과'라고 말하는 모든 분들에게 질문을 던지겠습니다. 얼마 전까지의 호경기로 주가가 회복되었을 때도, 일본의 소매판매에 있어서는 '자산효과'가 없었습니다. 그런데 과연 갑자기 '역자산효과'가 나타날까요?

소매판매액 외에는 무엇이 있을까요? 출판뉴스사出版ニュース社의 출판연감에 의하면, 일본 국내의 서적과 잡지의 매상 합계가 1996년을 정점으로, 판매부수는 1997년을 정점으로 감소하고 있습니다. 당시에는 폭발적인 인기를 끌었던 만화『드래곤볼』이 1995년에《주간소년점프》의 연재를 끝내서, 공식 발표 1,000만 부였던 이 잡지의 판매부수가 크게 감소한 것이 원인이라고들 말했습니다. 그리고 지금은 일반적으로 '출판불황은 인터넷의 보급 탓'이라고들 합니다. 그러나 1996~1997년 무렵에는 인터넷이 아직 그다지 보급되지 않았습니다. 뭐든지 홈페이지에서 찾아보게 되고, 메일이나 블로그를 당연하게 사용하게 된 것은 이른바 '2000년 문제(Y2K)'가 무사히 끝난 뒤, 기껏해야 2005년 정도부터입니다. 물론 그래서 출판불황에 박차가 가해진 것은 사실입니다. 그러나 1990년대 후반의 감소에는 뭔가 다른 요인이 있어야 합니다.

그 요인은 1997년부터 시작된 금융위기가 틀림없다고 말하시는 분. 닛쓰총합연구소^{日通総合研究所}라는 회사가 일본의 국내 화물 총운송량(중량×거리)이라는 통계를 발표하고 있습니다. 이것은 2000년도를 정점으로 감소하고 있습니다. 금융위기가 끝난 뒤에도 계속 증가하던 것이 2001년부터의 수출경기 시작 무렵부터 감소하기 시작했습니다. 어째서일까요?

마찬가지로 자가용자동차에 의한 일본 국내에서의 여객운송량(명수×거리)도 국토교통성에서 발표하고 있는 통계에서는 1990년대 후반부터 급속히 성장하고 2002년도를 정점으로 감소로 돌아섰습니다. 자가용자동차의 보급과 함께, 거품경제 붕괴에도 계속 큰 폭으로 늘었고 금융위기 이후에도 계속 증가하던 이 수치가 어째서 수출경기가 다시 좋아지기 시작한 2003년부터 감소하기 시작했을까요?

이들 수치는 일본경제의 이른바 기초대사를 나타내는 대단히 기본적인 수치입니다. 적어도 실업률이나 유효구인배율^{有効求人倍率}*에 비하면, 관련된 일본인의 수는 훨씬 많을(당신의 행동도 저의 행동도 이 수치에 공헌하고 있을) 터입니다. 이런 수치를 무시하고 또는 일본인 전원이 고객인 소매판매액을 무시하고 인구의 몇 퍼센트의 사람밖에 관련이 없는 실업률이나 유효구인배율을 바탕으로 한 '경기'를 논하는 것은 뭔가 앞뒤가 바뀐 것이 아닐까요? (단, 절대로 실업자는 몇 퍼센트에 불과하니까 무시하라는 이야기는 아닙니다. 실업률이라는 수치는 고용문제를 생각할 때는 물론 중요하지만, 일본경제의 기본적인 상황을 나타내는 지

---

* 전국 공공직업안정소에 신청된 구직자수에 대한 구인수의 비율.

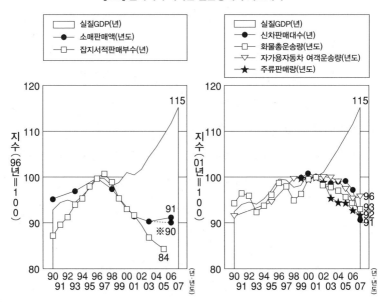

[표6] 떨어지기 시작한 일본경제의 기초대사

| | 실질GDP(년) |
| 소매판매액(년도) |
| 잡지서적판매부수(년) |

| | 실질GDP(년) |
| 신차판매대수(년) |
| 화물총운송량(년도) |
| 자가용자동차 여객운송량(년도) |
| 주류판매량(년도) |

[자료] 본문에 기재한 각 자료를 바탕으로 필자가 구성
[주] 소매판매액 ※90은 해당년도에서 연료소매업을 제외한 경우의 수준

표로서는 유효성이 제한적이라는 이야기입니다.)

재미있는 예로는 재무성의 통계에 있는 일본 국내의 주류 판매량이 2002년도부터 감소하고 있습니다. 이것은 일본소주나 와인처럼 판매량이 늘고 있는 종류도 포함된 수치입니다. 맥주류만 살펴보면 1997년도부터 감소하고 있습니다. 주류세가 존재하는 덕분에 이것 또한 논쟁의 여지가 없는 전수조사 결과입니다. 그런데 어째서 거품경제가 붕괴된 시점이 아니라 1997년도나 2002년도부터 감소한 것일까요? 후생노동성*의 통계에 의하면 일본인의 1일 1인당 단백질과 지방의 섭취량도 1995~1997년 정도를 정점으로 감소하기 시작했습니다. 식생활의 서구화로 증가하기만 하던 수치가 왜 거품경제 붕괴 후인 1992년 무렵이 아니라 시간이 어느 정도 지난 뒤에 감소하기 시작한 것일까요? "사람들이 고기나 기름진 음식을 그다지 먹지 않기 시작한 것이다"라고 한다면 그뿐이지만, 그렇다면 어째서 이 시기부터 그런 경향이 나타나기 시작했을까요? 게다가 일본인 1인당 수도사용량은 1997년이 최고치였다고 합니다. "생수의 보급이 원인인가?"라고 생각하는 사람은 하루하루의 생활을 떠올려보십시오. 마시는 물은 목욕이나 빨래 같은 것들에 비하면 물 사용량의 극히 일부입니다(그렇지 않다면 생수에 들어가는 돈을 감당할 수 없을 것입니다).

지금까지 서로 무관한 수치들을 소개해온 것 같지만, 실은 전부 똑같은 구조적인 문제로 인해서 감소로 돌아섰습니다.

뒤에서 진상을 알려드리겠지만 그 전에, 오해로 인해 범인 취급을 받고 있는 대상이 있다는 것을 설명할 필요가 있습니다. 누명은 범인으로 몰린 입장에서는 무서운 인권침해입니다만, 진짜 범인을 방치하고 말았다는 점에서도 큰 사회악이고, 피해자의 심리적 치유에도 역행합니다. 그런 누명을 쓴 피해자가 바로 '지역 간 격차'입니다.

---

* 우리나라의 보건복지부, 식품의약품안전청, 고용노동부 그리고 여성가족부 등에서 담당하는 업무를 맡고 있는 일본의 기관.

어째서 '전년동기대비'만 이야기하고
절대수치는 확인하지 않는가?

잠시 본 줄거리에서 벗어나지만, 어째서 이렇게 중요한 장기동향을 절대수치로 파악하는 사람이 적을까요? 어째서 텔레비전도 신문도 단편적으로 '전년동기대비'만 보도할까요? 그들에게는 그들의 이유가 있기 때문입니다. 이제부터 그 이유를 설명드리겠습니다. 그것은 매스컴 경제정보의 주요 소비자인 금융투자 관계자들이 단기간의 등락에만 관심을 집중하고 있기 때문입니다.

잘난 체처럼 들릴지 바보처럼 보일지 모르겠지만, 저는 미국의 비즈니스스쿨의 MBA(경영학 석사)를 '금융finance 전공'으로 취득했습니다. 1994년이었기 때문에 아주 오래전이지만, 그 당시의 저마저도 그곳에서 배우고 있는 내용에 논리적 모순이 있는 것을 알 수 있었습니다. MBA의 여러 수업들 중에서도 마케팅은 대단히 재미있었고 기업전략도 흥미로웠습니다. 그러나 금융은 이대로라면 한계에 부딪힐 것이 분명했습니다.

금융의 기본원리인 '사물의 가치는 회계장부상의 부가簿價가 아닌 시가時價로 판단해야 한다. 그리고 시가는 장래에 기대되는 수익의 현재할인가이다'는 쉽게 납득할 수 있었습니다. 일본의 땅값은 이제부터 장기적으로 떨어진다든지, 세계 자산의 디플레이션도 장기적으로 해소되지 않는다든지, 이 기본원리를 이해한 덕분에 알게 된 것들도 있습니다. 거시경제학에 빠져 있는 사람도 금융의 이 원리는 반드시 알고 있어야 합니다.

그러나 미국의 금융세계에서 실제로 이루어지고 있는 방식에는 가정假定에 입각한 탁상 계산이 많다는 것도 아주 잘 알게 되었습니다. 그중에서도 가장 잘못된 가정이 바로 '투자처의 상품이나 회사가 창출하는 수익은 평균적으로는 장기적으로 일정한 성장률로 증가해간다' 입니다. 실제로는 그런 일이 일어날 리가 없습니다. 상품에도 제품의 라이프 사이클Product Life Cycle이 있고 회사조직에도 수명이 있습니다. 정말 우수한 회사라면 주력상품을 바꾸고 회사조직을 재생시키면서 유지해가겠지만, 대부분의 회사는 그렇게 유지해가다 어느 시점에서 실패합니다.

만약 도산하지 않더라도 정리해고는 피할 수 없는 상황이 됩니다. 도산이나 정리해고가 발생할 때는 그 회사에 자금을 투자하고 있던 투자가도 어쩔 수 없이 손해를 보게 됩니다. 그때의 손해를 포함해서 장기적인 투자수익을 계산해보면, 결코 그들의 탁상 계산 같은 성장률은 나오지 않습니다. 즉, 비즈니스스쿨에서 배우고 있던 미국식 금융의 세계 전체는, 의심쩍은 투자 이야기에 투자가를 유치하기 위한 달콤한 허구fiction가 바탕에 깔려 있는 셈입니다.

그 이후, 미국식 금융은 일본에도 완전히 퍼져버렸습니다. 그런데 사실은 관계자도 구조적으로 무리가 있다는 것을 모를 리가 없습니다. 하지만 사실 여부는 단기적인 투자의 세계에서는 아무런 의미가 없습니다. 도산이나 정리해고 전에 '나만 팔고 빠져나가면 괜찮다' 라고 생각하기 때문입니다. 도산 직전의 회사라도 시장에서 '성장기

일본 디플레이션의 진실

업'이라는 소문이 돌고 있으면 주식을 사주는 사람은 있습니다. '사실은 무엇인가?'보다도 '사람들이 어떻게 생각하고 있는가?'입니다. 그리고 결과적으로 판매와 구입 어느 쪽으로 움직이는지가 중요합니다. 그것이 바로 4반기결산이나 전년동월대비 같은 단기적이고 디지털적인 지표만이 주목받는 이유입니다.

결국, 자동차라는 중요한 산업을 단기적인 투자의 대상으로 보는지 또는 일본의 중장기적인 경제적 번영을 뒷받침하는 인프라적 대상으로 보는지에 따라서, '전년동기대비'의 세계에 젖어 있어도 되는지 장기적인 동향을 파악해야 하는지가 결정됩니다. 그리고 사실은 장기적인 시점에 서 있어야만 하는 은행가나 그 밖의 국민들까지, 주식을 팔아 한몫 챙긴 후 손을 빼려는 일부 단기적 투자가와 같은 행동을 할 필요는 없습니다.

그런데 경제보도의 고객들은 결국 단기적인 '치고 빠지기'를 지향하는 그런 무리입니다. 그렇기 때문에 고객들을 의식하고 있으면 보도가 단기적인 경향만 전하게 되는 것은 피할 수 없습니다. 그 결과, 작년 혹은 재작년의 수준은 어땠느냐는 실수實數의 변화는 아무도 눈치채지 못하는 사태가 발생하고 있습니다. 여러분들께서는 보도의 그런 피할 수 없는 결점을 감안하고 직접 절대수치를 확인하셔서, 제대로 장기동향을 파악하는 습관을 들이도록 해주십시오.

수도권이 점점 가난해지는 것을
눈치채지 못하는
무의미한 '지역 간 격차'론

일본경제를 좀먹는 '내수축소'라는 질병. 자주 범인 취급을 받고 있는 것이 '지역 간 격차'입니다. 그러나 그것은 실은 누명이라고 말씀드렸습니다. 이제부터 실제로는 어떤 일들이 일어나고 있는지에 대해서 설명드리겠습니다. 먼저 대표적인 '쇠퇴하는 지방'으로, 특히 경기가 나쁜 지역 중 하나인 아오모리현青森縣*의 수치를 함께 살펴보도록 합시다.

---

* 일본 혼슈의 북쪽 끝에 위치한 현. 사과와 쌀로 유명한 농업지역이지만, 전체적으로 공업화에는 뒤처져 있다.

고통받는 지방의 예,
개인소득저하와 매상저하의 아오모리현

경기가 나쁘다 나쁘다 떠들면서도, 거품경제 붕괴 후의 아오모리현에서는 소매매장면적(현縣 내의 모든 소매점의 매장면적 합계)이 점점 증가했습니다. 상업에 대해 잘 알고 계시는 분은 이온AEON*의 교외형 대형쇼핑센터 제1호가 히로사키弘前 북쪽의 (구)가시와무라柏村에 1992년 개업한 이온 가시와 SC(현재 이온몰 쓰가루 가시와)였다는 사실을 알고 계실지도 모릅니다. 1995년 하치노헤八戸와 미사와三澤의 중간지점에 개업한 이온 시모다下田 SC(현재 이온몰 시모다)도 역시 유명합니다. 그 뒤에 지역의 슈퍼마켓이나 백화점의 도산도 있었지만, 그래도 16년 동안 현 내 매장은 24퍼센트 증가했습니다.

그런데 소매판매액(현 내의 모든 소매점의 매상고 합계. 현 내에 본사를 둔 통신판매기업의 매상도 전액 포함됨)은 1996년도에 1조 6,700억 엔으로 최고치를 기록한 이후에는 계속 떨어지고 있습니다. 2006년도에는 1조 4,400억 엔으로 1990년도의 1조 4,700억 엔보다도 떨어졌습니다. 그런데 매상의 최고치를 기록한 것은 1996년도였습니다. 거품경제의 정점이었던 1990년도가 아닙니다. 2006년도의 매상도 1990년도의 수준과 그다지 차이가 없는 이유는 1990~1996년도의 성장이 저축되었기 때문입니다.

---

* 일본 국내외에서 약 260개 업체를 운영 중인 대형물류그룹.

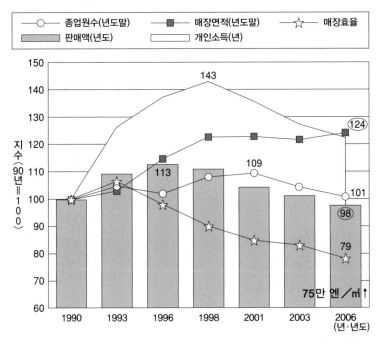

[표7] 소매지표와 개인소득—아오모리현

| ─○─ 종업원수(년도말) | ─■─ 매장면적(년도말) | ─☆─ 매장효율 |
| 판매액(년도) | 개인소득(년) | |

지수(90년=100)

143

124

113

109

101

98

79

75만 엔／㎡↑

1990 1993 1996 1998 2001 2003 2006
(년·년도)

[자료] 경제산업성 '산업통계표', 총무성 '시정촌세 과세상황 등의 조사'를 바탕으로 필자가 제작
[주] 판매액에는 아오모리에 본사를 둔 통판기업이 포함됨 / 여기에서의 개인소득은 과세대상소득액

    매상이 왜 이런 움직임을 보일까요? 실은 아오모리현민의 개인소 득과 연동하고 있기 때문입니다.

    개인소득이라고 하면, 기계적으로 '1인당 소득수준'을 의미한다고 착각하는 사람이 있습니다. 그러나 여기서 말하는 것은 '1인당'의 수 준이 아니라 '현민 전원의 소득합계액'입니다. 실제로 1인당 수준과는 관계없이 합산된 절대수치가 증가하고 있다면 시장으로는 매력이 있습니다. 그 절대수치를 세무서가 정확히 파악하고 있습니다. 그런 개인소득이 이 그래프(〈표7〉)에는 선으로 표시되어 있습니다. 2년 정도의 시간차는 존재하지만, 소매판매액은 개인소득과 훌륭하게 연동해서 상승하고 또 하락하고 있습니다.

아오모리현의 개인소득 총합계 최고치는 1998년이었습니다(거품경제의 정점이었던 1990년이 아닙니다). 그런데 그 뒤에도 아직 점포를 늘리는 사업자가 있어서 문을 닫는 점포를 상쇄시킨 결과, 매장의 총면적은 줄지 않습니다. 그렇지만 소매사업자의 입장에서 보면 매장을 늘렸는데 매상이 감소한 셈이므로, 어디선가 비용을 절감하지 않으면 안 됩니다. 그런 이유에서 이 그래프처럼 아오모리현에서는 거품경제 붕괴 이후에도 매장은 늘었지만 소매점의 종업원수(정기고용의 파트타임 아르바이트 포함)는 줄고 있습니다.

2008년 후반부터 어딘가의 공장에서 비정규직 노동자가 1,500명 해고되었다는 등의 뉴스가 두드러지기 시작했습니다. 그것이 큰 문제인 것은 틀림없습니다. 그러나 최고의 호경기라 불리던 2001년도 말부터 2006년도 말까지의 5년 동안, 아오모리현 내의 소매점 고용이 8,000명이나 줄어든 것도 화제가 되기에 충분하다고 생각하지 않으십니까? 그중에는 모자가정母子家庭의 어머니, 지금까지 연금을 제대로 내지 않았기 때문에 수령액이 적어서 일할 수밖에 없는 고령자, 남편의 적은 월급을 필사적으로 보완하고 있는 파트타이머 주부처럼, 딱히 기술은 없지만 성실하게 일하겠다는 의욕을 가지고 상대적인 저소득 상황 속에서 노력하며 아이를 기르고 소비하고 있는 분들이 많이 포함되어 있음에 틀림없습니다.

이런 현상이 발생한 이유는 소득이 줄고 매상도 줄고 있는 지역에서 무모하게 점포면적을 늘렸기 때문입니다. 점포면적을 늘린 만큼 땅값이나 건설비, 수도광열비, 재고비용에 불필요한 돈이 들어서 인건비로 돌아가는 부분이 줄어버린 것입니다. 만약 진정한 자유경쟁이 실현되고 있다면, 매상이 줄면 매장도 줄어드는 것이 당연합니다. 하지만 '자유경쟁=양적 확대'라고 착각하고 있는 사람들이 있어서 "경기 회복을 기대한다"라는 둥 떠들어대며 과도하게 점포를 내는 데 열을 올립니다. 논을 처분하고 싶어 하는 땅주인, 관련된 정지整地나 도로상하수도 공사를 기대하는 토건업자들이 그런 현상을 환영하기 때문에, 결국 그 빚은 서민의 고용과 도로상하수도의 부담을 뒤집어쓰는 자치단체로 돌아가게 됩니다.

이러한 출점과잉 상황을 잘 보여주는 지표가 소매점포의 매장효율입니다. 일반적으로는 월평균 매상을 사용하고 있는 것을 이 책에서는 점포 1세제곱미터당 연간매상으로 나타내고 있어서 다소 이해하기 어려울지도 모릅니다. 살펴보면 1990년부터 2006년도 사이에 20퍼센트의 저하가 발생하고 있습니다. 이 정도로 매장효율이 떨어지면 당연히 도태되어 수지가 맞지 않게 된 가게가 나타납니다. 특히 땅값이 비싼 중심시가지에서 작은 점포를 빌려서 장사를 하고 있는 사람들, 그런 가게 중에는 본인이 토지건물을 소유하고 있는 사람들에 비해서 여러모로 신경 쓴 상품을 갖추고 있는 경우가 많습니다만, 그런 흥미로운 가게부터 먼저 망해버리는 경향이 있습니다. 해당 지역에 살고 있는 사람의 입장에서 보면 질적인 면에서 소비환경이 빈곤해지는 셈이기 때문에 대단히 유감스러운 일입니다.

'소매판매액'과 '개인소득'으로 알 수 있는 '잃어버린 10년'의 거짓말

그런데 여기에서 사용한 '소매판매액', 이것은 경제산업성이 소매업자를 대상으로 실시하고 있는 전수조사입니다. 특히 소비세의 도입 이후에는 많은 사업자가 세무서에 신고하는 것과 동일한 수치를 답변하고 있습니다. 소비자들을 대상으로 "당신은 이번 달 어디에 얼마나 돈을 썼습니까?"라고 물어보는 각종 표본조사^{標本調査}*에 비하면 끝자리 숫자까지 신뢰할 수 있는 수치입니다. 게다가 표본조사에서는 소비'수준'은 알 수 있지만, 각 시정촌^{市町村}**의 판매액이라는 절대수치는 가정을 세워서 계산하지 않으면 알 수 없습니다. 그리고 그 경우에는 통계상의 작은 오류가 증폭될 우려도 있습니다.

그런데 일본경제를 분석하는 전문가들은 일반적으로 이 소매판매액이라는 지표를 사용하지 않습니다. 그 이유는 첫째로 그들 대부분

---

* 통계조사에서 어느 집단의 특성을 알고자 할 때 집단의 일부를 조사함으로써 전체의 특성을 추정하는 조사방법.

** 일본의 행정구획 명칭으로 우리나라의 시·읍·면과 비슷하다.

이 '수준'만 보고 있어서 절대수치에는 관심이 없고, 둘째로 소매판매액은 '서비스소비가 포함되지 않은 물건소비만의 수치'이기 때문입니다. 하지만 기본적으로 소매와 서비스를 어떻게 구분하는지가 의심스럽지 않으십니까? 요즘 세상은 전반적으로 '물건소비가 줄고 있는 상태'라고 말합니다. 그렇다면 '물건은 안 팔리지만 서비스의 매상은 계속 증가하고 있다'라는 사태가 일어나고 있을까요? 여행산업을 봐도 외식산업을 봐도, 유감스럽게도 전혀 그렇지 않습니다. 게다가 근본적으로 '일본은 물건을 제조하는 국가'입니다. 일본 국내에서 물건이 팔리지 않는데 수출(=외국에서의 매상)까지 급락해서 다들 힘들어진 것입니다.

그리고 여기에서 사용한 세무서에서 조사한 개인소득은 '과세대상 소득액'입니다. 이것 또한 확실한 절대수치를 각 시정촌별로 알 수 있는 전수조사입니다. 물론 과세대상 이외에도 비과세의 소득이 있기 때문에 실제 소득보다는 낮은 수치입니다. 그렇다고 해도 해당 지역의 경제상황을 대단히 선명하게 보여주는 지표입니다.

세무서가 산출한 이런 개인소득 대신에 가계조사 등의 각종 표본조사를 사용하는 것은 그나마 괜찮습니다. 개중에는 '현민소득'이라는, 명칭에는 '소득'이 들어가지만 개인소득과는 전혀 다른 작용을 하는 거시경제지표를 사용하고 싶어 하는 사람이 있습니다. 그러나 현민소득은, 예를 들어 현 내의 근대화된 공장이 현의 외부에서 기계 설비를 구입해와서 고용을 늘리지 않은 채로 최대한 조업해서 출하금액을 늘리는 것만으로 껑충 뛰어오릅니다. 이를테면 최근 야마구치현山口縣이나 와카야마현和歌山縣처럼 현민소득은 전국에서 손꼽을 정도로 증가했지만(이유는 방금 설명한 것과 동일합니다), 현민의 개인소득(과세대상소득액)은 계속 감소하고 있는 웃어넘길 수 없는 사태가 발생하고 있는 곳도 있습니다. '평균적으로는 이렇게 될 것이다'라는 가설 체계를 전제로 한 '현민소득'보다도 세무서에 의한 전수조사의 절대수치를 반드시 먼저 확인해주시기 바랍니다.

이런 상황을 이해한 상태에서 한 번 더 아오모리현의 수치를 살펴봅시다. 1990~1998년에 아오모리현민의 개인소득이 40퍼센트 이상이나 증가했습니다. 바로 '잃어버린 10년'*이라고 불리던 시기입니다. 그 무렵의 아오모리현민은 연간 5,000억 엔 이상의 소득증가를 신고하고 있습니다. 그 시기에도 현의 인구는 줄어들고 있었는데 말입니다. 이것은 뭔가의 착오라고 생각하십니까? 그러나 이것은 '현민소득'처럼 탁상의 합계계산 결과가 아니라 실제로 납세신고된 소득액의 단순합계입니다. 당시의 아오모리현민이 고집인지 허세인지의 이유로, 있지도 않은 소득을 세무서에 신고하고 세금을 낼 리도 없습니다. 실제로 경제산업성이 파악하고 있는 소매판매액도 같은 시기에 증가하고 있습니다. 이 수치가 정확하다는 증거입니다.

그랬던 아오모리현의 개인소득이 1998년을 정점으로 빠르게 감소하고 있습니다. 하지만 세무서의 정책을 생각해봐도 소득 탈루脫漏는

---

* 1980년대 일본의 부동산 시장에 형성된 거품이 무너지기 시작한 1991년부터 2002년까지 일본이 겪었던 극심한 장기침체 기간.

일본 디플레이션의 진실

해가 갈수록 어려워지고 있으며, 무엇보다 회사원이나 공무원은 소득을 숨길 방법이 없습니다. 즉, 정말로 개인소득이 줄기 시작했습니다. 당연히 경제산업성이 파악하고 있는 소매판매액도 연동해서 떨어지고 있습니다. 전수조사의 절대수치는 이렇게 분명하게 이론대로 움직입니다.

다시 말해 전형적인 '지방'인 아오모리현의 경제는 거품경제 붕괴 이후의 이른바 '잃어버린 10년' 동안에는 오히려 활기찼지만, 21세기에 들어선 무렵부터 갑자기 속도를 잃기 시작한 것입니다. 어째서 거품경제였던 1990년이 아니라 1996~1998년이 정점일까요? 앞에서 이야기했던 일본 국내의 신차 판매대수도, 전국의 소매판매액도, 잡지서적의 판매부수도, 국내 화물 총운송량도, 단백질이나 지방의 섭취량도, 국내 주류판매량도 모두 그런 움직임을 보이고 있었다는 사실을 떠올려주십시오.

지금 소개한 소매판매액이나 과세대상소득액 혹은 뒤에서 사용할 국세조사國勢調査*처럼 확고한 전수조사의 수치는 현장에서 보는 진실과 반드시 일치하며, 각각의 경향에도 모순이 없습니다. 일치하지 않는 것은 정체를 알 수 없는 사회의 분위기뿐입니다. 이런 분위기는 '숫자를 확인하지 않는'(SY), '현장을 확인하지 않는'(GM), '분위기밖에 모르는'(KY) 사람들이 확인하지도 않은 거짓말을 서로에게 반복하

---

* 정부가 전 국민에 대해 시행하는 인구의 통계조사. 인구구조, 가족구성, 취업상황 등을 통계적으로 파악하기 위해 5년마다 실시 및 발표한다.

며 확대·재생산하고 있습니다. 정말 문제가 있는 KY는 '분위기 파악을 못하는' 것이 아니라 이처럼 '분위기밖에 모르는' 사람입니다. 앞에서 말씀드렸던, 확인도 하지 않고 일본은 중국에 대해 무역적자라고 단정 짓고 있는 움직임도 이 KY, SY, GM의 전형적인 예입니다.*

'지방의 쇠퇴' = '수도권의 성장'으로 이어지지 않는 현실

지금까지 소매와 소득을 단서로 아오모리현의 상태를 살펴봤습니다. 정말 '지방의 쇠퇴'를 여실히 보여주는 두려운 수치들의 연속이었습니다. 거품경제가 붕괴되었을 때가 아니라 1996~1998년이 최고치였다는 발견은 있었습니다만, 어느 쪽이라도 21세기에 들어서의 소득과 소비의 저하는 심각합니다.

여기서 중요한 것은 이것이 과연 '지역 간 격차'의 결과인가라는 점입니다. 일본에는 아오모리현처럼 전형적인 지방이 쇠퇴하고 있다는 사실을 '지역 간 격차'의 증거로 드는 사람들이 두려울 정도로 많습니다. 그러나 그들은 수도권이나 나고야의 수치를 확인했을까요? 수치를 확인하지 않고 '격차'라고 떠들어대는 것은 바로 SY(숫자를 확인하지

---

* 일본에서는 2007년 '분위기 파악 못하는'(空気が読めない, Kukiga Yomenai)의 앞글자를 딴 'KY'가 크게 유행했고, 이후 유사한 약어略語가 다수 사용되며 관련 서적까지 출간되었다. 이 책의 KY, SY, GM도 필자가 만들어낸 '숫자를 확인하지 않는'(数字を読まない, Sujiwo Yomanai), '현장을 확인하지 않는'(現場を見ない, Genbawo Minai), '분위기밖에 모르는'(空気しか読まない, Kukisika Yommanai)의 약어이다.

않는), KY(분위기밖에 모르는) 그 자체라고 할 수 있습니다.

조금 전과 똑같은 그래프를 동일한 통계를 사용해서 수도권(이 책에서는 계속해서 도쿄도東京都, 가나가와현神奈川縣, 지바현千葉縣, 사이타마현埼玉縣의 1도3현을 지칭합니다)의 경우도 만들어보았습니다. 아오모리현과 수도권, 어느 쪽의 수치가 양호할 것이라 생각하십니까? 원 안에 들어있는 두 숫자를 평가 기준으로 삼도록 하겠습니다. 첫 번째는 1990년도를 100으로 상정한 2006년도의 소매판매액 수준입니다. 참고로 아오모리는 98입니다. 두 번째는 1990년을 100으로 한 2006년의 개인소득수준으로, 아오모리는 124입니다. 수도권 1도3현의 수치는 과연 얼마일까요?

한마디 설명을 덧붙이자면, 앞에서 말씀드렸듯이 상업통계의 소매판매액에는 현지에 본사를 둔 통신판매회사의 매상이 들어가 있습니다. 통신판매회사의 본사가 집중되어 있는 수도권의 수치는 그만큼 증가되어 있습니다. 한편 1990년은 거품경제의 최전성기였던 관계로 당시 번영을 구가하던 수도권의 수치는 기준점이 높아져 있습니다. 이것은 2006년도의 수준을 떨어트리는 요인이 됩니다.

이러한 상황 속에서의 플러스마이너스를 감안하고 생각해보십시오.

자, 결과를 보여드리겠습니다(〈표8〉). 의외이겠지만 틀림없는 사실입니다. 아오모리 쪽의 수치가 더 큽니다.

소매판매액은 아오모리가 98, 수도권은 96. 개인소득은 아오모리가 124, 수도권이 118입니다. 놀랍게도 거품경제 이후 16년 동안의 개인소득과 물건소비만 살펴보면, 아오모리가 수도권보다 다소 양호

[표8] 소매지표와 개인소득—수도권

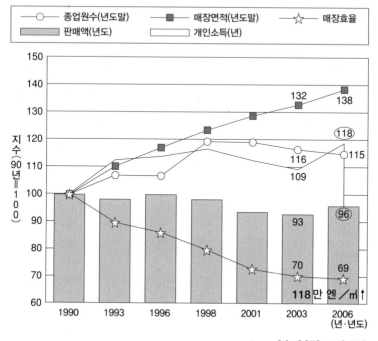

[자료] [주] 표7과 동일

한 수준의 추이를 보이고 있습니다. 차이는 대동소이하지만, 일반적으로 듣고 있는 것처럼 "아오모리가 심각한 불황이고 도쿄는 독주"하는 일은 결코 없습니다.

어떤 분들은 "소비도 소득도 1인당 수치는 수도권이 훨씬 클 것이다"라는 반론을 제기하기도 합니다. 하지만 소득도 물가도 비싼 수도권과 소득도 물가도 싼 아오모리, 물가의 차이를 고려하지 않은 1인당 소득만 비교해서는 어느 쪽의 생활이 풍요로운지 알 수 없습니다.

일본 디플레이션의 진실

집세의 차이를 생각한다면, 집을 소유하지 않은 저소득계층의 생활은 수도권이 더 힘들지 않겠습니까?

이에 비해서 '주민의 소득수준이나 소비수준은 특정 시점에 비해서 어느 정도 올라갔는가, 내려갔는가?'라는 수치, 즉 여기서 사용한 지수는 옛날부터 그 지역에서 생활하고 있는 사람들이 실감하는 생활수준과 일치하는 수치입니다. 그리고 이 관점에서 살펴보면 결과는 확실합니다. 지역 간 격차는 확대되고 있지 않습니다. '도시도 시골도 똑같이 침체되어 있다'라는 것이 일본경제의 실태인 것입니다.

그렇지 않다면 일본 전체가 이렇게 소득저하나 내수저하를 겪지는 않을 것입니다. 만약 수도권의 경기가 좋다면, 일본인 4명 중 1명은 수도권에 살고 있기 때문에 일본경제는 좀 더 좋아져야 합니다.

그렇다면 2002~2007년의 '전후 최장의 호경기' 시절만 살펴보면 어떨까요? 수출경기의 은총을 받은 수도권은 수출산업이 적은 아오모리보다 당연히 상황이 좋았을 것입니다. 실제로 2003년부터 2006년까지의 수치를 보면, 수도권 1도3현에서는 개인소득이 거의 5조 엔이나 증가했습니다. 거품경제 붕괴 이후 몇 년 동안 계속된 침체를 벗어나, 2006년에는 단숨에 사상 최고 금액을 기록했습니다. 같은 시기에 아오모리현에서는 개인소득이 계속 감소했던 것과 실로 좋은 대조를 이룹니다. 이것이 '최근의 지역 간 격차 확대'의 증거가 아니라면 무엇이겠습니까?

그러나 아무리 개인소득이 증가했어도 소비가 그것과 연동해서 확대되지 않는다면, 일부 부유층의 예금통장에 동그라미가 늘기만 할 뿐 일반 근로자에게는 혜택이 돌아오지 않습니다. 실제로 수도권의 소매판매액을 확인해보면, 2003~2006년도 사이에 분명히 1.2조 엔이 증가했습니다. 그렇지만 이것은 개인소득증가의 4분의 1에 불과합니다. 게다가 이 수치는 이미 말씀드린 것처럼 도쿄에 본사를 두고 있는 통신판매회사의 매상 전액과 휘발유를 포함하고 있습니다. 이 기간 동안에 소매점포 종업원수의 감소가 멈추지 않고 있다는 사실은, 통신판매와 휘발유를 제외한 일반적인 소매점포는 매상이 늘지 않아서 비용절감을 강요받고 있는 상황을 시사합니다.

즉, 아오모리현뿐만 아니라 수도권에서도 일반적인 근로자세대는 자신이 '격차의 승리자'라고는 전혀 실감하지 못하고 있습니다. 이것은 수도권에 살고 계시는 여러분께서는 가슴에 손을 얹고 생각해보면, 혹은 주위를 둘러본다면 납득할 수 있으실 것입니다. 뒤에서 말씀드리겠지만, 일본에는 개인소득이 소비로 이어지지 않는 구조가 존재합니다. 그 때문에 수도권조차 일본의 내수를 견인하지 못하고 있습니다.

그런데도 수도권에서는 1990년도 말부터 2006년도 말까지 16년 사이에 소매점의 매장이 40퍼센트나 늘어버렸습니다. 같은 기간에 매상은 4퍼센트 줄어들어서 매장효율은 30퍼센트나 저하됐습니다. 결국 2006년도는 1990년도의 70퍼센트 수준입니다. 이 수치 또한 아오모리현의 80퍼센트 이상으로 심각한 수치입니다. 이것은 다시 말해 '같은 면적의 매장을 가지고 있는 가게라면, 수도권이 아오모리현보다 매상이 더 떨어졌다'라는 이야기입니다. 그런데 수도권의 판매액은 통신판매로 인해서 큰 폭으로 부풀려져 있기 때문에, 실제로 운영되고 있는 점포의 효율저하는 더 심각할 것입니다. 게다가 수도권은 땅값이 비싸서 더더욱 장사하기가 힘들어지고 있습니다.

하지만 한마디로 수도권이라고 해도, 그 안에서도 도심의 일부 지역에 집중되어 있습니다. 도심인 도쿄 23구東京23區*만 살펴보면, 역시 아오모리현은 전혀 상대가 안 될까요? 그래서 사이타마와 지바, 다마多摩 등의 교외지역은 제외하고, 도쿄 23구만 뽑아서 같은 그래프를 만들었습니다. 앞에서 살펴본 수치를 비교하면 아오모리현과 도쿄 23구 중에서 어느 쪽이 우수할 것이라 생각하십니까?

'도쿄 도심부는 경기가 좋다' 라는 새빨간 거짓말

그렇습니다. 도심은 수도권 평균보다도 더욱 심각한 상황입니다. 1990년도를 100으로 상정한 2006년도의 소매판매액 수준이 아오모리는 98, 수도권 1도3현은 96, 그리고 도쿄 23구는 90입니다. 아오모리현이 훨씬 상황이 좋다는 결과입니다.

이세탄伊勢丹과 미쓰코시三越의 경영통합 배경에도 곤경에 처한 도심

---

* 도쿄도 면적의 약 35퍼센트(약 623세제곱킬로미터)를 차지하는 특별구. 도쿄도의 핵심부이고, 일반적으로 도쿄로 인식되는 지역이다.

상업이 존재합니다.* 그렇다면 도쿄메트로의 후쿠토신센副都心線**은 어떨까요? 세계동시불황이 시작되기 전에 운행을 시작했지만, 시부야渋谷에서도 신주쿠新宿의 이세탄 주변에서도 증축이나 개장 등은 눈에 띄지 않았습니다. 도부토조센東武東上線이나 세이부이케부쿠로센西武池袋線 노선***에서도 환승 없이 올 수 있게 되어서 성장잠재력은 상승했을 텐데 말입니다.

그러나 그것도 당연한 일입니다. 도쿄 23구의 수치는 투자의욕이 샘솟을 만한 수치가 아닙니다. 상업 연면적延面積은 이렇게나 증가했지만 매상이 전혀 반응하고 있지 않기 때문입니다. 게다가 1998년부터 2006년 사이에 도심주민의 개인소득은 2조 엔이나 증가했는데도 도심의 소매판매액은 754억 엔 감소했습니다. 일본의 많은 통신판매회사의 본사가 23구에 위치하고 있습니다. 그 매상을 포함시켜서 이 상태이기 때문에 사태는 비극적입니다. 참고로 나가사키현 사세보시長崎縣佐世保市나 지바시의 경우도 자파넷Japanet이나 이온의 통신판매부문의 영향으로 시 전체의 수치상의 매상은 상당히 증가되어 있습니다. 결국 도쿄는 일본 전국에서 즐거운 시간을 보내러 오는 사람들을 불러

---

* 2008년 4월, 일본의 대표적인 고급 백화점 이세탄과 미쓰코시가 합병되어 '미쓰코시이세탄 홀딩스'로 재탄생했다.

** 사이타마현 와코시和光市와 도쿄의 시부야를 연결하는 도쿄메트로(도쿄지하철)의 철도노선. 2008년 6월 운행을 개시했다.

*** 도부토조센과 세이부이케부쿠로센은 모두 사이타마현과 도쿄의 이케부쿠로池袋를 연결하는 철도노선이다.

일본 디플레이션의 진실

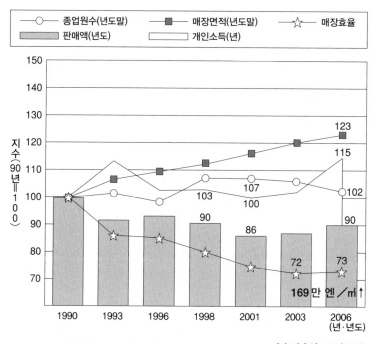

[표9] 소매지표와 개인소득—도쿄23구

범례:
- ──○── 종업원수(년도말)
- ──■── 매장면적(년도말)
- ──☆── 매장효율
- ▨ 판매액(년도)
- □ 개인소득(년)

(세로축) 지수(90년=100)

가로축 연도: 1990, 1993, 1996, 1998, 2001, 2003, 2006 (년·년도)

매장면적: 123
개인소득: 115
종업원수: 102
판매액: 103, 100, 90, 86, 72, 73, 90
매장효율: 169만 엔/㎡↑

[자료] [주] 표7과 동일

들이는 데에는 성공했지만, 그 사람들의 소비를 환기시키지 못하고 있다고 할 수 있습니다.

더 우울한 수치를 지적해보겠습니다. 23구의 매상을 매장면적으로 나눠보면, 1제곱미터당 연간매상은 169만 엔입니다. 연간매상에는 통신판매의 매상도 들어있기 때문에, 그만큼 늘어난 수치입니다. 참고로 이 수준은 상업의 전문가가 보면 낮게 보일 것입니다. 그러나 휘발유 같은 것들이 전부 포함되어 있어서 전체적인 수치가 낮아졌다고 생각해주십시오. 아오모리현은 얼마였는지 기억하십니까? 시라카미 산지白神山地, 핫코다산八甲田山, 오소레산恐山까지 들어가 있는 아오모리 현의 수치이기 때문에 도심과는 상당히 큰 차이가 있을 것 같지만, 실제로는 75만 엔으로 상업시설의 면적효율에는 약 2배 정도밖에 차이가 없습니다. 그렇다면 땅값의 차이는 어떨까요? 적어도 2배 정도로 끝나지는 않을 것입니다.

여러분은 지역 간 격차라고 말씀하십니다. 그러나 아오모리현보다도 훨씬 땅값이 비싼 도쿄의 도심부에서 아오모리현의 2배 정도의 면적효율밖에 거두지 못한다면, 도쿄도심에서 토지를 사서 상업시설을 새로 건설하는 일은 지극히 어려워집니다. 오히려 이 상태라면 역逆격차라고 할 수 있을 정도입니다. 실제로도 도쿄 도심에서 토지를 새로 구입해서 대규모 상업개발을 하고 있는 사례는 이제 더 이상 존재하지 않습니다. 유명사례는 모두 역내驛內처럼 처음부터 가지고 있는 토지를 활용하거나, 오다이바お台場* 같은 정기차지定期借地, 롯폰기 미드타운六本木ミッドタウン**처럼 REIT Real Estate Investment Trust(부동산투자신탁)로 전매되는 경우 중 하나입니다.

그렇습니다. 모든 상업시설을 상대로 실시된 조사에서 나온 면적효율처럼 확고한 수치는 현장의 현실과 반드시 일치합니다. 수치도 현

---

* 도쿄만東京灣에 위치한 지역으로, 매립지가 면적의 상당수를 차지한다.

** 도쿄 미나토구港区에 위치하는 대규모 주상복합시설. 일본방위청 및 육상자위대주둔지 이전과 함께 일대의 재개발이 이루어졌다. 2004년 공사를 시작해 2007년에 준공되었다.

장의 실태도 세상의 '분위기'와는 일치하지 않기 때문에, 사실이 무시 당하는 경우가 많습니다. 그러나 분명히 사실은 사실입니다.

그렇다면 2006년 무렵 수출경기로 끓어오르던 나고야는 어떨까요?

나고야에서도 심각한 부진을 겪고 있는 물품소비

이제부터 보여드릴 것은 아이치현愛知縣 전체의 전수조사 결과입니다. 나고야시뿐만 아니라 도요타豊田 나 가리야刈谷 같은 자동차생산업의 중심인 미카와지역三河地域도 포함되어 있습니다. 1990년도를 100으로 상정한 2006년도의 소매판매액은 아오모리현이 98인데 비해서 아이치현은 102, 조금은 상황이 좋습니다. 도쿄도심의 90보다는 상당히 양호합니다. 그러나 어차피 거기서 거기입니다. 1990년을 100으로 상정한 2006년의 개인소득은 아오모리현이 124인데 비해서 아이치현은 128이므로, 이것 또한 아이치현이 좀 더 양호합니다만 역시 대동소이합니다.

이 비교방법에서 도쿄의 수치가 나빠지는 데에는 거품경제시기의 기준치가 높다는 이유도 있었습니다. 아이치현은 아오모리현과 마찬가지로 대단한 거품경제를 경험하지는 않았습니다. 즉, 1990년 무렵의 기준치가 높다고는 할 수 없습니다. 그런데도 세계적인 제품생산의 거점인 아이치현과, 일본에서도 손꼽힐 정도로 공장집적이 적은 아오모리현이 얼마 전의 '전후 최장의 호경기' 속에서도 비슷한 결과

[표10] 소매지표와 개인소득—아이치현

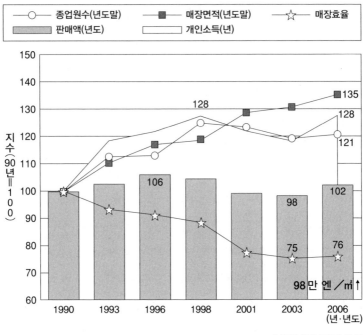

 — ○ — 종업원수(년도말)　　 — ■ — 매장면적(년도말)　　 — ☆ — 매장효율
 판매액(년도)　　 개인소득(년)

지수(90년=100)

150
140
130 — 128 ■135
120 ■128
110 121
100 — 106
90
80 — 98 — 75 76 102
70
60

1990　1993　1996　1998　2001　2003　2006
(년·년도)

98만 엔／㎡↑

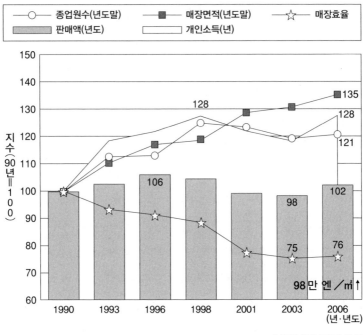

[자료] [주] 표7과 동일

를 냈다는 것은 굉장한 일입니다. 그러나 아이치현이 그렇게 경기가
좋았다면 분명히 일본자동차도 국내에서 조금 더 팔렸을 것입니다.
나고야에서 반석磐石 같은 브랜드력을 자랑하는 마쓰자카야松坂屋가 다
이마루大丸와 경영통합* 되는 일도 없었을 터입니다.

———

* 　1910년 창업된 마쓰자카야는 나고야에 본점을 두고 있는 유명 백화점체인이다. 2010년 오사카에 본점
　이 있는 백화점체인인 다이마루를 흡수 합병했다.

물론 잘 살펴보면, 역시나 아이치현에서는 수출산업이 대단히 호조였던 2003~2006년에 개인소득이 크게 증가했습니다. 소매판매액도 개인소득증가의 3분의 1 수준이기는 해도 증가했습니다. 적은 양이지만 도쿄보다는 자산효과가 있었습니다. 이에 비해서 아오모리현에서는 최근에는 소득도 매상도 줄어들고만 있습니다. 이것이 바로 심각한 '지역 간 격차'일까요?

그러나 1990년대 이후라는 장기적인 시점에서 보면, 아오모리현민이 처한 상황은 그 정도까지 나쁘지 않습니다. 무엇보다 도쿄가 거품경제의 붕괴로 소란스럽던 1990년대 전반에, 나고야에도 물론 존재하지 않았던 수준의 현저한 개인소득의 증가를 경험했기 때문입니다. 그때의 저금 덕분에, 아직까지도 1990년을 기준으로 하면 소득과 소비 모두 아이치현과 대동소이하고 수도권보다는 조금 나은 추이를 나타내고 있습니다. 아이치현의 개인소득과 소매판매액이 최근 다소 증가했다고 해도 겨우 아오모리현과 역전된 정도입니다.

수치만 내세우고자 하는 것은 아닙니다. 인구규모가 비슷한 도요타의 역 앞과 아오모리의 역 앞, 양쪽에서 술을 마셔보십시오. 혹은 하치노체아 오아리이치누미야尾張一宮의 교외형 쇼핑센터를 비교해보십시오. 조금이라도 현장을 경험해보면 "아오모리도 아이치도 비슷하다. 아니, 아오모리가 그래도 아직 거리에 사람들이 돌아다니고 활기도 있다"라는 사실을 알아차릴 것입니다.

어영부영하고 있는 사이에 아이치현도 세계동시불황의 거친 파도가 삼켜버렸습니다. 갑자기 온 세상이 "아이치는 안 된다"라는 '분위기'가 되어버렸습니다. 그러자 이번에는 "아이치현은 힘들다"라고 말해도 아무도 놀라지 않습니다. 이것 또한 문제입니다. 불황이라고 해도, 아이치현은 오일쇼크 이후의 섬유불황이나 엔고불황 같은 심각한 사태를 몇 번이나 극복해온 현입니다. 그들의 상품제조기술과 근면한 현민성縣民性은 여간한 일로는 흔들리지 않습니다. 저는 아이치현의 제조업이 가까운 장래에 다시 융성한 상태로 돌아갈 것을 전혀 의심하지 않습니다.

문제는 그런 것이 아닙니다. 아이치현의 수출산업이 주도한 '전후 최장의 호경기' 속에서도 아이치현에서는 개인소득 증가분의 약 3분의 1만이 물건소비의 증가로 이어졌다는 의심의 여지가 없는 사실이 문제입니다. 어째서 그렇게 된 것일까요? 먼저 사실을 직시하고 그리고 원인을 밝혀내지 않는다면, 다음 '호경기' 때도 같은 일이 반복될 것입니다.

지역 간 격차에 역행하는
간사이의 쇠퇴와 오키나와의 성장

그렇다면 '거품경제로 기준치가 높아졌으며 게다가 2002~2007년의 수출경기 혜택도 그다지 받지 못한 곳', 즉 간사이關西는 어떨까요?

간사이 2부4현(오사카부大阪府, 교토부京都府, 효고현兵庫縣, 시가현滋賀縣, 나라현奈良縣, 와카야마현)의 수치는 정말로 심각합니다. 개별적으로 살펴

일본 디플레이션의 진실

보면 시가현 등은 경기가 좋습니다. 그러나 오사카부의 수치는 지나치게 낮습니다. 1990년도를 100으로 상정한 2006년도의 소매판매액은 아오모리현이 98인데 비해서 간사이는 90으로, 수도권이나 아이치현보다도 훨씬 심각한 수준입니다. 1990년을 100으로 상정한 2006년의 개인소득도 아오모리현이 124인데 비해서 간사이는 110 이하를 기록했습니다. 결국 거품경제의 붕괴 이후 계속해서 점점 가난해지고 있는 셈입니다.

한편 2003~2006년에는 개인소득이 조금 증가했습니다. 그러나 유감스럽게도 이 기간 동안의 소득증가는 1.37조 엔이었는데 비해서, 소매점의 매상증가는 400억 엔 정도였습니다. 결국 간사이 상업시설의 2006년도 면적효율은 1990년도의 3분의 1까지 떨어졌습니다. 바로 그렇기 때문에 한큐阪急백화점과 한신阪神백화점의 경영통합*처럼, 간사이 사람들의 상식으로는 상상할 수도 없던 일이 실현되고 말았습니다.

"도시와 지방의 격차"라고 말하는 사람들에게 묻고 싶습니다. 당신이 말하는 '도시'는 대체 어디입니까? 원래 '지방'에도 후쿠오카福岡처럼 경기가 좋은 '도시'는 존재했습니다. '도시'와 '지방'을 대립개념으로 생각하는 시점에서 틀린 단어 선택을 하고 있습니다(사실은 최소한 '대도시권'과 '지방권'이라고 말해야 합니다). 이 문제는 차치하더라도 오

---

* 한큐와 한신 모두 오사카를 거점으로 백화점체인을 전개하고 있는 기업이다. 2007년 경영통합이 이루어졌다.

사카는 당신이 말하는 '도시'입니까, '지방'입니까? 인구 1,700만 명의 게이한신지구京阪神地區*, G8에서 세 번째로 큰 거대도시지역을 과연 '지방'이라고 부를 수 있을까요? 참고로 첫 번째는 인구 3,000만 이상인 일본의 수도권, 두 번째는 인구 약 1,900만 명의 뉴욕입니다.

그런데 실은 그런 오사카의 개인소득이나 물건의 소비 경향은 일본 어떤 도도부현都道府縣**보다도 힘겨운 추이를 나타내고 있습니다. 일본의 47개 도도부현 중에서 2005년의 개인소득 하락률이 가장 컸던 것도 오사카부였습니다. "오사카는 대도시 중에서 예외다"라고 말하는 사람은 무슨 근거로 그렇게 단정 짓고 있을까요? '무엇이 원칙이고 무엇이 예외인지', 어느 정도까지가 '예외'라는 말로 정리할 수 있는 범위인지를 충분히 생각해본 적도 없으면서 선입견에 어긋나는 사례를 멋대로 예외라고 단정 짓고 있지 않습니까?

기본적으로 모든 도도부현에 대해서 이 그래프를 만들어보면, 무엇이 원칙인지 예외 없이 알 수 있습니다. 그렇게 했을 경우, 거품경제를 기점으로 가장 활력을 잃지 않은 도도부현은 어디라고 생각하십니까? 참고로 위에서 다섯 번째 정도로 양호한 곳이 아이치현입니다. 현상유지 정도라도 베스트5에 들어가는 셈입니다. 그러나 가장 우수한 현은 현상유지 정도가 아닙니다. 확실하게 성장하고 있습니다. 이

---

*   간사이지역의 3대 도시(교토, 오사카, 고베)와 그 주변도시를 포함하는 지역.

** 일본의 광역 자치 단체인 도都, 도道, 부府, 현縣을 묶어 이르는 말. 일본의 행정구역은 1도東都, 1도北海道, 2부大阪府,京都府와 나머지 43현으로 구성되어 있다.

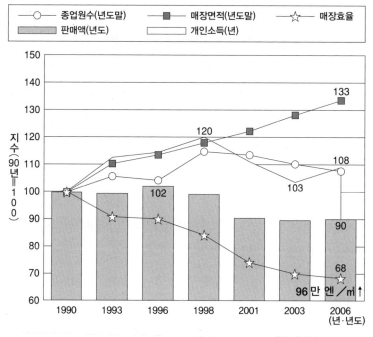

[표11] 소매지표와 개인소득─간사이권

| 종업원수(년도말) | 매장면적(년도말) | 매장효율 |
| 판매액(년도) | 개인소득(년) | |

[자료] [주] 표7과 동일

제 눈치를 채셨겠지요?

사, 보십시오. 1990년(도)을 기준으로 히면 2006년(도)이 오키나와는 개인소득이 1.44배, 소매판매액이 1.23배, 소득의 상승을 매상의 상승이 따라오고 있습니다. 거시경제학을 좋아하시는 분들은 안심하십시오. "뭐? 실업률이 높고 유효구인배율은 낮은 오키나와의 경제가 성장하고 있을 리가 없다"라고 생각하십니까? 그러나 현민 전원을 대상으로 조사한 개인소득과, 모든 상점을 조사한 매상이 이렇게 증가했습니다. 이것은 경제성장이 틀림없습니다. "오키나와의 개인소득은 낮을 것이다"라고 생각하십니까? 그것은 1인당 개인소득의 이야기입니다. 소득총액은 보시는 것처럼 확실하게 늘고 있습니다.

원래 오키나와는 일본의 도도부현 중에서 유일하게 취업자수(비율이 아니라 절대수치)가 순조롭게 계속 증가해온 현입니다. 그러니 개인소득이 증가하고 물건도 팔리는 것입니다. 경제의 당연한 형태가 오키나와에만 존재하는 셈입니다. 그에 비해서 수도권에서는 실은 취업자수는 늘지 않고 있습니다. 개인소득이 늘었다고 해도 고령부유층의 불로소득이 중심입니다. 따라서 그 소득은 소비로 이어지지 않습니다. 나고야권도 수도권과 마찬가지입니다. 간사이권에서는 확실하게 취업자수의 감소가 진행되고 있습니다.

"실업률이 높고 유효구인배율이 대단히 낮은데도 오키나와에서는 취업자수가 늘고 있다?" "젊은이들이 유입되고 있는 수도권이나 나고야권에서는 반대로 취업자수가 늘지 않고 있다?" 제가 도대체 무슨 이야기를 하는지 이해하지 못하는 분들도 계실 것입니다. 그러나 총무성總務省*의 국세조사 홈페이지는 누구라도 볼 수 있으니, 수치는 간단하게 확인할 수 있습니다.

분명히 일본에서는 매스컴도 싱크탱크도, 경우에 따라서는 학자들까지도 유효구인배율이나 실업률 같은 수치만 사용하고 취업자수

---

* 일본의 기본적인 국가 시스템 창설을 책임지는 중앙부처로서, 행정조직, 공무원 인사, 지방행정 및 재정, 선거, 우정사업, 통계 업무 등을 관장하고 있다.

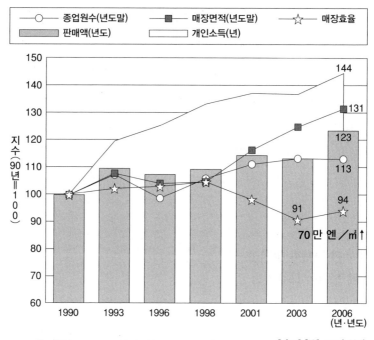

[표12] 소매지표와 개인소득—오키나와현

| ─○─ 종업원수(년도말) | ─■─ 매장면적(년도말) | ─☆─ 매장효율 |
| 판매액(년도) | 개인소득(년) | |

[자료] [주] 표7과 동일

의 증감은 확인하지 않습니다. 그 원인으로는 "학교에서 그렇게 배웠다", "일본에서는 다들 그것을 사용하고 있다"라는 이유밖에 생각할 수 없습니다. 그렇다면 그 사람들은 미국경제의 기준지표로 '비농업부문의 고용자수 증감'이 사용되고 있는 이유(왜 실업률이 주요자료로 사용되지 않는지), '유효구인배율'이 사용되지 않는 이유에 대해서는 생각해본 적이 있을까요?

그 이유는, 첫째로 지역경제를 좌우하는 것은 무엇보다 고용의 증감(취업자수의 증감)이며, 둘째로 실업률이나 유효구인배율은 정의에 있어서도 현실에 있어서도 고용의 증감과 반드시 연동하지 않기 때문입니다. 여러분은 첫 번째 이유 하나만이라도 인정해주시면 좋겠습니다. 판다가 늘고 있는지 줄고 있는지를 조사하고 싶다면, 판다가 떨어트린 털이나 잠자리를 하나하나 세지 말고 판다의 숫자 그 자체를 세야 합니다. 마찬가지로 지역의 고용이 늘고 있는지 줄고 있는지를 알고 싶다면, 무엇보다도 일하고 있는 사람(=취업자)이 늘었는지 줄었는지를 살펴보는 것이 정답입니다.

지역 간 격차가 아니라
일본 전체가 내수부진

지금까지 아오모리, 수도권, 아이치, 간사이, 오키나와를 살펴보았습니다. 이제 도도부현 전체를 비교해봅시다. 세로축을 소매판매액의 증감률, 가로축을 개인소득의 증감률로 잡아서 각 현을 표시했습니다.

이 두 지표로 살펴보면, 1990년부터의 일본은 3개의 시기로 확실하게 구분됩니다. 먼저 1990~1996년(도), 거품경제의 붕괴라고들 하면서도 실은 아직 개인소득도 매상도 증가하던 시기입니다. 그리고 1998~2003년(도), 기간 대부분은 일본 전국이 정말로 불황에 빠졌던 시기, 이른바 헤이세이 불황입니다. 마지막으로 2003~2006년(도), 반대로 수출주도로 호경기였던 시기입니다. 지역 간 격차라고들 하지

일본 디플레이션의 진실

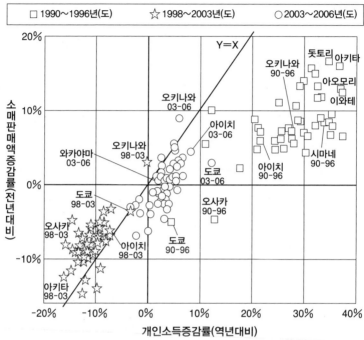

[표13] 소매판매액과 개인소득—전체 도도부현 비교

□ 1990~1996년(도)　　☆ 1998~2003년(도)　　○ 2003~2006년(도)

소매판매액증감률(전년대비)

Y=X

오키나와
90-96

돗토리 아키타

오아모리

이와테

오키나와
03-06

아이치
03-06

와카야마
03-06

오키나와
98-03

도쿄
03-06

시마네
90-96

아이치
90-96

도쿄
98-03

오사카
98-03

오사카
90-96

아이치
98-03

도쿄
90-96

아키타
98-03

개인소득증감률(역년대비)

[자료] [주] 표7과 동일

만, 이 세 시기의 차이가 도도부현 간의 차이보다도 큽니다. 참고로
1996~1998년(노)은 오성시에서 불핑으고 비끼는 까드기였기 때무에
쉽게 이해할 수 있도록 제외했습니다.

　먼저 그래프에서 □가 거품경제의 붕괴로 "불황이다, 불황이다"하
고 떠들어대던 1990~1996년(도)입니다. 그런데 예상과는 달리 일본
은 대부분의 지역에서 개인소득이 크게 늘었습니다. 땅값 거품의 붕
괴로 힘들어지기 시작한 도쿄와 오사카만이 침체를 겪으며 전국 평

균을 끌어내리고 있지만, 그래도 이 6년 동안 전국적으로 개인소득이 20퍼센트 이상 증가했습니다. 지방으로 눈을 돌리면 40퍼센트나 소득이 증가한 현도 있습니다. 이 정도로 소득이 증가하면 당연히 물건도 팔려줘야 합니다. 실제로 소매판매액이 전국 평균 5퍼센트, 마이너스였던 도쿄와 오사카를 제외하면 10퍼센트나 증가했습니다. 그중에서도 그래프의 우측 상단부에서 특히 높은 성장률을 보이고 있는 현은 다름 아닌 아오모리, 아키타, 이와테, 돗토리였습니다. 당시의 공공투자도 상당 부분 영향을 미쳤겠지만, 그것만으로는 이렇게까지 증가할 수 없습니다. 공공투자가 유일한 요인이라면, 시마네나 오키나와도 좀 더 우측 상단에 위치해야 합니다. 참고로 아이치는 땅값의 거품현상이 거의 없었기 때문에, 다른 지역의 현들과 비슷한 곳에 위치해 있습니다.

자, 그런데 21세기가 되기 얼마 전부터 심각한 불황이 덮쳐옵니다. 1998~2003년(도)에는 거의 일본 전체가 좌측 하단의 사분면으로 전락했습니다. 1999년은 오부치小渕내각의 이른바 '흩뿌리기'(선심성 정책)식 공공투자가 절정이었습니다. 그러나 그 시기를 포함하고 있음에도 일본 전체에서 소득이 감소하고 소매판매액이 저하되고 있습니다. 도쿄도 물론 침체에 빠졌고, 수치가 거의 감소하지 않은 곳은 오키나와뿐이었습니다. 얼마 전까지 우측 상단의 끝부분에 위치했던 아키타현이 이번에는 좌측 하단 구석자리입니다. 바로 이 무렵부터 "지역 간 격차가 발생하고 있다"라고 호들갑을 떨기 시작했습니다. 그러나 바로 얼마 전까지 지방이 저렇게 경기가 좋았고, 경기가 나빴던 곳은 도쿄와 오사카뿐이었다는 사실은 아무도 지적하지 않았습니다. 아무도 '거품경제 붕괴 후의 잃어버린 10년' 동안에 지방에서 소득과 소비가 증가하고 있었던 사실을 눈치채지 못했습니다.

그리고 수출경기로 전환된 2003~2006년(도)입니다. 이 시기의 일본 전체를 이분법으로 표현한다면, 사람들이 좋아하는 '도시와 지방'이 아니라 수출산업의 유무로 보는 편이 생산적입니다. 어떻게 보면 당연한 일입니다. 일본지리에 그다지 밝지 않은 사람도 있을 것입니다. 수출산업, 즉 첨단기술 제조업은 지방이라도 갖추고 있는 곳이 있는가 하면, 대도시지역에서도 간사이는 상대적으로 집적이 약합니다. 수출산업의 유무라는 이분법으로 설명되지 않는 곳이 바로 오키나와입니다. 그런데도 우측 상단에 위치하고 있습니다. 반대로 제철이나 화학의 성장으로 2005년도 '현민소득'의 증가율이 일본 최고였던 와카야마는 상당히 좌측 하단에 있습니다. 수출산업의 유무와는 별개의 요소, 산업과는 관계없는 무엇이 크게 영향을 주고 있기 때문입니다.

게다가 이 시기에는 개인소득이 증가한 지역에서도 소매판매액은 그다지 늘지 않았습니다. 오키나와와 같은 일부의 예외를 제외하면, 전부 Y=X의 우측 하단에 위치하고 있는 상태입니다. 특히 심한 것이 도쿄입니다.

이상의 내용을 정리해보면, 문제는 '지역 간 격차'도 '경기'도 아닌 무엇이라는 점이 더욱 분명해집니다. □는 '거품경제 붕괴 후의 잃어버린 10년'에 속하는 1990~1996년(도)입니다. 도쿄와 오사카를 제외한 전국이 확연하게 우측 상단으로 튀어나와 있습니다. 한창 '전후 최장의 호경기'였던 2003~2006년(도)은 ○입니다. 이 시기보다도 오히려 1990~1996년(도)이 소매판매액도 개인소득도 확연히 증가한 셈입니다. 참고로 기간의 대부분이 헤이세이 불황에 해당하는 1998~2003년(도)이 ☆입니다. 이 시기에는 오키나와 이외는 모두 불경기였다는 것을 알 수 있습니다. 일본 전체의 각 지역들이 이 정도로 분명하게 같은 움직임을 보이고 있습니다. 즉, 지역 간 격차보다도 각각의 시기에 특유의 요인(그것이 무엇인지에 대해서는 이제 곧 말씀드리겠지만, 1990~1996년(도)을 보면 이른바 '경기'가 전부가 아닌 것은 확실합니다)의 영향이 컸음을 알 수 있습니다.

하지만 이 수치는 "도쿄와 지방의 격차는 확대일로다"라는 세간의 통념과 일치하지 않습니다. 그런 통념은 대체 어디에서 나온 것일까요? □와 ☆을 비교해보면 알 수 있습니다. □ 시기에는 우측 상단에 모여 있던 지방의 지역들이, ☆ 시기에는 다 같이 좌측 하단으로 떨어졌습니다. 잘 살펴보면 도쿄도 조금 좌측 하단으로 이동했는데, 지방은 그 이상으로 추락했습니다. 지방이 도쿄의 머리 위를 뛰어넘어서 이렇게 크게 추락했기 때문에 상대적으로 도쿄는 성장하고 있다는 착각이 발생해버렸습니다. 떨어지는 속도의 차이를 이유로 "격차는 확실히 있다"라고 생각하시는 분이 계실지도 모르지만, 역시 '오십보백보'입니다.

실제로 도쿄가 아무리 "나는 일본 국내에서는 나은 편이다"라고 잘난 척해도, 세계의 다른 지역에서 보면 전체적으로 일본의 경제가 '쇠퇴'하고 있는 상황입니다. 일본 국내에서는 "지방경제는 밑바닥이다.

지방의 부동산투자는 전혀 돈이 되지 않는다"라는 말이 통용되지만, 해외에서 보면 "도쿄의 부동산투자도 전혀 돈이 되지 않는다"라는 이 야기입니다.

어떻습니까? 납득이 가셨습니까? "이 녀석은 일부 사실을 과장해 서 자신의 주장을 억지로 정당화하고 있다"라고 단정 짓기 전에, 부디 이 수치들을 인터넷에서 확인하시고 세간의 '분위기'를 떠나서 차분히 생각해주셨으면 좋겠습니다.

지방과 대도시를 평등하게 엄습하는 '현역세대의 감소'와 '고령자의 급증'

일본을 좀먹는 '내수부진'이라는 질병. 범인은 국제경쟁도 '지역 간 격차'도 아닙니다. 드디어 지금부터 그 진짜 원인에 대해서 설명을 드리겠습니다. 이제부터가 세간의 '분위기'와 가장 어긋나는 부분입니다. 그렇지만 결코 경제이론 그 자체에 어긋나는 내용을 논하지는 않습니다. 그 점에 대해서는 좀 더 뒤에서 경제학을 좋아하는 분들을 위한 설명을 드리겠습니다. 우선 여기에서는 여러분들이 모르고 있는 일본의 '사실'에 대해서 살펴보겠습니다.

고통받는 지방권을 엄습하는
'2,000년에 한 번'의 현역세대 감소

앞에서 '고통받는 지방'의 대표적인 예로 아오모리현을 언급했습니다(아오모리현 관계자 분들 죄송합니다). 거품경제 붕괴기였던 1990년대 전반에는 증가하고 있던 개인소득과 소매판매액이 '전후 최장의 호경기'가 되자, 즉 21세기에 들어선 무렵부터 눈에 띄게 떨어지기 시작한 사실을 설명드렸습니다. 그 이유는 무엇일까요? 1990년대 전반과 2000년대 전반, 10년밖에 차이가 나지 않지만 이 동안에 뭔가 큰 구조변화가 일어난 것일까요?

네, 일어났습니다. 국세조사결과를 살펴보면 1990~1995년에는 아오모리현 내 취업자수는 1만 8,000명이나 증가했습니다(3퍼센트 증가). 그러나 2000~2005년이 되면 상황이 일변해서 4만 4,000명이나 감소했습니다(6퍼센트 감소). 개인소득과 소매판매액 증감의 배후에는 이러한 취업자수의 정반대 움직임이 있었습니다.

1994년 전후는 '취직빙하기'라고 불리던 시기였습니다. 그래서 이 시기에 취업자수가 늘었다는 사실을 받아들이지 못하는 분도 계실 것입니다. 확실히 아오모리현에서도 1990~1995년 사이에 실업자수가 5,000명 이상 늘었습니다. 그러나 실업자의 증가를 현저히 상회하는 속도로 취업자수가 증가하고 있었습니다. 이것으로 1990년대 전반의 아오모리현에서 개인소득의 증가, 제품소비의 증가가 발생한 이유는 명확해진 셈입니다. 반대로 2000~2005년은 실업자수가 2만 1,000명이나 증가했습니다. 이것이 이 시기의 개인소득과 제품소비 감소

일본 디플레이션의 진실

의 주요인이라고 생각하는 분도 계실 것입니다. 그런데 실업자수 2만 1,000명은 감소한 취업자수 4만 4,000명의 절반도 되지 않는 수준입니다. 즉, 2000~2005년에 감소한 취업자수의 절반 이상은 실업과는 무관하게 발생했습니다. 이와 같은 일련의 아오모리현의 국세조사결과를 통해서 무엇을 알 수 있을까요? 아오모리현에서는 경기나 실업과는 별개의 요인으로 인해서 큰 폭의 취업자 증감이 발생했고, 이것이 개인소득과 제품소비의 증감을 불러일으켰다는 것입니다.

그 다른 요인은 무엇일까요? 바로 인구변동입니다. 그것도 총인구가 아니라 생산가능인구*의 변동입니다. 생산가능인구는 경제학적으로 정의한 '현역세대'의 인구수로, 15세부터 64세까지의 인구가 해당됩니다. 원래 현대 지구경제가 안고 있는 문제는 생산능력부족과 노동력부족이 아니라 수요부족과 소비자부족입니다. 그래서 저는 사실 '소비가능인구'라고 부르는 편이 좋다고 생각하지만, 생산이 보틀넥 bottleneck**이었던 과거의 타성 때문에 다들 이런 호칭을 사용하고 있습니다. 또한 10대 후반은 사실은 일하지 않는 사람이 많을 테고, 60세를 넘기면 일하고 있어도 수입이 확연히 감소하는 사람이 많기 때문에, 15세부터 64세까지는 지나치게 넓은 범위라고도 생각합니다. 그러나 불필요한 논쟁을 피하기 위해서라도 일단 정부와 학계공인의 이

---

* 원서는 '생산연령인구生産年齢人口'와 '소비연령인구消費年齢人口'를 사용하고 있지만, 이 책에서는 국내에서 쓰이는 용어인 '생산가능인구'와 '소비가능인구'로 번역했다.

** 생산 확대 과정에서 생기는 생산 요소 부족에 의한 장애.

기준을 사용하도록 하겠습니다.

아오모리현의 인구는 2000년부터 2005년까지의 5년간, 3만 9,000명이나 줄어버렸습니다. 그 이유는 이 기간에 현을 떠나버린 사람이 들어온 사람보다 3만 명이나 많았고(즉, 3만 명의 유출초과입니다), 게다가 돌아가신 분들이 태어난 아기보다 9,000명 많았습니다. 이른바 인구의 사회감소와 자연감소의 이중고입니다. 총인구는 이런 상황입니다. 그럼 그 안에서 15~64세만 추려내면 어떤 경향을 보일까요? 3만 명의 유출초과의 상당수는 신규졸업자, 즉 젊은이들일 확률이 높으니까 생산가능인구도 역시 3만 명 정도 감소했을까요?

그렇지 않습니다. 놀랍게도 아오모리현의 생산가능인구는 2000~2005년 사이에 5만 4,000명이나 감소했습니다. 총인구감소의 1.4배, 인구유출초과 3만 명의 1.8배에 해당합니다. 결국 젊은이들이 현 외부로 나가버렸다는 것만으로는 감소의 절반 정도밖에는 설명할 수 없습니다. 그러나 이 생산가능인구 5만 2,000명 감소라는 수치는 같은 시기에 감소한 취업자수 4만 4,000명과는 잘 부합됩니다. 근본적으로 취업자의 중핵을 차지하는 현역세대의 인구수가 감소하고 있는 이상, 전체 취업자수도 감소할 수밖에 없습니다.

물론 현 외부로 유출된 인구 3만 명과 증가한 실업자수 2만 1,000명으로 감소한 취업자수 3만 4,000명을 설명하려는 사람도 있을 것입니다. 그러나 그 논리로는 감소한 생산가능인구 5만 4,000명 중에서 2만 4,000명, 즉 인구의 현외유출 3만 명으로 설명할 수 없는 이 부분은 '생산가능인구의 감소에는 해당되지만 취업자수의 감소에는 영향을 미치지 않았다'라는 말이 되어버립니다. 그런 경우가 정말 있을 수 있을까요?

반대로 1990~1995년에는 현의 인구는 약 1,000명, 생산가능인구는 약 9,000명이 감소하는 데 그쳤습니다. 그리고 실업자수가 5,000명, 취업자수가 1만 8,000명 증가했습니다. 이것은 역방향이기는 하지만 전 연령에 있어서의 인구감소가 그 정도였기 때문에, 반대로 취업자수는 증가할 여지도 있었던 셈입니다. 실제로 이 시기의 20~24세 인구만 뽑아서 살펴보면 9,000명 이상 증가하고 있습니다. 대학교를 졸업하는 나이 대의 젊은이들이 증가한 것이 바로 취업자수 증가의 배경이었습니다.

한편 2000~2005년에는 계산상으로 생산가능인구가 매년 1만 명이상 감소하고 있습니다. 만일 이런 추세가 계속된다면, 2005년에 아오모리현 내에 91만 명 정도밖에 없던 생산가능인구는 불과 90년 뒤에는 제로가 되어버립니다. 연간 1퍼센트가 넘는 엄청난 속도의 감소입니다.

이것은 대단히 중요한 이야기입니다. 아이들과 고령자가 포함된 총인구의 감소보다도, 현역세대로 폭을 좁힌 생산가능인구의 감소가 훨씬 감소폭이 크다는 최근의 현실은 대부분의 사람들이 예상하지 않았던 중대한 문제입니다. 출생이 사망보다 감소해버렸다거나 젊은이들을 도회지에 빼앗겼다는 수준을 훨씬 상회하는 속도로 현역세대인구의 감소가 발생하고 있습니다. 이 점을 직시하고 원인을 찾지 않으면 앞으로 나갈 수 없습니다.

그런데 총인구가 3만 9,000명밖에 감소하지 않았는데 생산가능인구가 5만 4,000명이나 감소했다는 이야기는, 누군가가 그만큼 늘어나지 않았다면 계산이 맞지 않습니다. 아이들과 노인 어느 쪽이 늘고 있을까요? 0~14세의 인구수가 늘어날 리가 없다는 것은 다들 짐작하고 계실 것입니다. 그렇다고 해도 아이들로만 자그마치 2만 4,000명이 감소하고 있는 현실은 충격적입니다. 이런 추세로 간다면 약 40년 뒤에는 아오모리에서 아이들이 사라져버립니다. 90년 뒤에는 현역세대도 사라집니다. 그렇다면 누가 남겠습니까?

　물론 65세 이상입니다. 실제로 2000~2005년 사이에 3만 9,000명이나 증가했습니다. 아오모리현 당국의 입장에서 보면, 납세자가 점점 줄고 복지와 의료가 필요할 가능성이 높은 세대만 늘고 있는 셈입니다. 분명히 재정이 힘들어질 것입니다. 그뿐만이 아닙니다. 21세기에 들어서 아오모리현 내부의 물건 매상이 해가 갈수록 떨어지고 있는 것도 당연합니다. 일하고 물건을 사는 연령대의 사람들이 해가 지날수록 감소하기 시작했기 때문입니다. 근로자의 머릿수가 줄었으니 개인소득도 감소할 수밖에 없습니다.

　이처럼 아오모리현의 경제 문제는 단순히 경기순환에 따른 실업자의 증감이나 젊은층의 외부유출만으로는 설명할 수 없습니다. 21세기가 되어서 시작된 부진의 배경에는 실업자의 증가속도나 젊은이의 유출속도를 크게 상회하는 취업자수의 감소가 존재하며, 그 배경에는 총인구 감소의 속도를 크게 상회하는 생산가능인구의 감소가 자리 잡고 있습니다. 그와 동시에 고령자의 급증도 진행되고 있습니다. 이런 사실들을 통해서 비로소 일본에서 무슨 일이 일어나고 있는지 제대로 파악할 수 있습니다.

참고로 여기에서 소개드린 '생산가능인구 감소'와 '고령자 급증'의 동시진행을 '저출산 고령화'라는 잘못된 단어로 표현하는 습관이 전국적으로 만연하고 있습니다. 그러나 '저출산 고령화'는, '저출산=아이들의 감소'와 '고령화=고령자의 급증'이라는 완전히 독립적인 사실과 현상을 하나로 취급하는 말도 안 되는 표현입니다. "아이들만 늘리면 고령화는 막을 수 있다"라는 어이없는 오해의 원흉이 되기도 합니다. 나아가 더욱 중대한 문제인 '생산가능인구 감소'도 숨겨버립니다. 따라서 저는 '저출산 고령화'라는 단어는 절대로 사용하지 않으려고 하고 있습니다. 이 단어를 입에 담는 '지식인'이나 이 단어가 사용된 논설도 사물의 전체상을 잘 알지 못하는 사람(이 쓴 것)이라는 이유로 신용하지 않습니다.

인구가 유입되는 수도권에서도 진행되는 '현역세대의 감소'

총인구와 생산가능인구의 이런 관계를 이해하셨다면, 표면적인 규칙성만 이해해도 수도권에서 무슨 일이 일어나고 있는지 정답을 맞힐 수 있습니다. 자, 도전해보세요. 수도권의 1도3현, 즉 도쿄도, 지바현, 가나가와현, 사이타마현에서는 2000년부터 2005년 사이에 인구가 106만 명이나 증가했습니다. 게

다가 이 수치상으로는 이사를 온 사람이 외부로 나간 사람보다 67만 명이나 많습니다. 이 유입초과 67만 명의 대부분은 지방에서 상경한 젊은이라고 생각됩니다. 또한 태어난 사람이 죽은 사람보다 39만 명 많았기 때문에, 합계는 106만 명입니다. 와카야마현 전체, 이와쓰키시岩槻市와 합병되기 이전의 사이타마시さいたま市* 전체에 해당하는 인구가 증가한 셈입니다. 5년 동안, 수도권의 어딘가에 사이타마시 전체에 해당하는 집이 지어지고, 그만큼 자동차가 팔리고, 가전제품도 팔리고, 식품도 팔리고 있다는 이야기입니다. 그러나 실제로는 그런 느낌은 들지 않습니다.

이 106만 명의 증가는 15~64세, 0~14세, 65세 이상 중에서 어느 것이 증가했을까요? 한번 생각해보십시오.

서론이 길어져서 죄송합니다. 딱 하나만 더 설명을 덧붙이겠습니다. 수도권에서는 국세조사에 제대로 응답하지 않는 괘씸한 무리가 급증하고 있습니다. 106만 명의 인구증가 중에서 15만 명은 연령 미상자의 증가입니다. 이 연령 미상자는 분명히 수도권에 살고 있지만 주민표住民票**를 시골에 그대로 두고 있는, 연령의 조회가 불가능한 사람들입니다. 주민표를 옮기지 않았기 때문에 납세도 하지 않습니다. 그런 사람들의 대부분은 젊은이들이라 추정되므로, 여기에서는 그들

---

* 사이타마현의 현청소재지이다. 2001년 3개 시市의 합병으로 성립되었으며 2005년 이와쓰키시를 편입했다.

** 일본에서 지역별로 작성하는 주민기록. 우리나라의 주민등록등본에 해당한다.

일본 디플레이션의 진실

도 모두 15~64세로 간주하겠습니다. 사실은 연령 미상자 중에는 고향에서 불려온 부모님들도 적지 않게 포함되어 있다는 소문도 있습니다. 그러나 저는 은행원이니까 좀 더 가능성이 높은 쪽으로 계산하도록 하겠습니다.

15~64세(+연령 미상자)가 늘고 있다고 생각하는 분 계십니까?

유감스럽게도 실제로는 7만 명 감소했습니다. 연령 미상자의 증가분을 더하지 않으면 22만 명의 감소가 됩니다. 참고로 이 계산에는 기본적으로 국세조사에 전혀 응하지 않는, 연령 미상자로조차 파악되지 않은 사람은 안 들어가 있습니다. 나중에 사용할 국립사회보장·인구문제연구소의 추산치와 예측치에는 그들의 명수도 추산되어 더해져 있습니다. 그 수치에 근거해서 계산해봐도 5만 명의 감소입니다. 이처럼 명확한 생산가능인구의 감소가, 한창 젊은이들이 유입되고 있는, 그것도 '전후 최장의 호경기'를 누리고 있는 수도권에서 일어나고 있었습니다.

우리는 충분히 생각해보지도 않은 채로 "인구가 유입되고 있는 이상, 수도권에서는 생산가능인구도 늘고 있다"라는 가설을 전적으로 믿고 있습니다. '젊은이들의 유입=인구증가=생산가능인구의 증가'라는 공식이 선입견이 되어버려서, '수도권의 생산가능인구가 감소하고 있다'라는 대단히 기본적인 사실을 확인하는 것을 게을리했기 때문입니다. 이것이야말로 숫자를 확인하지 않는 'SY'입니다. 확실히 경제학은 '인구는 증가하는데 생산가능인구는 감소한다'라는 사태를 상정하고 있지 않습니다. 하지만 그것이 바로 수도권의 현실이었습니다.

그렇지만 2000~2005년의 5년 동안에 수도권에서 106만 명의 인구증가가 있었던 것은 사실입니다. 그럼에도 생산가능인구(+연령 미상자)가 감소했다는 말은, 노인이나 아이들 중에서 어느 쪽이 늘지 않았다면 계산이 맞지 않습니다. 0~14세가 증가하고 있을까요? 유감스럽게도 6만 명이 감소했습니다. 도쿄도는 일본에서 가장 출생률이 낮은 도도부현이기 때문입니다.

그렇다면 대체 누가 106만 명이나 증가했을까요?

소득이 있어도 소비하지 않는 고령자가 수도권에서 급증한다

수도권 1도3현에서는 2000년부터 2005년까지 5년 사이에 65세 이상 인구만 118만 명이 증가했습니다. 같은 기간에 전국에서 증가한 65세 이상 인구는 367만 명입니다. 3명 중 1명은 수도권의 주민인 셈입니다.

이것은 저의 '개인적인 주장'이 아닙니다. 좀처럼 익숙하지 않은 이야기라서 그런지 '특이한 관점'이라고 하는 분들도 많으십니다. 그러나 절대 그렇지 않습니다. 수도권의 생산가능인구나 고령자인구는 일본경제를 나타내는 극히 기본적인 지표이며, 저의 독자적인 '관점'도 그 무엇도 아닙니다. 이것이 '특이'하다거나 '관점'이라면, 해외 여러 나라들에서는 본 적도 들어본 적도 없는 '유효구인배율' 쪽이 훨씬 '특이'한 '관점'입니다. 게다가 생산가능인구나 고령자인구는 총무성 통계국의 홈페이지에서 누구나 무료로 열람할 수 있는 대단히 간단한 숫자입니다. 그런데도 아무도 이것을 확인하지 않습니다. 그래서 제가 이렇게 잘난 척하면서 강연의 소재로 사용할 수 있습니다.

원래는 이런 일이 있어서는 안 됩니다. 저와는 전혀 상관없이 이것은 객관적이며 의심의 여지가 없는 사실입니다. 행정 관계자나 학식 있는 경험자, 아니 그보다도 산업에 관련된 사람이라면 일본과 수도권의 생산가능인구를 확인하지 않는 것이 이상한 일입니다. 경제적으로 극히 중요한 지표이기 때문입니다. 그러나 실로 놀랍게도 제 견문의 범위에서는 생산가능인구를 스스로 확인하고 있는 분은 거의 만난 적이 없습니다. 그리고 이 사회에는 "지역 간 격차는 계속 확대되고 있다", "고령화는 지방을 좀먹는 병이다"처럼 근거 없는 '분위기'만 만연해 있습니다. 이 무슨 잠꼬대 같은 소리인지 모르겠습니다. 고령자의 급증, 아이들의 감소, 현역세대의 감소, 이 모두가 수도권의 한복판에서 일어나고 있는 수도권주민 자신의 문제입니다.

이것은 수도권이 앞의 과소지過疏地와 같은 인구동태에 돌입했다는 뜻입니다. 그렇기 때문에 미쓰코시와 이세탄이 통합되고 자동차의 판매량이 떨어진 것입니다. '지식인'이나 매스컴은 그것을 '기호嗜好의 변화'라고 말합니다. 물론 이 정도로 연령구조가 변하면 당연히 기호도 변화합니다. 옛날과 똑같이 무작위 추출로 설문조사를 해보면 표본 중의 현역세대가 줄고 고령자는 늘었을 것입니다. 그러니 당연히 "앞으로 자동차를 살 겁니다"나 "정장을 살 겁니다"라고 대답하는 사람은 줄고, "이제 자동차는 됐어요", "이제 정장은 필요 없습니다"라고 말

하는 사람은 증가합니다. 한편 어째서 수도권의 병원이 이렇게 붐비고 있는지, 어째서 구급차의 다라이마와시^{たらい回し}*라는 사건이 수도권에서 증가하고 있는지, 이런 현장의 실태도 수도권의 고령자 급증이라는 수치와 명확하게 일치합니다. 현장의 사실이나 수치와 일치하지 않는 것은 "수도권은 젊다" 혹은 "지방은 어떨지 몰라도 젊은이들이 유입되는 수도권은 괜찮다"라는 '분위기'뿐입니다.

2003~2006년 수도권의 개인소득 증가분이 그렇게까지 물건소비로 이어지지 않은 이유는 무엇일까요? 정상적인 경제라면 당연히 발생했을 '낙수효과^{trickle-down effect}'**가 수출에서 기업수익을 거쳐 개인소득으로 이전되는 단계까지는 분명히 확인됩니다. 그런데 어째서 물건소비로 이어지지 않고 거기에서 멈춰버렸을까요? 이 문제도 같은 수치로 설명할 수 있습니다. 이런 현상은 수도권처럼 고령화가 현저하게 진행되고 있는 사회(물론 지방은 더 진행되어 있지만, 세계적으로 봤을 때는 대동소이합니다)의 숙명입니다.

수도권에서는 '현역세대의 감소'와 '고령자의 급증'이 동시에 진행되고 있습니다. 이런 상황에서는 기업에 축적된 이익이 인건비 증가로 이어지지 않습니다. 현역세대가 감소하는 만큼 종업원의 전체 수가

---

* 이리저리 돌려지는 상태를 의미하는 단어. 책임과 위험 등을 회피하기 위해서 병원이 환자를 거부하는 사회현상을 지칭하는 용어로도 사용된다.

** 물이 위에서 아래로 흐르는 것처럼, 대기업 및 부유층의 소득이 증대되면 더 많은 투자가 이루어져 경기가 부양되고, 전체 GDP가 증가하면 저소득층에게도 혜택이 돌아가 소득의 양극화가 해소된다는 이론이다.

일본 디플레이션의 진실

감소하고 있기 때문에(더 알기 쉽게 설명드리면, 정년퇴직자의 수가 신규 졸업자로 채용되는 젊은이의 수를 상회하기 때문에) 기업의 인건비 총액은 다소의 기본급 인상 정도로는 증가하지 않습니다. 그렇게 되면 기업 수익에서 개인소득으로 직접적인 소득이전이 이루어지는 채널은 배당 등의 금융소득밖에 없습니다. 실제로 기업에 거액의 투자를 할 수 있는 부유층은 큰 이익을 얻었습니다.

그러나 불행히도(?) 그 상당수는 고령자였습니다. 그들은 딱히 사고 싶은 물건, 반드시 사야만 하는 물건이 없습니다. 반대로 "몇 살까지 살지 모른다. 그동안에 어떤 병이나 신체장애를 겪게 될지도 모른다"라는 위험에 대비해서 "금융자산을 보전해두어야 한다"라는 욕구 wants만큼은 대단히 큽니다. 실제로 그들 고령자가 가지고 있는 저축의 대부분은 거시경제학적인 저축이라고는 할 수 없습니다. '장래의 의료복지 관련 지출의 선매先買', 즉 콜옵션call option*(파생상품derivatives** 의 일종)의 구입입니다. 선매지불이기 때문에 일반적인 저금과 다르게 유동성은 0퍼센트, 더 이상 다른 소비로 이어지지 않습니다. 이것이 개인소득과 물건소비가 단절된 이유입니다.

참고로 이 이야기를 한 경제전문가에게 했더니 "저축은 저축이다. 당신이 하는 말은 아마추어의 폭론이다"라고 비웃음을 당했습니다.

---

* 옵션거래에서 특정한 기초자산을 만기일이나 만기일 이전에 미리 정한 행사가격으로 살 수 있는 권리.

** 기초자산의 가치 변동에 따라 가격이 결정되는 금융 상품을 말한다. 상품 가치가 기초자산의 가치 변동으로부터 파생되어 결정되기 때문에 '파생상품'이라 이름 붙여졌다.

'저축은 저축'이라는 말은 경제학적인 논의를 쉽게 만들기 위해서 옛날 사람들이 세운 가정 위에서 이루어진 개념정리입니다. 그 가정이 21세기의 일본의 현실과 안 맞는 것은 제 탓이 아닌데도 말입니다. 무엇보다 파생상품이라는 개념이 보급되지 않은 옛날에 만들어진 경제학 구조를 현대사회에서도 묵수墨守하는 것이 과연 바람직할까요? 에도시대江戶時代* 오사카에는 세계 최초의 선물시장(쌀을 상장)이 있었다고 합니다. 그렇기에 더더욱 일본 학자 중 누군가가 파생상품의 구입을 어떻게 파악할지 고려한 거시이론을 재구축하면 좋겠습니다. 실제로 다른 자리에서 미국의 경제학자에게 똑같은 이야기를 했더니 "당신이 말하는 관점은 전혀 이상하지 않다. 이미 누군가가 논문(영문)으로 발표했다"라고 말했습니다. 학문이 '현실의 해명'이라는 임무를 지니고 있는 이상, 당연한 현상입니다.

주제넘은 말을 해버렸습니다. 이와 관련된 내용은 뒤에서 더 자세하게 설명드리도록 하겠습니다. 그에 앞서 생산가능인구의 감소와 고령자의 증가가 아오모리현과 수도권뿐 아니라 전국적으로 어떤 상태인지, 객관적인 수치를 망라하면서 보여드리겠습니다.

---

* 1603년부터 1867년까지 도쿠가와 이에야스德川家康가 권력을 장악하여 에도江戶(현재의 도쿄)에 막부를 설치해 운영한 시대로, 일본의 근세에 해당한다.

일본 최대의 현역세대 감소지대 오사카와 고령자 증가지대 수도권

2000년부터 2005년 사이에 15~64세 현역세대의 절대수치는 몇 명 정도 감소했으며, 65세 이상의 고령자는 얼마나 증가했을까요? 다음이 일본 전국의 도도부현을 비교한 표입니다(〈표14〉).

현역세대 감소의 절대수치가 일본에서 가장 큰 곳은 오사카부입니다. 그다음은 홋카이도, 다음이 사이타마현입니다. 효고현과 지바현이 그 뒤를 따르고 있습니다. 최상의 경기로 알려진 아이치현에서도 현역세대가 감소하고 있다는 사실에 주목해주십시오. 실은 저도 이 정도까지는 예상하지 못했습니다. 당시의 아이치현에서는 공장의 기간공期間工*이 대폭 증가했기 때문에, 당연히 현역세대의 전체 수도 조금은 늘었을 것이라고 멋대로 낙관하고 있었습니다. 그러나 현실적으로는 그렇지 않았습니다.

그렇다면 현역세대가 증가한 도도부현은 없을까요? 간사이 중에서는 공장의 집중현상이 발생하고 있는 시가현이 조금 증가했지만, 그 상당수는 외국인노동자나 비정규식 노동자로 추측됩니다. 히기만 마찬가지로 공장노동자가 증가했을 아이치현이나 시즈오카현, 미에현三重県의 현역세대인구는 더 이상 늘지 않고 있습니다.

그런데 도쿄도 증가했습니다. 지금까지는 수도권 1도3현의 수치에

---

* 비정규직 파견사원.

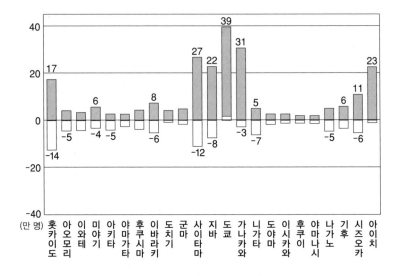

[표14] 생산가능인구와 노인인구의 증감실적(2000~2005년)

(만 명)

훗카이도 / 아오모리 / 이와테 / 미야기 / 아키타 / 야마가타 / 후쿠시마 / 이바라키 / 도치기 / 군마 / 사이타마 / 지바 / 도쿄 / 가나카와 / 니가타 / 도야마 / 이시카와 / 후쿠이 / 야마나시 / 나가노 / 기후 / 시즈오카 / 아이치

대해 이야기했는데, 도쿄도만 뽑아서 살펴보면 1만 명 정도 증가했습니다. 그러나 고령자수 증가와의 차이에 주목해주십시오. 현역세대의 증가는 1만 명인데 비해서, 같은 시기에 증가한 65세 이상의 인구는 39만 명입니다.

그렇습니다. 현역세대 1만 명의 증가는 고령자 39만 명의 증가의 그늘에서 의미를 잃어버렸습니다. 게다가 도쿄도의 경제권은 도의 내부에만 한정되지 않습니다. 상권이나 통근권에 있어서도 바로 1도3현+α가 수도권의 진정한 범위입니다. 그 1도3현을 살펴보면 현역세대는 22만 명이나 줄어들었습니다. 연령 미상자의 증가분을 전부 가

일본 디플레이션의 진실

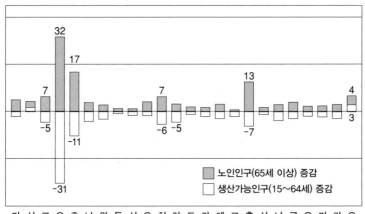

미에	시가	교토	오사카	효고	나라	와카야마	돗토리	시마네	오카야마	히로시마	야마구치	도쿠시마	가가와	에히메	고치	후쿠오카	사가	나가사키	구마모토	오이타	미야자키	가고시마	오키나와

■ 노인인구(65세 이상) 증감
□ 생산가능인구(15~64세) 증감

[자료] 총무성 '국세조사'

산해도 7만 명이 감소했습니다. 전체적인 상황이 이렇기 때문에, 도심의 땅값하락으로 공동주택이 증가해서 도심거주자가 다소 증가한 결과인 '현역세대 1만 명의 증가'를 과대평가해도 아무 의미가 없습니다. 오사카는 일본 전체의 도도부현 중에서 최고의 현역세대 감소지대였습니다. 반면 수도권은 이처럼 일본 최고의 고령자 급증지역인 셈입니다.

그렇다면 일본에는 더 이상 현역세대가 증가하는 도도부현이 존재하지 않는 것일까요? 공장의 임시채용 같은 이유가 아니라 더 오래 유지될 수 있는 이유로 말입니다. 단 한 곳 있습니다. 바로 오키나와입니다.

　앞에서 거품경제 붕괴 이후에 개인소득과 소매판매액이 가장 늘어난 곳은 오키나와라고 말씀드렸습니다. 어째서 오키나와만 경제가 호조일까요? 아직 현역세대가 증가하고 있기 때문입니다. 오키나와에서도 아이들은 줄어들고 노인들은 늘고 있습니다. 그렇지만 얼마 전의 일본 전국처럼 현역세대가 아직 증가하고 있습니다. 그래서 실업자도 늘어납니다. 내세울 만한 산업이 별로 없는 곳에서 인구만 늘고 있기 때문입니다. 그래서 더더욱 "오키나와는 불황이다"라는 소리를 듣습니다. 그러나 예상외로 일자리를 구한 사람, 즉 취업자도 증가하고 있기 때문에 개인소득도 증가하고 물건도 팔립니다.

　이런 이야기를 하면 "오키나와가 활기찬 것은 관광산업이 번창해서, 그와 관련된 상업·공업·농업도 성장하고 있기 때문이다"라고 말하는 사람이 있습니다. 오키나와의 경우만 본다면 그 말은 사실입니다. 하지만 도쿄나 나고야의 산업은 더 크게 성장했고, 젊은이들도 오키나와와는 비교가 되지 않을 정도의 빠른 속도로 유입되고 있었습니다. 그런데도 도쿄나 나고야에서는 현역세대인구가 줄고 있었습니다. 산업요인으로는 이런 현상을 설명할 수 없습니다. "현역세대인구의 증감요인은 유출입뿐이다. 한마디로 산업이 결정적이다"라는 선입견은 사실이 아닙니다.

'지역 간 격차'가 아니라
'일본인의 노화'

　　자, 이제 드디어 이런 현상이 발생하는 이유의 정체를 밝히도록 하겠습니다. 지금까지 설명드린 현역세대 감소의 원인, 그것은 바로 2000년과 2005년 사이에 모든 사람들이 다섯 살씩 나이를 먹었기 때문, 즉 노화했기 때문입니다. 수도권에서 현역이 줄어든 이유는 2000년 시점에서 60~64세였던 사람들의 수가 10~14세였던 사람들보다 70~80만 명이나 많았기 때문입니다. 그 사람들이 다섯 살씩 나이를 먹으면, 당연히 자동적으로 현역세대도 70~80만 명 감소해버립니다. 그런데 젊은이들이 약 67만 명 유입된 덕분에, 결과적으로는 10만 명이 조금 넘은 감소에 그칠 수 있었습니다. 2000년 시점에서 60~64세였던 사람이 태어난 시기는 1930년대 후반입니다. 그에 비해서 10~14세였던 사람은 1980년대 후반 출생자입니다. 이 두 시기는 출생률이 전혀 다릅니다. 그렇기 때문에 이런 현상이 발생하는 것은 누구도 막을 수 없습니다.

　　한편 1930년대 후반에 태어난 사람들은 아직도 건강합니다. 2000년에서 2005년 사이에 65세를 넘긴 사람들의 숫자가 같은 기간에 돌아가신 고령자들보다 훨씬 많았기 때문에, 고령자의 절대수치는 120만 명 가까이 상승했습니다. 일본은 메이지유신明治維新* 이후부터 1949년까지, 불과 몇 년의 예외를 제외하면 출산자수가 계속 증가해

---

* 　19세기 중반에 시작된 일본의 근대화 운동.

온 나라입니다. 그렇기 때문에 뒤로 갈수록 새로 고령자가 되는 사람이 증가하게 되는 구조를 가지고 있습니다.

그렇다면 오키나와는 어떨까요? 일본에서 가장 출생률이 높아서 15세 이상의 젊은 세대가 인구비로 보면 수도권보다도 많습니다. 그러나 그 이외에도 더 결정적인 이유가 있습니다. 1930년대 후반에 태어난 분들이 오키나와전투*의 참화 속에서 많이 돌아가셨기 때문입니다. 오키나와현민의 3분의 1이 희생되었다는 이야기도 있습니다. 오키나와에서는 그래서 2000~2005년에 65세 이상이 되는 분들의 수가 현의 인구에 비해서 상대적으로 적었고, 그 결과 여전히 현역세대가 증가했습니다. 현을 떠나는 젊은이도 일자리를 잃은 젊은이도 많습니다. 그러나 고향에서 벤처기업이라도 시작해서 어떻게든 일자리를 만들어내고 있는 젊은이도 많습니다. 그것이 개인소득도 늘고 물건소비도 늘고 있는 이유입니다.

그렇지만 1930년대 출생자가 1980년대 출생자보다 많은 것은 전국적으로 공통적인 현상입니다. 그런데 일본 안에서도 유독 수도권이 일본 최대의 고령자 급증지대가 된 이유는 무엇일까요? 고도성장기 전기前期, 수도권이나 아이치현 같은 산업지역에는 1930년대 후반에 태어난 분들이 중졸의 '귀한 노동력'으로 대량 유입되었습니다. 그래

---

* 태평양전쟁의 막바지였던 1945년 4월 1일부터 6월 23일까지 오키나와지역에서 벌어진 미국과 일본의 전면전. 패색이 짙어지자 일본은 군인뿐만 아니라 오키나와 주민들에게도 자결을 강요했고 그 결과 수많은 민간인 사망자가 나왔다.

일본 디플레이션의 진실

서 2000~2005년 사이에 65세 이상이 된 사람이 많습니다. 젊은이를 배출하는 쪽이었던 지방보다도, 받아들이는 쪽이었던 수도권이 보다 급속한 고령자의 급증에 직면하고 있습니다. 앞서 말씀드린 시가현과 아이치현·시즈오카현·미에현의 차이점도 여기에 있습니다. 시가현은 바다가 없기 때문에 고도성장기 후기의 임해형臨海型 중화학공업의 발전에는 편승하지 못했습니다. 그래서 아이치현·시즈오카현·미에현에 비해서 1930년대 후반에 태어난 분들의 유입이 적었던 것입니다.

그런데 일본에서 가장 인구수가 많은 세대는 1930년대 후반 출생자들이 아니라 1940년대 후반에 태어난 '단카이세대団魂世代'*입니다. 아이들도 1980년대 이후 감소가 가속화되고 있습니다. 그렇다면 현재의 그리고 가까운 미래의 일본과 수도권은 대체 어떻게 될까요?

단카이세대의 노화로 인한
고령자의 급증

이제부터 2010년을 기준으로 5년 전과 5년 후의 10년간을 비교해보겠습니다. 출처는 앞에서도 언급한 국립사회보장·인구문제연구소(이하 사인연社人研으로 약칭)의 도도부

---

* 1947년에서 1949년 사이에 태어난 일본의 제1차 베이비붐 세대를 가리킨다. 1970년대와 1980년대 일본의 고도성장을 이끌어낸 세대이다.

현별 예측치입니다.

자, 그럼 수도권의 예측치를 맞혀보십시오. 힌트로 아오모리현의 수치를 알려드리겠습니다. 5년 전=2005년부터 5년 후=2015년까지의 10년간, 아오모리현에서는 65세 이상이 20퍼센트나 증가하고, 75세 이상의 경우에는 자그마치 40퍼센트 가까이 증가할 것이라고 예측하고 있습니다. 이 기간은 전후의 혼란 속에서 태어난 단카이세대가 65세를 넘기고, 1930년대 후반에 태어난 분들이 75세 이상이 되는 시기이기 때문입니다. 아오모리에도 고도성장기에 1930년대 후반 출생자들이 많이 유입된 하치노헤라는 임해공업도시가 있어서 큰 영향을 받을 것입니다. 절대수치로 나타내면 10년 동안 아오모리현에서는 75세 이상의 인구가 5만 5,000명이나 증가한다는 예측입니다. 이 연구소는 일부 전문가들로부터 예측치가 다소 느슨하다는 비판을 받고 있습니다. 실제로 이 수치보다 낮아질 가능성은 없어 보입니다.

그렇게 증가한 75세 이상 인구의 몇 퍼센트가 특별 노인양호시설이나 노인보건시설 등의 수용형 간호시설에 들어갈까요? 극히 낮은 10퍼센트로 가정해봅시다. 그래도 아오모리현은 10년 동안 시설의 정원 定員을 5,500명이나 늘려야 합니다. 시설수로 따지면 수십 개가 될 것입니다. 또한 증가한 75세 이상 인구 중에서 간호가 필요하다는 판정을 받은 사람이 30퍼센트에 그친다고 가정하면, 절대수치로는 10년 동안 1만 6,000명 이상의 수요가 증가하게 됩니다. 간병인을 수천 명 단위로 늘리지 않으면 감당할 수 없습니다. 게다가 30퍼센트 수준이 아니라 언젠가는 단카이세대의 60퍼센트 이상이 간호가 필요하다는

일본 디플레이션의 진실

예측도 있다고 합니다. 여기서 소개한 것은 2015년까지의 수치라서 단카이세대가 아직 75세를 넘기지 않았지만, 그 이후의 2025년쯤에는 간호복지 수요가 더욱 폭발적으로 증가하는 사태가 현실화될 것입니다.

이처럼 '고령화'는 '고령자 절대수치의 급증'입니다. 그러나 고령화='고령화율'의 상승이라는 납득할 수 없는 추상화抽象化가 세상에서는 일반적으로 일어나고 있습니다. 심지어 고령자가 증가하는지 감소하는지조차 이해하지 못하는 사람도 있습니다. '고령화율'이 올라가는 것은 '저출산'의 탓(즉, 아이들의 감소로 총인구가 줄고 있기 때문)이라고 단정 짓고, 아이들의 수만 늘리면 고령화에 대처할 수 있다고 착각하고 있는 사람입니다. "'고령화율'은 아무 의미가 없다. '고령자의 절대수치'가 증가하고 있는 것이야말로 문제다"라는 너무나도 당연한 인식이 없다면, 현실적인 대처는 시작되지 않습니다.

그런데 엎친 데 덮친 격으로 아오모리현의 생산가능인구는 최근 10년 동안 13퍼센트나 감소한다고 합니다. 그렇다면 조세수입은 더 줄어들고 현 내의 소비활동도 더 침체될 것입니다. 고령자의 급증과 현역세대의 감소가 동시에 엄습하는, 이런 심각한 상황이 지방이 처해 있는 현실입니다.

지금 '100년에 한 번의 불황' 탓으로 돌리고 있는 많은 현상들은 실은 경기순환과는 관계없는 곳에서, 이렇게 주민의 노화로 인해서 발생하고 있습니다. '100년에 한 번' 정도의 사건이 아닙니다. 지금 일어나고 있는 일은 일본의 역사가 시작된 이래 '2,000년에 한 번'의 생

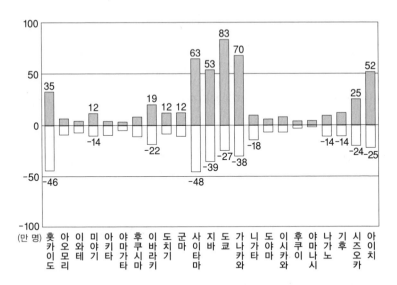

[표15] 생산가능인구와 노인인구의 증감예측 (2005~2015년)

산가능인구 감소이기 때문입니다.

그렇다면 여러분, 수도권의 1도3현, 즉 도쿄도, 지바현, 가나가와현, 사이타마현은 어떨까요? 아오모리현에서는 65세 이상이 20퍼센트나 증가한다고 말했습니다. 같은 기간인 2010년 전후의 10년 동안, 과연 수도권은 어떻게 될 것이라 생각하십니까? 반올림해서 아오모리현처럼 20퍼센트 증가할까요? 그것이 아니라면 10퍼센트 증가 혹은 현상유지로 끝날까요? 아니면 30퍼센트, 40퍼센트, 50퍼센트 증가 같은 일들이 벌어질까요?

앞에서 소개한 사인연의 도도부현별 예측치에 따르면 10년 동안

일본 디플레이션의 진실

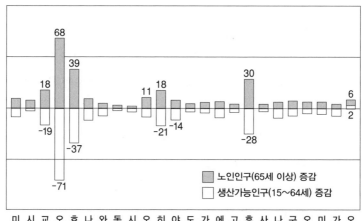

[자료] 국립사회보장·인구문제연구소 2007년 5월 발표 '도도부현별 인구예측'

45퍼센트 증가한다고 합니다. 아오모리현처럼 '20퍼센트 증가' 정도
의 수준으로는 끝나지 않습니다. '단카이세대'는 일본에서 가장 인구
수가 많은 1940년대 후반 출생자들입니다. 그런 '단카이세대'가 이전
세대 이상으로 지방에서 수도권으로 유입되었습니다. 그들이 중학교
나 고등학교를 졸업한 시기가 바로 한창 고도성장이 진행되던 시기
였기 때문입니다. 4형제가 일반적이었던 시절이라 집을 상속받지 못
하는 사람의 비율도 단카이세대가 가장 높았습니다. 바로 그렇기 때
문에 수도권은 2010년 전후의 10년 동안에 65세 이상이 되는 사람이
일본의 다른 지역보다 압도적으로 많습니다.

그렇다면 75세 이상은 어떨까요? 아오모리현의 증가는 자그마치 40퍼센트에 육박한다고 했는데, 수도권에서는 어떻게 될까요? 참고로 2015년이면 단카이세대는 아직 70대가 되기 전입니다.

사인연의 예측은 63퍼센트 증가, 즉 154만 명이 증가한다고 합니다. 한번 생각해보십시오. 이 늘어난 154만 명 중에서 10퍼센트가 수용형 노인시설에 들어간다고 가정하면, 정원을 15만 명 이상 늘려야 합니다. 시설수로 따지면 수천 개는 만들어야 합니다. 즉, 수도권의 모든 시구정촌市區町村이 5개에서 10개씩 만들어야 하는 수준입니다. 가능할 리도 없지만 이런 계획을 본 적도 없습니다. 이 중 30퍼센트가 간호가 필요하다면 약 50만 명입니다. 간병인도 몇만 명 단위로 늘려야 합니다. 단카이세대가 75세 이상이 되는 2025년이 되면, 더욱 굉장한 복지수요의 급증이 예상됩니다.

한편, 수도권의 15~64세 인구는 2010년 전후의 10년 동안에 6퍼센트가 줄어들 것으로 예측됩니다. 이미 보여드렸듯이 2000~2005년에도 이미 감소하고 있었지만, 단카이세대가 65세를 넘기게 되는 향후 5년 동안, 그들이 빠져나가는 만큼 감소속도는 더욱 가속화될 것입니다. 하지만 6퍼센트는 아오모리의 13퍼센트보다는 감소폭이 적습니다. 그래서 이것을 가지고 "지역 간 격차는 엄연히 존재한다"라고 주장하는 사람이 있을지도 모릅니다. 말도 안 되는 이야기입니다. 이 수치는 아오모리현에서 수도권으로 계속해서 상경하는 젊은이들을 충분히 고려해서 나온 예측입니다. 그런데도 13퍼센트와 6퍼센트입니다. 정도의 차이는 있지만 수도권에서도 아오모리에서도 현역세

일본 디플레이션의 진실

대는 감소한다고 보고 있습니다. 이것은 특히 지금까지 '젊은이들의 유입=생산가능인구의 증가'라고 믿어 의심치 않던 수도권에서는 심각한 사태입니다.

이렇게 믿기 힘든 현상이 한창 진행되고 있는 중이기 때문에, 실제로 수도권의 간병복지 현장은 굉장히 힘든 상황에 처해 있습니다. 손님은 늘기만 하는데 일손도 예산도 설비도 부족합니다. 현장에서는 이제 비명을 지를 기운도 잃어버린 젊은이들이 악전고투 중입니다. 불경기로 일자리가 없다고들 말하지만, 사실 고령자복지 분야는 만성적인 일손부족이 해결될 기미조차 보이지 않고 있습니다. 지나친 체력소모가 요구되는 일이기 때문에, 체력이 있는 젊은 사람들도 정착하지 못하고 있습니다.

그런데 수도권의 고령자복지 현장에서 이렇게 수급의 어려움을 겪고 있는 이유가 대체 무엇인지, '주민의 노화에 의한 고령자 절대수치의 급증'이라는 단순한 사실이 그 원인이라는 이야기는 아무도 하지 않습니다. 그러나 경기나 지역 간 격차 같은 상관없는 말들만 늘어놓고 있는 동안에도 시간은 일본 전국에서 평등하게 흘러가고 있습니다.

'인구의 파도'가 알려주는
과거 반세기와 향후 반세기

수도권에서조차 생산가능인구는 이미 줄어들기 시작했습니다. 한편 일본 전체에서 고령자가 증가하고 있습니다. 특히 고도성장기에 젊은이들이 모여들었던 수도권 같은 지역일수록 증가속도가 빠릅니다. 그 배경에는 인구수가 많은 전후戰後 출생 세대의 노화가 자리 잡고 있습니다. 이것이 제5강의 요점이었습니다.

그러나 이런 사실은 '100년에 한 번의 불황'이라는 대합창 속에서 거의 무시되고 있습니다. "경기대책을 세워서 이 파도만 잘 넘기면, 인구구조가 어떻게 성숙화되더라도 경제는 다시 성장한다." 심지어 이것이 마치 일본의 대다수 경제 관계자들의 신념처럼 보입니다.

그러나 경기의 파도와 관계없이 우리를 덮쳐오는 '생산가능인구의 파도'를 계속 무시해도 괜찮을까요? 최근 등장한 용어로 표현하면 '인구 보너스Bonus'(생산가능인구가 매년 증가하고 있는 상태)와 '인구 오너스 Onus'(생산가능인구가 감소로 돌아서 고령자가 급증하고 있는 상태)입니다. 그 영향력은 경기의 파도를 간단히 상쇄시켜버릴 정도로 위력적이며, 경기순환에 대처하기 위한 각종 방책은 생산가능인구의 파도에는 전혀 통용되지 않습니다.

예를 들자면, 경기의 파도는 일반적인 바다의 파도, 그에 비해서 생산가능인구의 파도는 밀물과 썰물입니다. 같은 높이의 파도라도 밀물 때에는 위력이 증가하고, 반대로 썰물 때는 왠지 기운이 없습니다. 해변에서 모래성을 만들어보면 실감할 수 있습니다. 생산가능인구의 파도도 마찬가지입니다. 가득 차서 밀려올 때는 호경기의 수준을 더 끌어올려주고, 불경기라도 별로 피해가 발생하지 않습니다. 반대로 생산가능인구의 파도가 빠져나가기 시작하면 호경기라도 딱히 흥이 나지 않고, 불경기의 피해는 심각해집니다. 생산가능인구의 감소는 천천히 내려가는 에스컬레이터에도 비유할 수 있습니다. 힘차게 걸어올라가도 좀처럼 위로 올라갈 수 없습니다. 반대로 조금이라도 걸음을 멈추면 금세 밑으로 내려가 버립니다.

그럼 태평양전쟁 이후 일본에 실제로 발생한 인구의 파도를 '시각화'해서 설명드리겠습니다.

일본 디플레이션의 진실

전후의 베이비붐이 15년 후에 만들어낸
'생산가능인구의 파도'

　　　　　　　　　다음의 〈표16〉은 태평양전쟁에
돌입하기 직전인 1940년 당시 일본열도 거주자의 연령별 인구수입니
다. 이른바 인구 피라미드라 부르는 표입니다. 수치는 남녀의 총합이
며, 표의 가로축이 연령을 나타내고 있습니다. 해외에 거주하는 일본
인의 수는 사전에 제외했으며, 반대로 일본열도 거주자라면 외국인도
포함시키고 있습니다.

　보시는 것처럼 그 당시의 일본은 낮은 연령일수록 인구가 많은 전
형적인 발전도상국의 상태였습니다. 평균수명이 아직 짧았고, 게다
가 메이지유신 이후 거의 꾸준히 출생자수가 계속 증가해왔기 때문입
니다. 에도시대의 인구는 3,000만 명 정도로 추정되고 있습니다. 그
에 비해서 메이지유신 이후 약 70년이 지난 1940년의 일본 내 인구는
7,000만 명 이상으로 증가했습니다.

　참고로 태평양전쟁 당시 사용된 '일억일심−億一心'이나 '일억의 불덩
어리−億火の玉'*의 1억은 해외에 거주하는 일본인과 조선·대만 사람들
이 포함된 숫자입니다. 이 표현 때문에 "태평양전쟁 시절에 1억 명이
었던 인구가 최근에는 약 1억 2,000만 명, 즉 소폭 증가했을 뿐이다"
라는 인상을 가지기 쉽습니다. 그러나 사실은 7,000만 명이 조금 넘

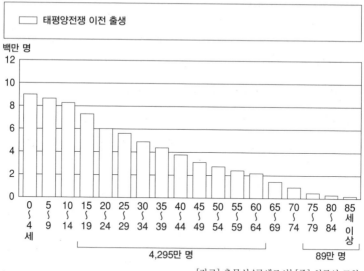

[표16] 일본 거주자의 연령: 1940년=70년 전

태평양전쟁 이전 출생

백만 명

4,295만 명　89만 명

[자료] 총무성 '국세조사' [주] 외국인 포함

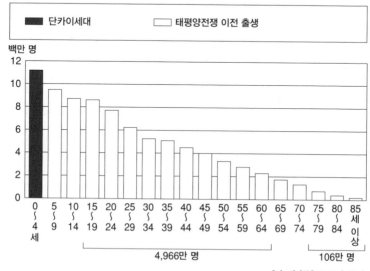

[표17] 일본 거주자의 연령: 1950년=60년 전

단카이세대　태평양전쟁 이전 출생

백만 명

4,966만 명　106만 명

[자료] [주] 표16과 동일

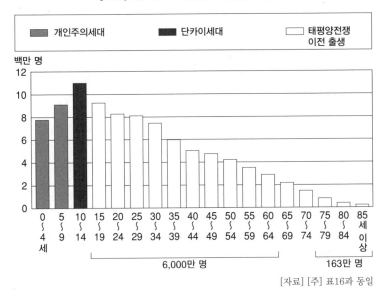

[표18] 일본 거주자의 연령: 1960년=50년 전

| 개인주의세대 | 단카이세대 | 태평양전쟁 이전 출생 |

백만 명

6,000만 명 163만 명

[자료] [주] 표16과 동일

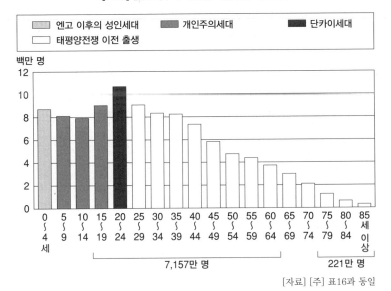

[표19] 일본 거주자의 연령: 1970년=40년 전

| 엔고 이후의 성인세대 | 개인주의세대 | 단카이세대 |
| 태평양전쟁 이전 출생 |

백만 명

7,157만 명 221만 명

[자료] [주] 표16과 동일

던 인구가 거의 1억 3,000만 명이 되었습니다. 전후 반세기 동안에 일본 국내 거주자는 80퍼센트나 증가한 셈입니다.

　전쟁을 겪고 나서 1950년이 되면, 표의 왼쪽에 큰 변화가 나타납니다(〈표17〉). 바로 단카이세대의 등장입니다. 그 바로 오른쪽 옆 칸에 위치하고 있는 전쟁 중에 태어난 세대도 '낳아라, 늘려라産めよ増やせよ'*라는 출산장려정책의 영향으로 출생 당시에는 과거 최고 수준으로 수가 많았습니다. 그러나 1946년에 복원復員**이 본격화되고 약 1년 뒤인 1947년부터 1949년까지 3년 동안 발생한 베이비붐 기간에는 그 수치를 크게 웃도는 사상 최고의 출생자수를 기록하게 됩니다. 그와 반대로 전쟁의 인적 피해가 집중된 1945년과 전후 혼란이 한창이었던 1946년의 출생자수는 매우 적었습니다. 그러나 그들을 전부 합쳐서 1945년 10월부터 1950년 9월까지 5년 동안 태어난 세대를 합산하면 1,100만 명이 넘습니다. 종전 후 5년 사이에 사상 최대 규모의 영유아 집단이 일본에 출현한 것입니다.

　10년이 지나서 1960년, 10년 동안 전쟁 중에 태어난 세대가 생산가능인구에 포함되기 시작했습니다. 즉, 이들이 중학교를 졸업하고 취직하기 시작하면서 일본의 취업자수는 크게 증가하기 시작합니다. 1960~1965년에는 단카이세대가 15세를 넘겼고 생산가능인구 증가는 더욱더 가속화됩니다. 그러나 단카이세대는 태평양전쟁 이전에 태

＊　1940년대 일본정부의 인구정책을 바탕으로 한 슬로건. 노동력(군인) 양산에 그 목적이 있었다.

＊＊　인적, 물적 자원을 전시 동원 체제에서 평시 체제로 되돌리는 것.

어난 세대에 비해서 고등학교 진학률이 높았기 때문에, 취업자수 증가의 최고치는 1965~1970년으로 몇 년 뒤늦게 찾아옵니다. 이것이 당시의 이른바 '이자나기 경기'를 누린 주요 요인입니다. 바로 '생산가능인구의 파도'의 만조 때, 특유의 '인구 보너스'를 최대로 받은 시대였기 때문입니다.

취업자수의 증감은 '경기'로 결정된다고 믿는 분들은 "1965~1970년의 취업자 증가는 이자나기 경기의 결과이지 원인은 아니다"라고 화를 내실지도 모릅니다. 그러나 그것이 바로 숫자를 확인하지도 않고 선입견으로 이야기하는 'SY'입니다.

물론 호경기에 취업자가 증가하는 것은 당연합니다. 그러나 정상적인 숫자 감각을 가지고 있다면, 호경기의 파도로 증가한 취업자수보다도 인구의 파도로 증가한 취업자수가 훨씬 많다(취업자수 증가의 주요 요인이다)는 것은 금방 알 수 있습니다. 예를 들어 1965~1970년의 5년간의 경우를 살펴보면, 단카이세대보다 한 세대 아래의 1950년대 전반 출생자들이 15세를 넘김으로써 생산가능인구도 693만 명이나 증가했고, 이에 비례해서 취업자수도 463만 명 증가했습니다. 이 463만 명의 취업자수 증가가 1965년 시점에서 불과 67만 명이었던 완전실업자가 호경기로 인해서 일자리를 얻었기 때문에 발생했다고 하는 것은, 463만 명과 67만 명이라는 절대수치의 차이를 완전히 무시한 공론입니다. 사실은 동일한 5년 동안, 완전실업자도 6만 명 증가했습니다. 신규졸업자가 많아서 아무리 호경기라도 취직하지 못한 사람이 있었기 때문입니다. 취업자의 증가는 실업의 감소에 비례해서

가 아니라, 신규졸업자>정년퇴직자의 세대 간 인구차이에 비례해서 발생했습니다.

실제로 1960년대는 졸업해서 사회인이 된 학생들의 수가 최고로 많은 시대였습니다. 그중에는 운 나쁘게 불황기에 졸업해서 취직하지 못한 젊은이도 많았고, 장래에 대한 불안과 소외감으로 인해서 학생운동도 활발했습니다. 그러나 그들의 압도적 다수는 젊은 에너지를 불살라 어떻게든 일자리를 찾아 먹고살기 위해 노력해서, 앞에서 살펴본 취업자의 수치가 보여주듯이 어딘가의 어떤 직장(비정규직 포함)을 발견할 수 있었습니다. 그래서 일본의 경제사회는 수요와 공급이 모두 확대되는 단계로 들어섰습니다. 그 결과, '경기'가 좋아지고 나아가 고용이 증가했습니다. 즉, 고용증감의 원인은 경기가 아니라 바로 생산가능인구의 증감 그 자체입니다.

고도성장기에 시작된 출생자수의 감소

한편 해가 지날수록 고도성장기의 출생자수는 크게 감소하기 시작했습니다. 이는 메이지유신 이후 최초로 전쟁 등의 일시적인 이유가 아니라 구조적으로 발생한 감소입니다. 1955년부터 1964년 동안에는 특히 출생자수가 적었는데, 이것이 이후의 '생산가능인구의 파도'의 썰물로 이어집니다.

이것은 종전 직후 4 이상으로 지나치게 높아졌던 출생률이 2 정도의 정상적인 수준으로 안정됐기 때문입니다. 그 결과, 단카이세대 주변만이 전후 일본 특유의 극단적인 '생산가능인구의 파도'로 남아버렸습니다.

그런데 출생자수는 1965년부터 1974년까지 다시 증가합니다. 출생률이 3이나 4로 돌아간 것은 아닙니다. 출생률은 2 정도입니다. 그러나 인구수가 많은 전쟁 중에 태어난 사람들 그리고 그보다 더 많은 단카이세대가 출산적령기가 되었기 때문에, 즉 부모의 수가 늘어서 아이들이 늘어났습니다. 흔히 말하는 '단카이주니어'의 탄생입니다. 전쟁 중에 태어난 세대와 단카이세대라는 인구의 파도의 상승이 단카이주니어라는 새로운 파도의 상승을 낳은 셈입니다.

'저출산'이라고 하면 '출생률의 저하'라고 생각하는 사람이 상당히 많습니다. 그러나 출생률이 아니라 글자 그대로 '출생자수의 감소'가 저출산입니다. '출생률의 저하'는 저출산이 발생하는 두 가지 원인 중 하나에 지나지 않습니다. 또 하나의 원인은 부모 인구수의 감소, 정확하게는 출산적령기 여성인구수의 감소입니다. 출생률과는 달리 이것은 지금 우리가 어떻게 손쓸 방법이 없습니다. 20~40년 전의 출생자수가 그대로 반영되기 때문입니다. 참고로 최근 일본에서 일어나고 있는 것도 바로 '부모인구수의 감소'에 의한 '출산자수의 감소'입니다. 그렇기 때문에 출생률이 조금 올라가는 정도로는 개선되지 않습니다.

어쨌든 단카이주니어라는 새로운 파도의 정점은 1973년이었습니다. 하지만 1974년부터는 출생자수가 다시 감소하기 시작합니다. 출생률의 저하가 영향을 끼치기 시작하는 것은 조금 뒤의 일입니다.

이 시기, 즉 1970년대 후반에 출생자수가 감소한 이유는 역사상 가장 많은 숫자를 기록한 단카이세대가 30대에 접어들어서 출산적령기의 여성이 줄기 시작했기 때문입니다. 단, 이와는 정반대로 1980년대 후반을 향해서 생산가능인구는 아직도 여전히 빠른 속도로 증가하고 있었습니다. 인구수가 많은 단카이주니어가 15세가 되기 시작했기 때문입니다.

주택시장의 거품을 낳은 단카이세대의 '내 집 마련'

그리고 일본은 1980년대 후반의 번영을 맞이합니다. 바로 단카이세대가 40대로 접어들고 단카이주니어세대가 10대였던 시기입니다.

인구가 부모세대의 2배나 되는 단카이세대는 그 절반 이상이 부모로부터 집을 상속받지 못하는 처지였습니다. 특히 지방에 부모님을 남겨두고 수도권이나 간사이권으로 떠나온 사람에게는 내 집 마련이 인생의 중대한 과제였습니다. 땅값이 비싼 일본에서는 40세 전후까지 어떻게든 계약금을 모아서 모기지론을 신청하고 내 집 마련을 하는 경우가 많았다고 합니다. 따라서 단카이세대의 주택구입은 이 시기에 집중적으로 이루어졌습니다. 그들의 자식들이 사춘기가 되어서 자기 방을 요구한 것도 내 집 마련의 동기가 되었습니다. 그래서 특히 수도권이나 간사이권을 중심으로 일본 역사상 전무후무한 주택수요가 발

　　　　　　　　　　　　　　일본 디플레이션의 진실

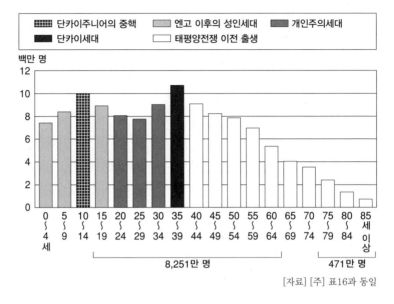

[표20] 일본 거주자의 연령: 1985년=25년 전

凡例:
- 단카이주니어의 중핵
- 엔고 이후의 성인세대
- 개인주의세대
- 단카이세대
- 태평양전쟁 이전 출생

백만 명

y축: 0, 2, 4, 6, 8, 10, 12

x축: 0~4세, 5~9, 10~14, 15~19, 20~24, 25~29, 30~34, 35~39, 40~44, 45~49, 50~54, 55~59, 60~64, 65~69, 70~74, 75~79, 80~84, 85세 이상

8,251만 명   471만 명

[자료] [주] 표16과 동일

생했습니다. 그리고 그 수요에 대응하기 위해서 대도시 근교의 주택 개발이 대단히 활발하게 전개되었습니다.

하지만 주요 고객이 겨우 3년 동안에 집중적으로 태어난 단카이세대인 이상, 수요의 상승은 단기적일 것임이 분명했습니다. 그런데 당시의 주택업계, 부동산업계, 건설업계는 "경기가 좋으니까 주택이 잘 팔린다"라고 생각했습니다. 이런 발상이었기 때문에 "지금처럼 경기가 좋다면 주택은 얼마든지 계속 팔릴 것이다"라는 착각에 빠져버립니다. 그러나 진실은 정반대였습니다. 사실은 '단카이세대는 평균적으로 4형제. 게다가 부모님을 고향에 두고 대도시에 나와 있는 사람

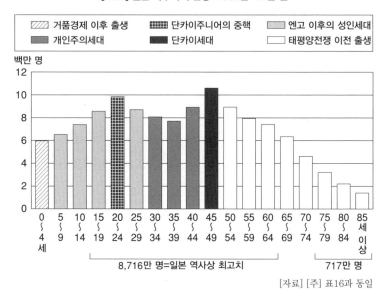

[표21] 일본 거주자의 연령: 1995년=15년 전

- ▨ 거품경제 이후 출생
- ▧ 개인주의세대
- ▦ 단카이주니어의 중핵
- ■ 단카이세대
- ▨ 엔고 이후의 성인세대
- ☐ 태평양전쟁 이전 출생

백만 명

| | 0~4세 | 5~9 | 10~14 | 15~19 | 20~24 | 25~29 | 30~34 | 35~39 | 40~44 | 45~49 | 50~54 | 55~59 | 60~64 | 65~69 | 70~74 | 75~79 | 80~84 | 85세 이상 |

8,716만 명=일본 역사상 최고치   717만 명

[자료] [주] 표16과 동일

들이 많기 때문에, 일시적으로 대도시 주변의 주택수요가 지극히 왕성해졌고 그 파급효과로 경기가 좋아진' 것입니다. 일본 역사상 가장 인구수가 많은 단카이세대가 주택을 다 사버리고 나면, 일본 역사상 두 번 다시 같은 수준의 주택수요가 발생할 일은 없습니다. 그래서 주택의 과잉공급 '주택시장의 거품'이 발생했습니다.

즉, 주택시장과 토지시장의 성황은 처음에는 단카이세대의 실제 수요를 바탕으로 성립됐으며 거품도 아니었습니다. 그런데 대부분의 일본인들이 주택시장의 활성화 요인이 '인구의 파도'가 아니라 '경기의 파도'라고 착각해버렸기 때문에, 적당한 선에서 주택공급을 멈추지

일본 디플레이션의 진실

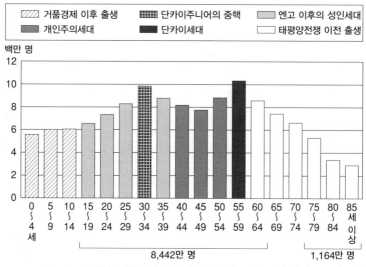

[표22] 일본 거주자의 연령: 2005년=5년 전

백만 명

범례:
- 거품경제 이후 출생
- 단카이주니어의 중핵
- 엔고 이후의 성인세대
- 개인주의세대
- 단카이세대
- 태평양전쟁 이전 출생

가로축: 0~4세, 5~9, 10~14, 15~19, 20~24, 25~29, 30~34, 35~39, 40~44, 45~49, 50~54, 55~59, 60~64, 65~69, 70~74, 75~79, 80~84, 85세 이상

8,442만 명   1,164만 명

[자료] 국립사회보장·인구문제연구소에 의한 '국세조사' 보정치   [주] 표16과 동일

못해서 결과적으로 과잉공급=거품이 발생해버렸습니다. 그 끝에는 가격붕괴=거품붕괴가 기다리고 있었습니다.

이것은 저의 독자적인 추론이 아닙니다. 거품경제가 붕괴되는 도중이었니고 기억입니다만, 당시 맥킨지 앤드 컴퍼니McKinsey & Company의 도쿄지사장이었던 요코야마 요시노리橫山禎德 씨(현재 도쿄대학교 EMPExecutive Management Program의 기획·추진책임자)가 『성장창출혁명』(다이아몬드사, 1994년)이라는 저서에서 지적한 내용입니다. 저는 게으름뱅이라서 경제서나 비즈니스서는 정말 몇 권 정도밖에 읽은 적이 없지만 이 책은 제 인생을 크게 바꿔놓았습니다.

전후 부흥 속에서 우연히 많은 수의 단카이세대가 태어났습니다. 그들이 나이를 먹어감에 따라서, 그 라이프 스테이지life stage*에 맞춰서 여러 가지 물건이 팔리고 또 안 팔리게 된다는, 이 단순한 논리로 설명할 수 있는 그리고 예측할 수 있는 것들이 얼마나 많은지 모릅니다. 적어도 "경기순환은 영겁회귀永劫回歸처럼 반복된다"라는 거시경제학의 기본형에 비해서 훨씬 훌륭하게 '전후 일본'이라는 '국제 경제경쟁 역사상의 특수해特殊解'의 성쇠 이유를 설명할 수 있습니다. 부동산 거품이 어째서 수도권과 오사카권에만 집중되어 나타났는지도 단카이세대의 진학과 취직의 흐름을 대조해보면 완벽하게 납득이 갑니다. 스키나 테니스 합숙, 전자게임이 유행한 이유, 그 뒤로 시장이 크게 축소된 이유도 단카이주니어가 학생이었던 당시와 지금을 비교해보면 10대의 인구수가 40퍼센트 가까이 감소한 것으로 설명할 수 있습니다. 전자게임 시장의 재확대는 고령자들도 구입하는 최초의 게임인 닌텐도 Wii의 등장까지 기다려야만 했습니다.

그런데 요코야마 씨의 이 책은 본인의 말에 따르면 많이 팔리지 않았다고 합니다. 세상에서는 아직도 거품의 발생과 소멸을 경제순환 시스템 안에서만 무리하게 설명하고 있습니다. 그 결과, '경기'만 좋아진다면 다시 거품경제 때처럼 부동산가격의 상승이 재현된다고 믿는 사람이 끊이지 않고 나타납니다. 바로 얼마 전의 '호경기'에도 그렇게 말하며 호들갑을 떤 사람이 있었고, 그런 흐름 속에서 불량자산을 손

---

* 인간이 출생하고 나서 사망하기까지, 생물학적·사회적으로 각각 특징지을 수 있는 여러 단계.

에 넣게 된 사람, 흐름에 휩쓸려서 도산해버린 회사도 있었습니다. 그러나 사실은 거품경제 시절과 같은 부동산 트렌드는 그 어떤 '호경기'라도 재현할 수 없습니다. 단카이세대의 주택취득은 두 번 다시 일어나지 않기 때문입니다. 아니, 그뿐만이 아닙니다. 그들이 취득한 교외주택은 오히려 매물로 나오기 시작했고, 그들이 근무하던 회사빌딩도 단카이세대의 퇴직으로 용량과잉이 되기 시작했습니다. 이런 시기이기 때문에 당연히 거품경제 시절의 트렌드로는 돌아갈 수 없습니다.

'취직빙하기'도
'생산가능인구의 파도'의 산물

단카이세대의 주택구입은 그들이 모두 40대에 들어선 1990년 무렵에는 일단락되고, '경기'도 대략 1990년 3월을 정점으로 하락으로 돌아섰습니다. 그러나 단카이세대에 비하면 수가 적은 1950년대 전반 출생자들이 단카이세대가 만든 부동산 트렌드가 계속된다고 착각하고는, 더 먼 교외지역에 지금 생각하면 말도 안 되는 가격으로 주택을 사는 흐름이 그 뒤로도 한동안 이어집니다. 1992년 정도가 되면 부동산가격 거품의 붕괴는 누가 보더라도 분명해집니다. 그런데도 일본의 소매판매액은 1996년도까지, 개인소득은 1998년까지 계속 증가했습니다. 많은 수의 단카이주니어들이 특히 1993~1997년도 사이에 일제히 취업했기 때문에, 취업자의 전체 수가 크게 증가한 결과입니다.

세간의 인식이랄까 '분위기'는 이런 사실과는 다릅니다. 1990년대 중반은 '취직빙하기'였다고들 말합니다. 국세조사를 살펴보면 1990년 10월부터 1995년 10월까지 5년 동안 분명히 일본의 완전실업자는 191만 명에서 288만 명으로, 절대수치로 97만 명, 비율로 1.5배나 증가했습니다. 일본 국내의 어떤 주장을 살펴봐도 이것은 '거품경제의 붕괴'라는 경기 현상이 불러온 결과라고 이야기합니다. 그러나 누구 한 사람이라도 마찬가지로 '거품경제 붕괴기였던 1990년대 전반에 취업자수의 절대수치가 246만 명 증가했다'라는 사실을 확인한 사람은 없었나 봅니다.

국세조사의 취업자수는 1주일에 1시간이라도 유상노동을 한 사람까지 포함됩니다. 따라서 246만 명 중에는 상당히 많은 수의 비정규직 고용자가 포함되어 있을 것입니다. 그래도 취업자의 증가에 있어서는 한창 거품경제의 전성기였던 1985년부터 1990년 사이의 332만명 증가에 비해서 증가폭이 그리 떨어진 것도 아닙니다. 모두들 실업자의 증가, 정확히는 실업자수와 연동되고 있는지 여부조차 불확실한 '실업률'의 상승만 확인할 뿐, 같은 시기에 취업자가 몇 배나 증가한 사실은 알아차리지 못하고 있습니다.

그러나 취업자수의 증가라는 사실은 "1990년대 전반에는 개인소득과 소매판매액도 증가했다"라고 앞에서 말씀드린 사실과 보기 좋게 부합됩니다. 전부 전수조사 결과이기 때문에 부합하는 것이 당연합니다. 1970년대 전반에 태어난 1,000만 명이 거품경제 붕괴 후에 고졸·대졸자로 취직한 결과, 실업자도 100만 명 증가하기는 했지만 취업자수의 합계는 250만 명으로 더 큰 증가세를 보였습니다. 그로 인해서 개인소득총액도 한층 더 상승하고, 물건소비도 한층 더 늘었습니다.

그렇다면 그 이후, 21세기 초의 '전후 최장의 호경기' 속에서 개인소비와 물건소비의 침체가 이어진 이유는 무엇일까요? 2000년부터 2005년까지 일본의 취업자수가 147만 명이나 감소했다는 국세조사 수치가 웅변적으로 말해주고 있습니다. 단카이주니어의 취직을 마지막으로 학교를 졸업하고 새롭게 사회로 투입되는 젊은이는 감소하고 있습니다. 한편 21세기에 들어서, 그 이전의 세대에 비해서 인구수가 많은 1935년부터 1944년 사이에 태어난 사람들의 정년퇴직이 본격화되었기 때문에, 경기와 관계없이 취업자 전체 수의 감소는 필연적으로 발생했습니다. 그래서 당연히 개인소득의 총액은 떨어지고 물건소비도 침체되었습니다. 인구의 파도의 그래프를 1985년→1995년→2005년 순으로 이어서 살펴보면, 이런 상황은 일목요연합니다.

정확성을 기하기 위해서 좀 더 자세한 예를 들겠습니다. 2005년 국세조사에서는 대량의 불완전 회답자가 발생했습니다. 일을 하고 있는지 아닌지 확실히 판명되지 않는 사람이 2000년 →2005년에 162만 명이나 증가했습니다. 만약 이 취로상황불명자_{就勞狀況不明者}들 전원이 실제로는 뭔가 조금이라도 일용직 일을 하고 있었다고 가정하면, 취업자는 147만 명의 감소가 아니라 사실은 158만 명 증가한 셈이 됩니다. 그러나 아직 "뭐야? 역시 호경기라서 일자리가 늘었잖아?"라고 생각하기에는 이릅니다. '거품경제 붕괴 후의 잃어버린 10년'의 전반前半에는, 취로상황불명자들을 포함시키지 않아도 취업자수는 246만 명 증가했습니다. 그런데 '전후 최장의 호경기'가 시작되고 5년 동안에는 '취로상황불명자'라는 조사에 제대로 대답하지 않은 자기 멋대로인 사람들 전원을 취업자로 간주해도 취업자수는 겨우 15만 명 증가했을 뿐입니다. 즉, 경기 이외의 다른 요인이 있다고 생각하지 않으면, 간단히 말해서 인구의 파도 같은 요인이 경기와는 별도로 존재한다고 인정하지 않으면, 이 정도까지 경기와 고용의 차이가 벌어지는 것을 설명할 수 없습니다.

참고로 최근에는 퇴직자나 전업주부가 파트타임으로 일하는 경우가 증가하고 있기 때문에, 2000~2005년에도 비정규직 고용은 틀림없이 어느 정도 증가했습니다. 그러나 '취로상황을 회답하지 않은 사람들 중 자그마치 90퍼센트가 취업자(비정규직 고용자 포함)이며 일자리가 없는 사람은 10퍼센트에 불과하다'라는 가능성은 현실적이지 못합니다. 실제로도 취업자수의 절대수치는 감소했다고 추측됩니다.

'생산가능인구의 파도'가 결정짓는
취업자수의 증감

다음의 〈표23〉은 전후戰後 생산가능인구와 취업자수의 증감 추이를 정리한 것입니다.

일본경제가 진정한 의미에서 경기순환의 직격탄을 맞았던 제1차 오일쇼크 전후前後의 5년간(1970~1975년)을 제외하면, 이 두 수치는 직접적인 상관관계를 보입니다. '취직빙하기'였던 1990~1995년에 생산가능인구와 취업자수가 모두 증가한 실태를 똑똑히 확인해주십시오. 한편으로 〈표24〉에서 보이는 것처럼, 대부분의 기간 동안 완전실업자수와 취업자수가 동시에 증가 또는 감소했습니다. 경제학을 다루다 보면 "실업과 취업은 정반대의 움직임을 보인다"라고 착각하기 쉽습니다. 그러나 이 공식이 전후戰後 일본에서는 전혀 타당성 없는 공론이었다는 것은 국세조사의 결과를 보면 일목요연합니다.

즉, 항상 실업률이 낮은 일본에서는 경기순환이 아닌 생산가능인구의 파도, 즉 '연도별 신규졸업 취직자와 정년퇴직자 수의 차이'가 전체 취업자수의 증감을 결정짓고, 개인소득의 총액을 좌우하고, 개인소비를 증감시켜 왔습니다. 이런 상황을 이해하지 못한 채, 취업자수의 증감을 확인하지 않고(실업자수의 증감조차 확인하지 않고) 실업'률'과 유효구인배율로 경기를 논하는 것이 바로 일본에서 많이 볼 수 있는 불가사의한 관행입니다. 그런 경기판단은 당연히 취업자수와 연동하고 있는 일본경제의 현실과 일치할 리가 없습니다.

이해가 잘 가지 않는 분들을 위해서 자세한 설명을 드리겠습니다. 인간은 취업자와 실업자만 존재하지 않습니다. 인구의 40퍼센트 이상을 차지하는 어린이, 학생, 주부, 정년퇴직자는 그 어느 쪽도 아닌 '비노동력인구'로 분류됩니다. 그리고 전쟁이 끝난 뒤, 일본에서는 이 비노동력인구(=어린이+학생+주부+정년퇴직자)의 증감이 취업자수의 증감과 짝을 이루고 있습니다. 실업자에서 취업자로 바뀌거나 취업자에서 실업자로 돌아서는 사람보다도, 학교를 졸업하고 취업하거나, 주

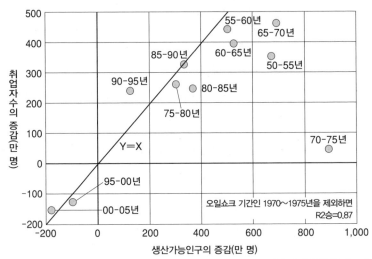

[표23] 생산가능인구 증감과 취업자수 증감의 관계

55-60년
65-70년
85-90년
60-65년
50-55년
90-95년
80-85년
75-80년
Y=X
70-75년
95-00년
00-05년
오일쇼크 기간인 1970~1975년을 제외하면
R2승=0.87

취업자수의 증감(만 명)

생산가능인구의 증감(만 명)

[자료] 총무성 '국세조사'

[표24] 완전실업자수 증감과 취업자수 증감의 관계

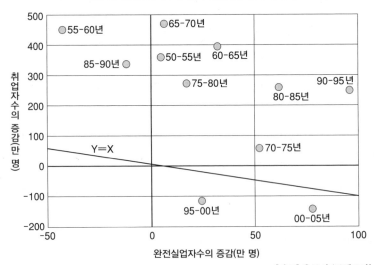

55-60년
65-70년
85-90년
50-55년
60-65년
75-80년
90-95년
80-85년
Y=X
70-75년
95-00년
00-05년

취업자수의 증감(만 명)

완전실업자수의 증감(만 명)

[자료] 총무성 '국세조사'

부가 파트타임으로 일하기 시작하거나, 정년퇴직하거나, 파트타임에서 해고당한 여성이 어쩔 수 없이 주부로 돌아가는 경우가 압도적으로 많기 때문입니다. 그리고 전후戰後의 일본에서는 호경기였던 시기, 불경기였던 시기에 관계없이 신규졸업자의 압도적 다수가 취업에 성공해온 것이 역사적인 사실입니다. 그런 이유에서 '약 15~25년 전의 출생자수 증감'에 호응하는 신규졸업자의 증감에 따라서, 경기와는 무관하게 신규취업자수 전체도 증감해왔습니다. 기업의 입장에서 말하면, 신규졸업자가 많은 시기에는 눈앞의 생산성 저하를 감수하고 젊은이들을 일단 채용하는 행동을 당연하게 (자각 없이) 취해왔다는 이야기입니다.

"취업자수는 경기와 크게 연동된다"라는 선입견은 실업률이 때로는 50퍼센트까지 올라가는 나라에서는 통용될지도 모릅니다. 그러나 실업률이 한 자릿수에 머물러 있는 일본 같은 나라에는 맞지 않습니다. 실업자수의 증감을 확인하는 것만으로는 취업자수가 늘었는지 줄었는지 전혀 알 수 없습니다.

〈표23〉을 봐주십시오. 1995년 이후, 일본에서는 전체적으로 봤을 때 대단한 불황의 시기였던 1995~2000년, 선체적으로 봤을 때 경기가 향상되기 시작한 시기였던 2000~2005년에 공통적으로 생산가능인구가 계속 감소하고 있습니다. 한창 육아로 바쁜 시기가 지난 주부나 퇴직한 고령자의 재취업은 증가하고 있겠지만, 여전히 결과적으로 신규취업자의 수가 퇴직하는 고령자의 수를 따라잡지 못하는 상태입니다. 그 결과, 취업자수는 크게 줄기 시작했습니다(표에는 없지만, 취

업상태불명자 전원을 취업자로 간주해서 합산한 경우는 조금 증가했습니다. 단, 1995년 이전 수치와 확연히 멀어져서 표의 좌측 하단으로 현저하게 치우친다는 점은 동일합니다). 〈표24〉를 보면 이 시기는 실업자도 증가했지만, 증가한 실업자수로 설명할 수 있는 것은 감소한 취업자수의 절반 정도뿐입니다.

바로 이 '생산가능인구 감소에 따른 취업자수의 감소'야말로, '헤이세이 불황'과 그 뒤에 이어진 '실감할 수 없는 경기회복'의 정체正體입니다. 전쟁이 끝난 뒤, 계속해서 일본을 축복해주던 '인구 보너스'가 1995년 무렵에는 바닥을 드러내고(신규졸업자＞정년퇴직자의 상황이 끝나고), 이후에는 '인구 오너스'의 시대가 시작된(신규졸업자＜정년퇴직자의 시대가 된) 것입니다.

앞에서 이야기한 일본 국내의 신차 판매대수, 소매판매액, 잡지서적류의 판매부수, 국내 화물 총운송량, 자가용자동차에 의한 여객운송량, 단백질이나 지방의 섭취량, 국내 주류판매량, 1인당 수도사용량. 이 모두가 1996년부터 2002년에 사이에 감소로 돌아선 것이 바로 이 '인구 오너스'의 직접적인 증거입니다. 이런 현상은 소비자의 입장에서는 "옛날만큼 자동차를 사지 않는다. 기본적으로 이전처럼 물건을 사지 않는다. 최근에는 그다지 책이나 잡지를 읽지 않는다. 물건을 안 보내게 되었고 자동차도 타지 않는다. 요즘 별로 고기를 먹지 않고 술의 양도 줄었다. 물도 옛날만큼 사용하지 않는다"라는 이야기입니다. 바로 퇴직 후의 고령자세대의 소비행동 그 자체입니다.

그렇다면 눈앞의 '100년에 한 번의 불황' 속에서 생산가능인구는 어

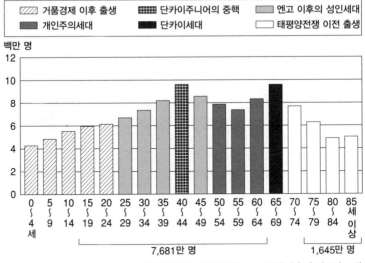

[표25] 일본 거주자의 연령: 2015년=5년 후

범례		
거품경제 이후 출생	단카이주니어의 중핵	엔고 이후의 성인세대
개인주의세대	단카이세대	태평양전쟁 이전 출생

백만 명

7,681만 명

1,645만 명

[자료] 국립사회보장·인구문제연구소 중위추계 [주] 외국인 포함

떻게 되고 있을까요? 2005~2010년에는 단카이세대 수준은 아니지만 전쟁 중에 태어난 850만 명 이상의 세대가 65세 이상이 되었고, 거품경제 이후에 태어난 약 600만 명이 15세 이상이 되었습니다. 이 두 집단의 인구격차 250만 명은 과거 최내로, 딩연히 그만큼 생산가능인구는 감소하고 있습니다. 미국에서 시작된 세계동시불황도, 그로 인한 수출의 타격도, 정말로 100년에 한 번이라 말할 수 있는 수준인지는 의심스럽지만, 심각한 것은 부정하지 않습니다. 그렇지만 만약 그런 일들이 일어나지 않았어도, 2005~2010년의 5년 사이에 일본 역사상 최대의, 즉 '2,000년에 한 번'의 생산가능인구 감소가 일어나

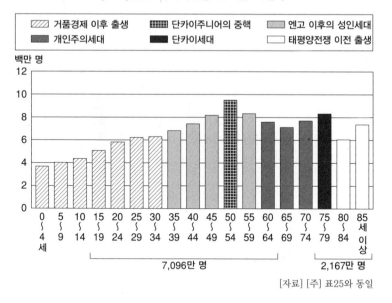

[표26] 일본 거주자의 연령: 2025년=15년 후

범례
▨ 거품경제 이후 출생　▦ 단카이주니어의 중핵　▧ 엔고 이후의 성인세대
▨ 개인주의세대　■ 단카이세대　□ 태평양전쟁 이전 출생

백만 명

7,096만 명
2,167만 명

[자료] [주] 표25와 동일

고 있는 사실에는 변함이 없습니다. 다시 말해서 일본의 내수부진이 더 심각해지는 일은 피할 길이 없었다고 할 수 있습니다. 그나마 일본의 내수만 악화된 것이 아니라 세계동시불황이 일어난 것은 다행(?)일지도 모릅니다.

게다가 2010~2015년에는 사상 최대의 세력인 단카이세대가 65세를 넘기게 됩니다. 사실, 그들의 1차 퇴직은 최근 5년 사이에 이미 시작되고 있기 때문에 경제적인 영향은 벌써 나타나고 있습니다. 그러나 결과적으로 대부분의 단카이세대가 무직상태가 되는 향후 5년간이야말로, 일본이 사상 최대의 '인구 오너스'를 경험하는 시기가 될 것

일본 디플레이션의 진실

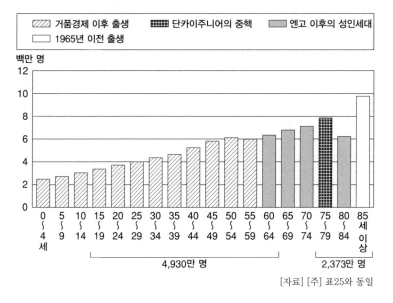

[표27] 일본 거주자의 연령: 2050년=40년 후

범례: ▨ 거품경제 이후 출생 ▦ 단카이주니어의 중핵 ▥ 엔고 이후의 성인세대
□ 1965년 이전 출생

백만 명

4,930만 명   2,373만 명

입니다. 사인연의 중위추계中位推計에 따르면 생산가능인구는 5년 동안 448만 명 감소한다고 합니다. 이 예측에는 일본에 거주하고 있는 외국인이 포함되어 있습니다. 물론 일정 수준의 외국인유입을 예상하고 계산된 수치입니다. 그러나 뒤에서도 말씀드리겠지만, 수출경기였던 2000~2005년에도 연도별 정주외국인定住外國人의 증가는 약 6만 명 정도였습니다. 400만 명 이상의 감소를 보완할 수 있는 유입이 5년 동안에 갑자기 발생하는 일은 당연히 있을 수 없습니다.

자동차나 소매상업시설뿐만 아니라 주택이나 사무실, 토지 자체도 불가피하게 매물과잉과 추가적인 가격저하에 직면하게 될 것입니다.

물론 세수稅收면의 영향도 심각합니다. 개인소득의 세수가 감소하는 것은 물론, 소비수준이 떨어지기 때문에 소비세도 증가하지 않습니다. 그리고 무엇보다 주택과 사무실, 토지 자체의 과잉현상이 가격저하를 가속화시켜서 고정자산의 세수를 감소시키게 됩니다.

또한 이후로도 생산가능인구의 감소와 75세 이상의 후기고령자의 증가는 계속됩니다. 단카이세대가 75세 이상이 되는 2025년에는 75세 이상의 인구가 현재의 약 50퍼센트까지 증가하는 수준에 달하고, 그제야 겨우 증가폭이 둔화됩니다. 그러나 여전히 생산가능인구의 감소는 멈추지 않습니다. 단카이주니어세대까지 75세 이상이 되는 2050년, 지금으로부터 40년 뒤에는 75세 이상의 인구수는 다시 사상 최고를 경신하는 한편, 생산가능인구는 현재의 60퍼센트 정도까지 줄어듭니다. 남의 이야기가 아닙니다. 여러분의 대부분은 살아서 이 시대를 목격하게 될 것입니다.

'호경기하에서의 내수축소' 가 계속 이어진다

이처럼 생산가능인구가 일방적으로 줄고 있는 21세기 전반前半, 일본경제에는 어떤 일이 일어날까요? 당장은 '100년에 한 번의 불황'이라는 틀에 박힌 표현 아래서 심각해진 고용정세가 문제가 되고 있습니다. 그러나 수출부진으로 인해 발생한 고용불안은 앞으로도 수십 년간 인구 보너스를 향유할 수 있는 중국을 선두로 한 아시아, 중남미, 자원수출국 등에서 수요가 회복되면 1~2년 이내에 완화될 것입니다. 그리고 그 뒤에는 또다시 수치상의 '호경기'와 실감으로서의 '내수축소'가 동시에 이어질 것입니다. 얼마 전의 '전후 최장의 호경기' 속에서 나타난 현상의 반복입니다.

예측되는 일들이 무엇인지, 조금 더 이론적으로 차근차근 순서대로 설명드리겠습니다.

우선 가장 먼저, 정년퇴직자＞신규졸업자의 상태가 이어지는 상황에서 수출산업이 회복된다면, 인기가 없는 직종에서는 만성적인 일손 부족이 계속되고 유효구인배율이 높은 수준으로 유지됩니다. 수치상으로는 '호경기'라고 판단되는 자료입니다. 실제로 '100년에 한 번의 불황'이라고 떠들고들 있지만, 농림어업의 현장과 고령자복지의 현장에서는 일손이 턱없이 부족합니다. 유통 관련도 점점 그렇게 되고 있는 추세입니다. 그들이 지불할 수 있는 수준의 급여로는 젊은이들이 모여들지 않습니다. 그렇기 때문에 단지 수치상의 '호경기'에 지나지 않습니다. 1차 산업이나 복지 관련 영세사업자들에게 저임금노동의 구인정보를 확실히 헬로 워크Hello Work*에 제출하도록 요청하면, 해당 지방의 유효구인배율은 틀림없이 크게 상승할 것입니다. 미치 농담처럼 들리지만, 직접적으로 경기에 영향을 미치는 취업자수가 아니라 간접성이 대단히 높은 유효구인배율을 지표로 삼고 있는 지금의 계산

---

* 일본의 후생노동성이 설치 및 운영하는 공공직업안정소公共職業安定所 애칭. 취직지원, 고용촉진 등의 활동을 담당하고 있다.

방식으로는 실제로 이와 같은 수치의 조작이 가능합니다.

하지만 생산가능인구가 계속 감소하고 있기 때문에, 일본 국내 고용의 대부분을 차지하는 내수형산업은 만성적인 공급과잉상태에 빠져서 실적이 회복되지 않고 있습니다. 그런 까닭으로 젊은이들은 계속 저임금상태에 놓여 있으며 실업과 전직을 반복하고 있습니다. 실업률 또한 높은 수치가 떨어지지 않고 있습니다. 게다가 정년퇴직자>신규졸업자의 상황이 이어지고 있기 때문에, 유효구인배율이나 실업률과는 관계없이 취업자의 절대수치도 해마다 감소하고 있다는 사실도 변하지 않습니다. 이에 대해서는 이미 전후戰後 절대수치의 추이를 보여드렸습니다. 하지만 취업자의 절대수치를 고려하지 않고 유효구인배율과 실업률만을 경기판단의 근거재료로 삼는다면, "1승 1패로 그럭저럭 괜찮은 경기景氣"라는 논의가 가능해집니다.

그런데 정년퇴직자>신규졸업자의 상황 속에서도, 세계 경기에 변화만 없다면 수출경쟁력이 있는 상품은 계속 팔립니다. 수출제조업은 설비투자를 늘려서 줄어드는 인원을 기계로 대체하기 때문에, 인건비 삭감=생산성과 기업수익의 향상이라는 성과를 손에 넣게 됩니다. 수익의 개선은 배당과 주가의 상승이라는 형태로 이들 기업의 주주인 고령부유층의 개인소득도 증가시킵니다. 설비투자의 증가, 기업수익의 향상, 개인소득의 증가는 모두가 수치상의 '호경기'를 뒷받침하고 있습니다. 그렇기 때문에 필연적으로 '수출에 강한 제조업이 위치하는 지역은 호경기, 그렇지 않은 지역은 불경기'라는 '지역 간 격차'가 관찰됩니다. 2007년까지의 '전후 최장의 호경기' 속에서는 바로 이런 사고방식이 국민 전체의 통념이 되었습니다.

그러나 실제로는 '호경기'의 승자라고 여겨지던 수도권이나 나고야권에서도 소매판매액은 늘지 않았습니다. 정년퇴직자>신규졸업자의 상태로 생산가능인구와 취업자의 절대수치가 모두 감소하고 있는 이상, 현역세대가 손에 넣게 되는 고용자소득도 계속 줄어들고 내수도 계속 축소되기 때문입니다. 반대로 생각해보면, 분명히 취업자수도 늘지 않고 내수도 부진한 상황인데도, 설비투자와 기업수익이 증가하고 있기 때문에 '호경기'라고 강변해온 사실이 바로 계산과정에 성질이 다른 여러 수치를 끌어모은 '종합지표' GDP의 큰 약점입니다. GDP만이 아니라 취업자수나 소매판매액을 확인하면, 사태의 진상은 훨씬 분명해집니다.

일본인의 노화에 따른 인구의 파도는 지구온난화에 의한 해수면의 상승처럼, 장소에 상관없이 동시에 모든 존재를 덮치고 있습니다.

제7강

'인구감소는 생산성 향상으로 보완할 수 있다'라는 착각이 늑장대처를 부른다

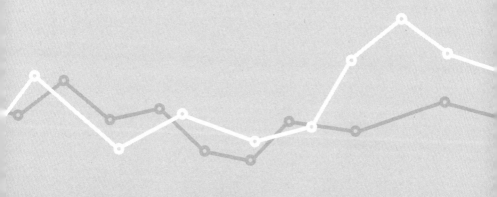

일본은 1990년대 중반을 경계로 '생산가능인구의 파도' 감소국면에 돌입했습니다. 정년퇴직자의 증가→취업자수의 감소로 인해서 내수는 구조적으로 축소되기 시작했습니다.

그런데 일반적인 일본인, 아니 일반인뿐만 아니라 책을 쓰고, 텔레비전에 나와서 떠들고, 기업을 경영하고, 국회에서 논의하는 입장의 사람들조차도 대부분 '생산가능인구의 파도'의 존재를 알아차리지 못하고 있습니다. 만약 알아차렸다 해도 그 중대한 영향력은 짐작도 못하고 있습니다. 어째서일까요?

그것은 "아무리 생산가능인구가 감소하더라도 노동생산성만 올릴 수 있으면 GDP는 떨어지지 않는다"라는 거시경제학의 절대적 정리定理가 "GDP가 성장하고 있다면 그것은 세상의 구석구석으로 파급되어 모두가 행복해진다"라는 착각과 합체해서, 경제 관계자들 사이에서 궁극적인 방심을 낳고 있기 때문입니다.

후자의 "GDP가 성장하고 있다면 그것은 세상의 구석구석으로 파급된다"라는 착각에 대한 지적은 뒤로 미루고, 여기에서는 "아무리 생산가능인구가 감소하더라도 노동생산성만 올릴 수 있으면 GDP는 떨어지지 않는다"라는 명제의 오류를 지적해보겠습니다.

'생산성'과 '부가가치액'의 정의를 알고 계십니까?

앞에서도 이미 사용한 노동생산성(여러분들께서는 일반적으로 '생산성'이라고 줄여서 사용하고 계십니다)은 노동자 1인당의 생산량output입니다(정확히는 부가가치액입니다. 그것이 무엇인지는 뒤에서 설명드리겠습니다). 그리고 기계화, 기술혁신, 경영혁신 등으로 한 사람의 노동자가 같은 시간 안에 만들어내는 제품이나 서비스를 증가시켜가는 이상, 아무리 노동자가 줄어들어도 경제는 쇠퇴하지 않는다는 것이, 현대 일본에서는 누구도 부정하지 않는 정리입니다.

납득이 가십니까? "적어도 이론적으로는 그렇게 되겠지"라고 생각하시는 분께서는 꼼꼼히 주의를 기울여서 이제부터의 내용을 확인하신 뒤에 신중하게 생각해주십시오.

어떤 산업 또는 어떤 기업의 부가가치액을 노동자수로 나눈 것이 노동생산성입니다. 그렇다면 부가가치액은 무엇일까요? 막연한 이미지를 가지고 사용할 뿐, 그 정의를 확인하는 사람은 많지 않습니다. 부가가치액은 기업의 매상도 아니고, 단순히 벌어들인 돈만을 의미하는 것도 아닙니다. 기업의 이익에 그 기업이 사업에서 사용한 비용의 일부(인건비나 임대료처럼 해당 지역에 지불한 금액)를 합산한 것입니다. 참고로 해당 지역은 경우에 따라서 때로는 지방 같은 일부 지역을, 때로는 일본 전체를 의미하기도 합니다. 일본 GDP의 경우라면 일본 국내 전체가 해당 지역이 됩니다. 정의가 이렇기 때문에, 기업이 결과적으로 돈을 많이 벌수록 부가가치액은 증가합니다. 플러스마이너스 제로인 경우에도 그 과정에서 해당 지역에 지불한 비용이 많았다면 역시 부가가치액은 증가합니다. 반대로 박리다매로 마진이 낮고, 기계설비만 늘려서 인건비도 많지 않으며, 게다가 그 기계설비도 원재료도 다른 곳에서 조달하고 있다면, 돈도 못 벌고 해당 지역에 돈도 지불하지 않기 때문에 부가가치액은 증가하지 않습니다.

이익 말고도 지역에 지불하는 비용을 부가가치 계산에 포함하는 이유는 무엇일까요? 지역에 지불되는 비용은 곧 동일한 지역의 다른 기업의 매상이나 종업원의 수입입니다. 이처럼 특정 기업에게는 마이너스이지만 지역경제에서 보면 플러스가 되기 때문입니다. 지역경제가 활성화되면 결국 돌고 돌아서 자기 회사의 실적도 늘어납니다. 에도 시대의 상인들은 직감적으로 이런 사실을 깨닫고 "돈은 천하를 돌고 도는 것"이라는 말을 남겼습니다. 내가 사용한 돈은 누군가의 이익이 되고, 이익을 본 그 누군가가 다시 돈을 써주면 이익이 되어서 나에게 돌아옵니다. 모두가 서로에게 돈을 써주면 경제는 활기를 띱니다. 에도시대의 일본인도, 부가가치의 정의를 생각해낸 서양인도 그런 화폐경제의 기본을 체득하고 있었습니다.

그럼 제대로 부가가치를 이해했는지 확인도 할 겸, 다 같이 뇌 운동을 해봅시다. 다음 산업을 매상에 비해서 부가가치액이 큰 순서대로, 다시 말해 부가가치율(=부가가치액÷매상)이 큰 순서대로 나열해보십시오. 수치는 일본의 상장기업(즉, 대기업뿐입니다만)의 결산합계를 기준으로 하겠습니다. 그리고 해당 지역은 일본 전체입니다.

결국 이것은 '매상에 비해서 GDP에 대한 공헌도가 큰 산업'이 어느 것인지 맞히는 문제이기도 합니다. 제7강의 첫머리에서 'GDP만 확대되면 세상 구석구석까지 활기차게 변한다'라는 생각은 단순한 착각이라고 말씀드렸습니다. '개별지표가 개선된 결과로 GDP가 상승하는 것은 대단한 일'이라는 이야기도 했습니다. 부가가치율이 높은 산업이 번영하면 인건비 등을 늘려서 내수를 확대시키고, 결과적으로 GDP도 상승하게 됩니다.

① 자동차 (부품을 제외한 완성차 조립 대기업의 경우만)

② 전자제품

③ 건설

④ 식품제조

⑤ 소매 (백화점, 슈퍼마켓, 전문점 체인, 통신판매 등)

⑥ 섬유·화학·철강

⑦ 서비스 (요식업이나 숙박업, 청소업, 컨설팅서비스 등)

　혹시 여러분은 저 번호 순서대로라고, 즉 ① 자동차가 가장 부가가
치율이 높고 그다음이 ② 전자제품이고 ⑦ 서비스가 가장 낮을 것이
라고 생각하지 않으셨습니까? 실은 정반대입니다. ⑦ 서비스가 가장
부가가치율이 높아서 절반에 육박합니다. ① 자동차는 가장 낮아서
20퍼센트 이하입니다. 물론 자동차가 중요하지 않다는 뜻은 아닙니
다. 부가가치율은 낮지만 근본적으로 매상의 규모가 크기 때문에, 실
제 금액에 있어서는 GDP에 크게 공헌하고 있습니다. 그렇지만 효율
은 상당히 안 좋습니다.

　이 문제의 정답을 맞히는 사람은 정말 적습니다. '첨단기술=고부가
가치'라는 선입견이 얼마나 강한지를 알 수 있습니다. 사실은 사람들
을 많이 고용하며, 효율화가 어려운 서비스를 제공하고 있는 서비스
업이 매상에 비해서 인건비가 가장 많이 들기 때문에 부가가치율이
높습니다.

　물건제조의 경우만 살펴봐도, 외국과의 오랜 경쟁을 통해서 비싸게
팔리는 상품의 다품종 소량제조로 전환할 수밖에 없었던 소재형素材型
산업, 섬유·화학·철강이 부가가치율은 더 높습니다. 전자제품이나 자
동차는 똑같은 상품을 대량으로 만들어서 많은 수를 판매하는 모델에
서 벗어나지 못했기 때문에 가격경쟁으로 내몰려서 마진은 대단히 적
습니다. 결국 살아남기 위해서는 사람들을 더 줄이고 비용절감을 하
지 않을 수 없습니다. 수익률도 인건비 비율도 낮기 때문에 부가가치

율도 낮습니다.

여기에서도 확실히 알 수 있듯이, 아무리 훌륭한 기술을 가지고 있어도 그 가치를 가격전가價格轉嫁* 할 수 없는 이상 부가가치가 될 수 없습니다. 부가가치액이 늘고 부가가치율이 올라갈지 어떨지는 기술력이 아니라, 그 상품이 원가보다 높은 가격으로 팔려서 마진이 생기고 인건비를 지불할 수 있는지의 여부에 달려 있습니다. 시계가 그 전형적인 예입니다. 손으로 혹은 자동으로 시계태엽을 감는 제품이 정확하기 이를 데 없는 쿼츠시계quartz watch**보다 가격이 더 비쌉니다. 즉, 비슷한 상품들이 공급과잉상태가 아니라는 점, 품질에 대한 고객의 평가가 높은 만큼 가격전가가 가능하다는 점, 정리해보면 '브랜드력'이 높은지 어떤지가 내수 그리고 GDP가 확대되는 결정적인 요인입니다.

중대한 문제이기 때문에 참고로 설명을 덧붙이자면, 이런 부가가치액의 정의는 얼마 전에 유행했던 '주주자본주의'***에 구조적인 문제가 있다는 것을 보여줍니다.

주주에도 여러 종류가 있어서 "장기적으로 주식을 계속 보유하고 있을 의사가 있으며 회사의 장기적인 수익성 확보를 희망한다"라는

---

* 원자재 가격상승 또는 환율상승으로 인해 발생한 원가상승을 거래가격인상을 통해서 소비자에게 부담시키는 것을 의미한다.

** 건전지로 작동하는 시계.

*** 주주를 경영의 초점에 두는 자본주의의 한 형태. 주주들에게 최대의 배당을 안겨주는 것에 경영목표를 두며 주주가 직간접적으로 경영에 참여한다.

경우라면 괜찮지만, "단기간에 가격이 상승한 주식을 팔고 빠져나가고 싶으니까 어떻게든 해봐라"라고 명령하는 사람도 있습니다. 후자가 말하는 대로 하기 위해서는 기업이 취하는 태도가 바뀌게 됩니다. 간단히 말해서 "나중의 부작용은 상관없으니까 내가 주주로 있는 동안만은 수익을 올려라"라는 명령이라면 부가가치액 같은 것은 어떻게 되든 상관없습니다. 인건비를 비롯해 지역에 지불되는 비용을 가능한 한 줄여서, 코앞의 4분기 자사의 이익만을 높이면 됩니다. 실제로 최근에는 다수의 일본 대기업들이 이런 방식을 취하고 있습니다.

그 결과 어떻게 될까요? 인건비를 삭감하고 납품기업의 가격을 터무니없이 깎으면서 다 같이 비용절감에 매진하고 있는 사이에, 서로의 매상이 줄고 일본 기업사회 전체의 부가가치액이 정체됩니다(즉, 일본은 GDP가 늘지 않는다는 고민에 빠지게 됩니다). 손해를 본 쪽, 노동자와 납품기업도 다른 누군가의 고객입니다. 당연히 그 상대인 누군가의 매상이 내려가고, 돌고 돌아서 자신의 회사매상에도 구조적인 피해가 나타나게 됩니다. 즉, 주주자본주의는 단기적인 시야를 가진 주주와 장기적인 시야를 가진 주주를 동등하게 취급하는 현재의 방식을 방치하는 이상, 불가피하게 GDP의 정체 내지는 감소를 초래하게 될 것입니다!

이론상으로는 그렇게 이익을 본 주주가 벌어들인 돈만큼 국내에서 다른 무언가를 소비해준다면, 그 다른 무언가의 매상이 GDP를 지탱해줄 것입니다. 이런 공론空論을 방패 삼아 "플러스마이너스는 결국 마찬가지다"라며 버티는 사람도 있을 것입니다. 분명 미국이라면 그런 일이 발생할지도 모릅니다. 그러나 일본에서는 일본인 개인자산가들이 2008년 한 해 동안 110조 엔의 금융자산이 감소하는 것을 앉아서 보고만 있었습니다. 이 일화가 상징적으로 보여주듯이, 대다수가 고령자인 투자가들은 오히려 투자액을 더 늘리는 일에만 관심이 있습니다. 큰 집 한 채, 자동차 한 대도 사지 않습니다. 파티 한 번 열지 않기 때문에, 내수는 그저 축소될 뿐입니다. 소득이 낮고 소비성향이 높은 종업원들에게 지불하는 급여를 삭감해서, 아무것도 소비하지 않는 부자들에게 배당금을 지불하는 구조가 과연 윤리적인지 하는 문제도 있습니다. 물론 그 이전에 기업의 이윤추구 관점에서 봐도 말이 되지 않습니다.

참고로, 종래의 종업원 공동체가 두서없이 행하는 기업통치를 권장하는 것은 아닙니다. 종업원 공동체의 지배에 연공서열제도가 더해지면, 같은 종업원들 중에서도 고참들, 심한 경우에는 OB의 이해관계만 우선시하는 대단히 비효율적인 경영체계가 성립되고 맙니다.

그러나 이런 현상을 타개하기 위해서 주주자본주의를 도입하는 것은 시대에 뒤처진 대응입니다. 기술혁신으로 물건은 과잉생산 기조가 되어버렸습니다. 그러자 시대의 주도권은 공급자에서 수요자로, 그리고 기업에서 고객으로 이동했습니다. 기업이 누구의 것인지와는 상관없이, 고객에게 가치를 제공하고 그 대가로 이익을 올릴 수 있는 기업만이 살아남습니다. 그런 사실도 모른 채 주주, 종업원 공동체, 경영자 그 누가 되었든 간에, 공급 쪽에 속한 누군가의 사정을 고객의 만족보다 우선시하려는 기업은 모두 시장경제 속에서 도태되어갈 뿐입

일본 디플레이션의 진실

니다.

고객이 공급 측보다 강한 시대에 종업원 공동체를 우선시하는 기업은 물론 살아남을 수 없습니다. 하지만 혼자만 죽는 경우는 그나마 낫습니다. 단기보유 목적의 주주를 최우선으로 여기는 기업의 경우는 고객이 아니라 공급 측의 내부 멤버에 지나지 않는 주주의 코앞의 이익을 위해서, 지역으로 흘러들어가는 인건비 등의 비용을 삭감하며 사회 전체의 부가가치를 떨어트립니다. 그 결과, 고객에게 돌아갔을 수도 있는 제3자의 구매력까지 어느 정도 파괴해버립니다. 즉, 자신의 죽음에 경제사회까지 끌어들여버립니다.

생산성 향상이 '생산가능인구 감소→부가가치액의 감소'를 100퍼센트 보완하는 것은 원리적으로 불가능하다

그런 부가가치액을 노동자수로 나눈 것이 노동생산성입니다. 제가 이번 장에서 옳고 그름을 검토하려고 하는 명제는 "아무리 생산가능인구가 감소하더라도 노동생산성만 올릴 수 있으면 GDP는 떨어지지 않는다"입니다.

먼저 노동생산성을 올리는 방법에 대해 알아봅시다. 분수이기 때문에 브랜드력을 향상시키는 등의 노력을 통해서 분자인 부가가치액을 증가시키는 방법도 있고, 기계화 등을 추진해서 분모인 노동자수를 줄이는 방법도 있습니다. 그런데 브랜드력을 올려서 부가가치액을 올리는 방법은 고객들에 의해서 좌우되는 면이 크기 때문에 수월하지 않습니다. 그런 이유에서 일본기업들은 노동자를 줄이는 쪽으로만 치닫고 있습니다. 심지어는 생산성 향상이 곧 노동자 삭감이라고 착각하는 사람까지 등장하고 있습니다.

마이클 포터Michael E. Porter라는 유명한 경제학자가 일본을 방문했을 때, 정부 관련 모임에서 강연을 했습니다. 그 자리에서 그는 생산성 향상의 성공적인 예로 캘리포니아 와인을 들었습니다. 낮은 평가를 받고 있던 미국산 와인이었지만 인력을 투자해서 품질을 향상시킨 결과, 경우에 따라서는 프랑스산과 동급 이상의 브랜드력을 얻는 데 성공했고 가격인상도 가능했습니다. 그렇게 부가가치액을 증가시키고 필요인력의 증가도 상쇄시켜서 생산성을 높였다는 이야기였습니다.

저는 그때의 강연록을 읽은 적이 있습니다. 그런데 질의응답 부분을 보면 일본의 높으신 분께서 꽤나 엉뚱한 질문을 하고 있었습니다. 그분을 포함한 대다수의 청중들은 생산성이나 부가가치의 정의를 확인하지 않은 채, "생산성은 기술혁신으로 인력을 불필요하게 만드는 것으로만, 즉 노동자를 줄이는 것으로만 향상된다"라고 믿어 의심치 않고 있었습니다. 그렇기 때문에 어째서 첨단기술과는 거리가 먼 와인산업이 생산성 향상의 전형적인 예로 제시됐는지 처음부터 이해할 수 없었습니다. "인력을 투자해서 브랜드력을 올려서 마진을 늘리고, 부가가치액을 늘려서 생산성을 올렸다"라는 포터의 설명이 와 닿지 않은 것입니다. 하지만 포터의 입장에서는 청중들 중 높으신 분까지 생산성의 정의를 오해하고 있다고는 전혀 예상하지 못했을 것입니다. 그래서 포터도 역시 질문받은 내용을 이해하지 못하고 엉터리로 대답하고 있습니다. 일본 국내에만 존재하는 '분위기'에 젖어서 사물을 생각하면 해외에서는 전혀 통용되지 않는다는 현상이 전형적으로 드러난 현장이었습니다.

이렇게 일본에서는 생산성 향상이 곧 인원삭감이라고 모두가 믿어 의심치 않았습니다. 그러나 알아차리셨습니까? 생산가능인구의 감소에 발맞춰서 기계화와 효율화를 진행시키고 분모인 노동자수를 줄여가다 보면, 분자인 부가가치액도 반드시 어느 정도는 감소해버립니다. 부가가치의 적지 않은 부분은 인건비이기 때문입니다.

이론적으로는, 노동자수를 줄이는 만큼 1인당 인건비를 상승시켜서 인건비의 총액을 유지한다면 부가가치액은 줄지 않습니다. 또는 인건비는 줄었어도 그 금액이 그대로 기업의 이익으로 남는다면(즉, 마진이 확대되면) 역시 부가가치액 전체는 줄지 않습니다.

그러나 자동차도 주택도 전기제품도 외식산업도 전부 마찬가지인데, 소비자 1인당 구입하는 양이 한정되어 있는 다수의 상품들에 있어서는 그런 일은 일어나지 않습니다. 그 이유는 무엇일까요? 생산가능인구가 감소한 결과, 소비자의 수는 줄어드는데 기계화로 인해서 대부분 생산력이 유지되고 있기 때문입니다. 그 결과 팔리고 남은 재고를 항상 싼값으로 처분(최악의 경우 폐기)할 수밖에 없습니다. 이런 일을 반복하면 반복할수록, 마진은 확대되기는커녕 감소하게 됩니다. 인건비를 늘리고 있을 상황이 아닌 셈입니다. 기본급 인상은 유지한다고 해도, 퇴직자의 증가에 연동해서 회사의 인건비 총액을 낮추는 일이 당연해집니다. 결국에는 수익률도 인건비 비율도 낮아져서 부가가치액·부가가치율도 저하되고, 생산성의 상승은 그만큼 저해를 받습니다. 이런 이유로, 생산가능인구의 감소는 현실의 기업행동을 경유해 불가피하게 GDP의 감소를 초래하고 맙니다.

물론, 일본경제의 중심적인 존재가 자동차와 주택, 전기제품처럼 소비자 1인당 구매량이 한정되어 있는 상품이 아니라면, 극단적으로 말하면 만약 일본의 주요산업이 금세공이나 고미술 매매, 국제금융처럼 고객의 머릿수나 매상과는 무관한 것들뿐이라면, 제가 이야기하는 수준의 GDP의 축소는 일어나지 않았을 것입니다. 할리데이비슨의 오토바이나 페라리도, 교통수단이라기보다 좋아하는 사람이 취미로 몇 대나 구입하는 일종의 예술품입니다. 그래서 일본 국내의 판매량은 오히려 늘고 있습니다. 이런 산업이 발달해서 일본경제의 중핵이 되었다면 좋았을 것입니다.

그러나 전후戰後 일본에서는 단카이세대와 단카이주니어 덕분에, 현저한 생산가능인구 증가의 파도가 밀려왔습니다. 그 때문에 생산가능인구의 머릿수에 비례해서 팔릴 수 있는 상품, 예를 들어 일반적인 자동차나 주택, 전기제품의 수요가 대단히 높아졌고, 그것들을 공급하는 생산력이 원래 정상적으로 필요한 양 이상으로 발달해버렸습니다. 이들이 일본이 가진 실력 이상의 속도로 GDP를 끌어올려왔습니다. 그렇기 때문에 생산가능인구 감소의 단계가 되면, 본래 실력에 부합하는 수준까지 생산력도 GDP도 떨어질 수밖에 없습니다. 경제학의 일반적인 예상치를 초월한 급속한 성장이 일어났던 이상, 이번에는 경제학의 일반적인 예상치를 초월한 축소가 일어나도 전혀 이상하지 않습니다.

지금은 경기순환상의 불경기만 발생하고 있는 것이 아닙니다. 그와 함께 인구 보너스로 인해서 예상치 이상으로 부풀어 오른 특정산업의 생산력이 인구 오너스 상황 속에서도 유지 가능한 수준으로 회복되어 가는 과정이 동시에 진행되고 있습니다.

'생산성 향상' 노력이
GDP의 축소를 가속화시킨다

그런데 오늘날의 일본에서는, 이렇게 내버려두어도 생산가능인구 감소와 함께 진행되어가는 경제의 축소를 더욱 가속화시키는 터무니없는 행동을 심지어 장려하고 있습니다. 인원합리화, 즉 "노동자수를 줄여서 생산성을 높인다"라는 기업의 노력입니다.

노동자수를 줄이면 생산성이라는 분수 자체의 값이 올라가는 것은 사실입니다. 그러나 그 과정에서 분자인 부가가치액(그 집적이 국가 전체의 GDP입니다)은 크든 작든 감소합니다. 즉, '생산성'이라는 도중경과에 지나지 않는 변수의 상승을 금과옥조로 삼은 결과, 생산성을 올리는 과정에서 사실은 가장 중요한 GDP의 절대액이 감소해버린 것입니다.

단순한 수치로 생각해봅시다. 어느 기업이 노동자수를 100명에서 90명으로 10퍼센트 줄였다고 합시다. 줄어든 노동자수만큼 어떻게든 인건비를 줄여서 제품가격을 인하했다면, 감소한 인건비가 전부 사내유보*로 전환되지 않았다는 이야기가 됩니다. 부가가치액은 얼마 되지 않을지는 몰라도 분명히 저하될 것입니다. 100에서 99로 1퍼센트만 떨어졌다고 해볼까요? 이론상으로는 단가가 내려간 만큼 판매량이 증가해서, 매상이나 사내유보가 늘어나는 경우도 있을 수 있습니다(가격탄성치>1의 경우. 특별할인판매 후의 일본 국내 항공사 등이 그 예입니다). 그러나 모두가 그런 노선을 걷고 있다면, 이제는 단가저하를 판매량의 증가로 보완할 수도 없어져서 매상도 사내유보도 감소하기 시작합니다(가격탄성치<1의 경우. 현재의 일본 국내 항공은 물론 외식산업, 소매업, 많은 제조업들이 모두 이 함정에 빠져 있습니다). 앞에서 든 예의 경우, 노동자수는 10퍼센트 줄었는데 부가가치는 1퍼센트밖에 줄지 않았기 때문에, 생산성은 $0.99 \div 0.9 = 1.1$로 10퍼센트나 상승했습니다. 하지만 이 회사가 창출한 부가가치의 절대액은 1퍼센트 감소했습니다. 다시 말해 이 회사의 인원합리화는 일본의 GDP(=Σ모든 경제주체가 생산한 부가가치의 합계)에 있어서는 마이너스입니다. 생산성을 올린 결과, GDP가 낮아진 셈입니다.

그래도 수출제조업의 경우라면 가격인하를 통해서 가격탄성치가 아직 1을 상회하는 해외시장을 개척하고 사내유보를 늘릴 수도 있습니다. 조심해야 하는 것은 내수 대상의 비제조업입니다. 일본의 비제

---

* 기업이 당기에 처분해야 할 이익을 모두 배당이나 임원상여금 등으로 사외에 유출하지 않고, 그 일정 부분을 각종 적립금 또는 준비금으로 사내에 유보시키는 것.

조업은 세계적으로 봐도 생산성이 극히 낮다고 언제나 강력하게 지탄받고 있습니다. 그러나 생산성이 낮아진 이유는 사원수를 줄이는 데 실패했기 때문이 아닙니다. 생산가능인구 감소=소비자의 감소 속에서 과당경쟁過當競爭*에 빠진 결과, 좀처럼 비용을 가격전가 하지 못해서 생산성의 분자인 부가가치액이 상대적으로 줄어들고 있기 때문에 생산성도 낮아지고 있는 것입니다. 소매업도 외식업도 관광업도, 복지도 IT 관련도 전문 서비스업의 경우도 전부 마찬가지입니다. 이런 산업의 인원삭감은 부가가치액을 더욱 저하시킬 뿐입니다.

이론적인 설명은 이쯤에서 그치고, 실제 수치를 보여드리겠습니다. 1부상장 제조업 1,090개사와 비제조업 742개사의 단독결산을 합한 수치를 1996년도부터 2006년도까지 만들어보았습니다.

1996년은 일본의 생산가능인구가 감소로 돌아서기 시작한 해입니다. 고도성장기에 다수의 젊은이들을 고용했던 제조업에서는 2006년도까지의 10년간 그 시기에 입사했던 사람들의 퇴직이 진행된 결과, 종업원수가 21퍼센트, 인건비가 14퍼센트나 감소했습니다(〈표28〉). 그런데 2001년도까지는 종업원수는 감소했는데 생산성은 향상되지 않았습니다. 인건비가 감소한 데다가 내수가 성숙단계로 접어들면서 사내유보까지 감소해서, 부가가치액이 줄어들기 시작했기 때문입니다. 한편, 2002~2004년도에는 수출 주도의 호경기가 시작되어서 매상고와 사내유보가 증가했기 때문에, 부가가치액도 다소 상

---

* 동 업종의 기업이 난립하여 자유경쟁의 범위를 벗어나 서로 판로를 확장하려는 상태.

[표28] 대형 제조업기업의 생산성지표   [표29] 대형 비제조업기업의 생산성지표

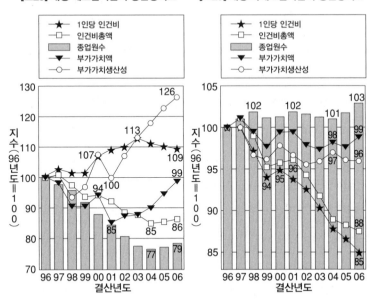

[자료] 표28은 상장기업 1,090개사, 표29는 상장기업 742개사의 단독결산을 바탕으로
일본정책투자은행 설비투자연구소가 산정한 수치를 필자가 지수화한 것이다.

승했습니다(2001~2004년도 6퍼센트 증가). 그러나 생산성의 상승세
(2001~2004년도 18퍼센트 증가)에는 한참 미치지 못했습니다. 계속해
서 종업원수와 인건비 총액이 감소했기 때문입니다. 2005~2006년
도에는 겨우 종업원수와 인건비가 미세하게 증가로 돌아서고 부가가
치액의 증가도 가속화되었지만(당시 마침 60대에 접어들어서 1차 퇴직을
한 1945~1946년 출생자들이 전후戰後 세대에 비해서 그 수가 적었다는 것도
이유 중의 하나입니다), 그만큼 생산성의 증가는 다소 둔화되었습니다.

1996~2006년도를 전체적으로 살펴봐도, 생산성은 26퍼센트나

증가했는데 부가가치액은 1퍼센트로 조금 줄어들었습니다. "생산가능인구의 감소 국면에서는 종업원을 줄여서 생산성을 올리는 행동은 경제성장으로 이어지지 않는다"라는 것이 명확하게 수치에 나타나고 있습니다. 게다가 그 이후의 '세계동시불황'과 단카이세대의 퇴직이 동시에 진행되면서 사내유보도 인건비도 모두 급속히 떨어졌기 때문에, 생산성도 감소되고 부가가치액도 더 크게 하락하고 있다고 생각됩니다.

지금까지는 수출 호황의 영향을 받은 제조업의 이야기였습니다. 비제조업은 전혀 대조적인 경향을 보이고 있습니다(〈표29〉). 비제조업에서는 비정규직 노동자를 적은 급여로 고용하는 관행이 정착되어 있어서, 1996~2006년도 사이에 종업원수는 오히려 조금 증가했지만, 그 결과 생산성은 4퍼센트 감소했습니다. 그러나 부가가치액은 제조업과 마찬가지로 1퍼센트 수준의 감소에 그쳤습니다. 즉, 생산성은 감소했지만 사람을 계속 고용함으로써, 제조업과 별반 다르지 않은 GDP에 대한 공헌도를 기록하고 있습니다.

"비제조업의 생산성을 국제적인 수준으로 향상시켜라." 큰 소리로 이렇게 주장하는 사람들의 상당수는 "비제조업도 제조업 수순으로 정리해고를 해야 한다"라고 생각할 것입니다. 그러나 그들은 정리해고에 적극적이던 제조업이 '전후 최장의 호경기' 속에서 생산성은 올렸지만 부가가치액은 늘리지 못했다는 사실은 어떻게 생각할까요? 혹시 사실 자체를 확인하지 않은 것은 아닐까요? 아니 그 이전에 생산성과 부가가치액의 관계를 이해하는 사람이 어느 정도나 되는지 의심스럽습니다.

그런 사람들이 하는 말을 듣고 비제조업의 고용을 줄여버리면, 인건비가 감소되는 만큼 GDP도 떨어집니다. 기본적으로 비제조업의 상당수는 일본어를 할 수 있는 사람이 아니면 담당할 수 없고, 제조업 수준의 국제경쟁도 존재하지 않습니다. 그렇다면 과연 무엇을 위해서 GDP를 줄여가면서까지 노동자수를 줄여야 하는지, 그 이유를 모르겠습니다.

참고로 "제조사가 종업원의 급여 수준을 낮추고 있다"라는 비판도 있었습니다. 그러나 잘 살펴보면 종업원수는 21퍼센트 감소한 반면, 인건비 총액은 14퍼센트밖에 줄지 않았습니다. 기본급 인상 등을 통해서 확실하게 종업원의 실수령액을 늘려갔기 때문입니다. 그러나 아무리 1인당 실수령액을 늘렸어도 총액은 줄고 있기 때문에 결과적으로 내수가 감소하는 점은 마찬가지입니다.

일본의 산업은 부가가치액을 올리는 방향으로, 인력삭감이 아니라 상품단가의 향상을 위해서 노력해야 합니다. 그 결과로 생산성이 올라가게 될 것입니다.

간단히는 진행되지 않는
공급의 조정

납득하셨습니까? 거시경제학을 열심히 공부하신 분들은 아직 부족하실 것입니다.

예상되는 첫 번째 반론은 "그렇게 수익을 얻지 못하게 된 업계에서는 반드시 기업이 문을 닫거나 설비를 폐기해서, 혹은 기업이 다른 분야로 업종을 전환해서 공급이 줄어든다. 그 결과, 가격이 상승하고 마진도 회복된다. 그렇기에 생산성은 다시 올라가고 GDP도 감소하지 않는다"라는 것입니다. 인건비에 대해서도 "지나치게 인건비를 낮추면 당연히 그곳에서 일하는 사람은 줄어든다. 생산가능인구가 감소해서 노동력부족이 계속된다면 더 말할 것도 없다. 그렇기 때문에 기업도 어느 시점이 되면 인건비 수준을 올려서 인력을 확보할 수밖에 없다"라고 말합니다.

정말 자동차업계나 건설업계 등에서 실제로 그런 일들이 일어났다면 좋았을 것입니다. 그러나 현실에서는 전혀 일어나지 않았습니다. "언젠가 그렇게 될 것이다"라고 기대하지만, 10년이 지나고 20년이 되어도 전혀 일어날 조짐도 보이지 않습니다. 당연한 일입니다. 일본은 시장의 축소가 생산가능인구의 감소 탓인 것을 알아차리지 못하고, 단순히 '경기가 나쁜' 탓이라고 믿어 의심치 않는 기업들로 가득합니다. 그들은 마진과 인건비를 삭감하면서, 설비폐기도 상품분야의 전환도 하지 않고 계속해서 노력하고 있습니다. 게다가 사본의 출자자(기관투자가 혹은 그와 같은 부류)도 기대수입 수준의 저하를 감수하고 계속해서 같은 움직임을 보이고 있습니다. 기본적으로 엔고 기조가 계속되어온 1970년대 이후의 일본에서, 외화투자의 큰 변동폭에 질려버렸기 때문일까요? 결국 어느 쪽도 과당경쟁→가격저하의 문제는 전혀 해소되지 않습니다.

사실은 그들이 기존 제품을 단념하고 새로운 분야로 전환하면 문제는 해결됩니다. 그러나 인력과 기계를 들여서 오랫동안 해온 일을 간단히 그만둘 수 있다면, 이 복잡화·전문화된 사회에서 문외한이 쉽게 새로운 사업을 시작할 수 있다면 아무도 고생은 하지 않을 것입니다.

게다가 세계적으로 물건의 공급은 과잉상태입니다. 특히 중국 등지에는 과잉설비가 여기저기 널려 있습니다. 그런 사람들이 덤핑으로 치달아 수입품의 가격이 저하되면, 내수용 일본제품들만 가격을 올릴 수도 없어집니다. 노동자들의 숫자도, 세계적으로 보면 남아돌고 있습니다. 일본 국내에서 일손부족·인건비상승이 발생하면, 더 많은 생산시설이 해외로 이전될 뿐입니다. 경제학에서 말하는 균형은 세계적인 범위에서는 성립되지만, 좁은 국경 안에서는 성립되지 않습니다.

사실은 기업이 종업원의 인건비 총액을 줄이지 않고 퇴직자의 증가로 생긴 여유분을 젊은이들에게 분배함으로써 내수유지에 적게나마 공헌할 수 있습니다. 그렇게 한다면 경제학 이론과 조금은 비슷한 상황도 만들 수 있습니다. 물론 그러기 위해서는, 상품가격을 올릴 수 있을 정도의 브랜드력을 획득하기 위한 필사적인 노력이 반드시 필요합니다. 그러나 근본적으로 미시경제학은 시조始祖 애덤 스미스 이래로 계속해서 "시장경제의 모든 참가자가 이윤 최대화를 위해서 최대한 노력을 기울인다"라는 것을 전제로 구축되어왔습니다. 경제 구조의 건전성 회복을 위해서는 그 정도의 발상전환은 반드시 이루어져야 합니다.

고령자에서 고령자로의 상속으로
사장되고 있는 저축

이 시점에서 두 번째의, 더 관념적인 반론이 제기됩니다.

"자동차나 주택, 전기제품 같은 특정한 기존 산업의 경우는, 당신이 주장하는 것처럼 소비자수의 감소로 공급과잉에 빠지고 가격의 붕괴가 일어나서 생산성이 저하되었다고 치자. 그러나 소비자의 입장에서 보면 지금까지 차, 주택, 전기제품에 쓰고 있던 돈이 남게 된다. 즉, 소비자잉여가 발생하는 셈이다. 그 돈은 어디로 가는가? 뭔가 다른 상품, 굳이 물건이 아니라도 여행이나 복지, 의료나 건강 관련도 상관 없다. 뭔가 새로운 물건 혹은 서비스의 소비로 흘러가게 될 것이다. 그곳에는 새로운 고용도 창출되고 인건비도 지급될 것이다. 자동차, 주택, 전기제품 업계는 축소될지도 모르지만 다른 분야의 기업은 매상이 그만큼 증가하는 셈이고, 경제 전체적으로는 플러스마이너스 제로가 된다. 그렇다면 생산가능인구가 감소해도 GDP는 축소되지 않는 것이 아닌가?"라는 것입니다. 아마 이것이 "생산가능인구의 증감과 GDP는 관계없다"라는 주장의 가장 핵심적인 내용일 것입니다.

맞습니다. 자동차, 주택, 전기제품이 저렴해진 만큼 여유가 생긴 돈을 사람들이 뭔가 다른 쪽에 사용해준다면, 말씀하신 것처럼 경제상의 문제는 발생하지 않습니다. 그러나 21세기 초반의 '전후 최장의 호경기'에는 수도권 주민의 개인소득 총액이 대폭 증가했지만, 수도권의 소매판매액은 통신판매를 포함시켜도 정체되어 있었습니다. 저축이 늘었을 뿐, 물건소비에는 반영되지 않았기 때문입니다. 서비스소비도 늘지 않았습니다. 관광산업도 외식산업도 부진했고, 의료복지산업에서도 적자로 신음하는 사업자가 늘어났습니다.

현실이 그렇다는 것은 경제학적으로도 뭔가 부정할 수 없는 확실한 이유가 있기 때문입니다. 단순히 "소비에 반영되는 것이 늦어지고 있다"라고 시간을 이유로 들거나, "소비자가 불합리한 행동을 하고 있다"라고 악역을 만드는 것만으로는 진실은 알 수 없습니다.

그 이유가 무엇인지는 이미 한 번 말씀드렸습니다. 최근에는 젊은 사람들 중에도 물욕이 없는 사람이 늘고 있습니다. 그러나 늘어가는 고령자들은 물질적인 면에서는 만족하고 있기 때문에 더더욱 물건에 대한 욕구가 없습니다. 가장 강한 욕구는 장래에 건강을 잃었을 경우에 누릴 수 있는 의료복지서비스입니다. 그래서 그런 가능성에 대비해서 돈을 모아둡니다. 이것은 의료복지서비스의 선매(콜옵션)라서, 아무 데나 쓸 수 있는 (경제학에서 말하는) 저축이 아니라 유동성이 극히 결여된 저축이라는 점도 설명드렸습니다.

그래도 고령자가 살아 있는 동안에 모아두었던 돈을 의료복지서비스에 사용해준다면, 자동차, 주택, 전기제품이 침체된 만큼 의료복지서비스가 성장했을 테고 전체적인 균형은 맞았을 것입니다. 그러나 상당한 중병이나 장애를 갖게 된 일부의 불운한 사람(이렇게 될 가능성은 저를 포함한 모든 사람이 가지고 있습니다만)을 제외하면, 대부분의 사람들은 많은 양의 저축과 재산을 남긴 채로 세상을 뜨게 됩니다. 다시 말해 그분들이 살아계시는 동안에는 적지 않은 부분이 소비로 전환되지 않고 축적된 채로 머물게 됩니다. 물론 고령자의 입장에서는 어떤 건강 상태로 몇 살까지 살지 확실하지 않은 이상, 죽는 순간까지는 눈앞의 쾌적함과 건강 유지를 위해서 저축을 전부 써버릴 수는 없습니다.

"고령화와 격차확대로 저축률이 떨어지고 있다"라는 보도와 제 주장이 모순되지 않느냐는 질문을 받은 적이 있습니다. ○○률을 언급할 때는 먼저 무엇을 무엇으로 나누고 있는지를 확인해야 합니다. 저축률은 가처분소득 중에서 저금되는 금액, 비축분이 아니라 유통량의 수치입니다. 저축률이 아무리 떨어져도 0 이상이라면, 지금까지 저축한 돈의 절대액에는 손해가 없어 금액은 줄어들지 않습니다. 저축률이 마이너스가 되면 저축액의 감소가 시작됩니다. 그러나 현재의 적은 연소득의 수십 배나 되는 저축을 가지고 있는 고령자도 많기 때문에, 저금 그 자체는 그리 간단히 급감하지는 않습니다.

사람의 몸을 예로 든다면 이런 상황입니다. 영양학자는 "당신은 몸전체에 보낼 수 있을 정도의 영양 소요량을 제대로 섭취하고 있으니까 건강하다"라고 주장합니다. 그런데 실제로는 나이를 먹고 움직이는 것이 점점 귀찮아져서 운동부족 상태가 이어지고 있습니다. 섭취한 영양의 상당 부분은 피하지방이 되어 쌓이고 있을 뿐, 몸 이곳저곳의 신진대사는 원활하지 못한 상태입니다. 식욕이 떨어져서 겨우 하루하루의 섭취량만으로는 영양이 다소 부족한 상태가 되었습니다. 지방이 조금 연소되기 시작했지만 지금까지 쌓아온 양에 비하면 미미한 정도입니다. 많은 양의 지방을 몸에 지닌 채로 있다가 다른 병으로 수

명이 다하는 운명…이라는 상태입니다. 영양학자(=거시경제학자)의 총론을 듣는 것은 물론, 몸 이곳저곳의 신진대사의 활성화를 구체적으로 조사하는 생리학자(=경영학자)의 조언이 필요합니다.

한편 저축과 재산을 가지고 있는 사람이 언제까지나 살 수 있는 것은 아닙니다. 주인이 사망하게 되면 피하지방과는 달리 남겨진 재산은 상속됩니다. 그렇다면 상속인이 그 재산을 써주면 돈은 사회로 환원되지 않을까요?

일본인의 평균수명이 러시아의 남성들처럼 60세 미만이라면 양상은 전혀 달랐을 것입니다. 자녀가 아직 30대일 때, 사고 싶은 것이 많은 시기에 상속이 발생하기 때문입니다. 그런데 여성은 장수로는 세계 최고, 남성도 장수 베스트3에 들어가 있는 일본은 돌아가시는 분이 아니라 상속받는 쪽의 평균연령이 67세라고 합니다. 이것은 신문에서 읽은 내용으로 출처는 확실하지 않지만, 충분히 있을 수 있는 일입니다. 상속을 받는 쪽이 65세를 넘긴 연금생활자인 경우라면, 역시 한꺼번에 써버리지 않고 저축=장래의 의료복지서비스의 선매로 돌려버리지 않겠습니까?

더욱 큰 문제가 있습니다. 그렇게 고령자의 저축이 소비로 이어지지 않고 수십 년 동안 잠자고 있는 동안, 예를 들어 주식투자에 들어가 있는 돈이 주식하락으로 줄어들거나, 외화투자에 들어가 있는 돈이 환율변동으로 감소하거나, 투자대상 부동산의 땅값이 하락하는 등의 일이 일어납니다. 물론 초장기 보유를 계속한다면 그사이에 내려간 주식이 다시 올라가는 경우도 있고, 환율도 회복될 수 있습니다.

따라서 장기 평균적으로는 그런 캐피털로스capital loss*는 캐피털게인 capital gain과 상쇄되어 발생하지 않은 셈이 된다는 견해가 있을지도 모릅니다. 그러나 실제로는 주식투자 대상의 회사가 문을 닫아버리면 그 투자분을 잃게 되며, 그 정도까지는 아니더라도 주가하락이나 환율변동으로 대량의 캐피털로스가 발생하고 있는 시점에서 버티지 못하고 금융자산을 파는 일도 있어서, 그때마다 손실은 고정화됩니다. 토지의 경우는 가격의 회복 자체를 기대할 수 없는 경우도 많아질 것입니다(극단적인 예로, 사람들이 오일쇼크 이전의 광란지가狂亂地價** 시절에 지방의 산림임야를 비싼 가격에 구입했던 것을 떠올려주십시오. 생산가능인구가 감소로 돌아선 수도권에서도 정도의 차이는 있지만 본질적으로는 동일한 일들이 일어날 것입니다).

그런 이유로, 고령자가 저축을 끌어안으면 끌어안을수록 결국 한 번도 소비로 이어지지 않은 채, 가치가 감소해서 사라져버리는 부분도 늘어나게 됩니다.

---

* 자본적 자산 평가의 변동에서 생기는 손실. 자본손실이라고도 하며, '캐피털게인'(자본이득)과 반대되는 말이다.

** 일본에서는 1973년의 오일쇼크로 인해 1974년 물가의 이상 상승현상이 나타났다. 당시의 물가를 광란물가라고 부른다. 지가의 경우 오일쇼크 이전부터 부동산개발 붐에 의한 급등이 시작되었고 오일쇼크 이후 더욱 가속화되었다.

내수가 없으면
국내 투자는 썩어버린다

그런데 더욱 강력한 세 번째 반론으로 "고령자의 저축은 전혀 문제가 되지 않는다"라는 사고방식도 있을 수 있습니다. 거시경제학에서 저축은 투자의 원천입니다. "고령자가 사망할 때까지 저축을 계속 가지고 있어도, 설령 그것이 주가하락이나 환율변동으로 감소했다고 해도, 저축은 채권이나 주식 등의 구입을 통해서 투자 쪽으로 흘러들어가기 때문에 그 투자를 받아서 경제는 확대된다. 그러니 아무런 문제가 없지 않은가?"라는 논리입니다.

실제로 일본의 투자는 해외, 특히 아시아에서 현지의 경제를 급격하게 확대시켰습니다. 싱가포르의 1인당 GDP가 일본과 동등해진 것도 일본의 투자 없이는 불가능했습니다. 그러나 일본 국내에 대한 투자는 일본경제를 동일한 수준으로 확대시켰을까요? 아닙니다. 최근 10년 이상, 명목치名目値*상으로 일본의 GDP는 거의 변하지 않았습니다. 즉, 투자에 상응하는 대가를 얻지 못했다(투자수익률이 극히 낮다)고 말할 수 있습니다.

그 이유는 무엇일까요? 이미 몇 번이나 말씀드렸듯이, 생산가능인구=왕성하게 소비하는 인구가 한계점에 도달함으로써, 많은 상품의 공급과잉을 낳고 가격경쟁을 격화시켜서 매상을 정체 내지는 감소시

---

*   시장가격에 의한 수치.

켜왔기 때문입니다. 그런 국면에서는 생산능력증강 투자는 물론 신제품개발 투자도 가격전가를 하기 힘들어집니다. 즉, 투자수익률이 낮아집니다.

그런데 금융에 관한 지식이 있는 분들은 알고 계시겠지만, 어떤 투자 프로젝트에 대한 평가액(=누군가가 그 투자를 넘길 때 받을 수 있는 가격)은 그 프로젝트에 실제로 얼마를 투자했는가라는 과거 지불액의 누계(이것을 회계에서는 '부가簿價'*라고 합니다)로 결정되지 않습니다. 과거 누적분과는 전혀 무관하게 그 프로젝트가 장래에 낳을 기대수익(정확히는 그 현재할인가치)의 합계(이것을 '시가時價'라고 합니다)가 평가액입니다.

그럴 경우, 아무리 큰 금액의 돈을 투자해온(부가가 큰) 프로젝트도 과당경쟁의 결과로 도저히 이익을 기대할 수 없게 되면, 시가는 과거에 투자해온 금액보다도 훨씬 낮아집니다. 즉, 그 프로젝트를 팔아도 과거의 투자는 전부 회수할 수 없습니다. 이처럼 부가>시가처럼 되는 현상을 일본에서는 흔히들 '투자가 썩는다'라고 표현합니다. 돈을 투자하고 있는 입장에서는, 불량채권이나 종잇조각으로 변해버린 주식이 증가했다고 할 수 있습니다. 그런데 생산가능인구=소비자의 인구의 감소로 인해서 내수가 구조적으로 축소되고 있는 일본에서는 이런 '투자가 썩는' 현상이 여기저기에서 빈번하게 발생해왔습니다.

이미 눈치채셨겠지요? 투자가 있으면 경제는 확대된다는 거시경제

---

* 장부에 기재되어 있는 자산·부·자본 등의 가액加額. 장부가액이라고도 한다.

의 정식定式(?)은 시장경제의 현장에서 당연하게 발생하고 있는 바로 이 '투자가 썩는다'라는 현상을 감안하지 않고 있습니다. 투자액이 영원불멸하게 그 가치를 잃지 않는다면 더할 나위 없겠지만, 현실적으로는 투자의 시가는 매상의 상황에 따라서 유연하게 변동됩니다. 그리고 투자 시가가 감소하면 경제는 그만큼 축소됩니다. 투자가 없으면 경제는 확대되지 않는다(투자는 성장의 필요조건)는 것은 사실입니다. 그러나 투자만 있으면 경제는 확대된다(투자는 성장의 충분조건)는 것은 말도 안 되는 착각입니다.

필요조건과 충분조건을 혼동하지 않는다는 논리학의 기본 중의 기본만은 반드시 지켜야 합니다.

삼면등가 원칙의 속박

지금까지 '거시경제학적인' 관점에서 예상되는 3개의 반론, 그리고 그 반론에 대한 반론에 대해 이야기했습니다. 네 번째, 제가 생각하는 마지막 반론은 더 추상적인 내용입니다.

그것은 "거시경제학의 근저根底에 자리 잡고 있는 절대로 틀리는 법이 없는 삼면등가三面等價 정리에 의하면, GDP=생산=지출=분배이며 생산된 것은 반드시 동시에 지출의 대상이 되어서 누군가의 소유물로 분배된다. 생산된 것은 팔린다는 뜻으로, 당신이 주장하는 것처럼 과잉생산→가격붕괴→GDP의 감소라는 일은 일어나지 않는다"라는 것입니다.

'틀리는 법이 없는' 삼면등가 원칙을 제시하다니, 왠지 신성불가침한 분위기의 논의가 되어버렸습니다. 그러나 유감스럽게도 일본경제의 현장에는 훨씬 세속적인 현실이 존재합니다. 반복해서 설명하고 있는, 생산가능인구=소비자인구의 감소→공급능력과잉→재고축적과 가격경쟁격화→재고의 시가저하(재고가 썩는다)라는 현상입니다. 그 결과 발생된 소비자잉여는 고령자가 노후를 위한 대비로 확보한 고정성이 극히 높은 저축(=장래 의료복지부담의 선매라는 일종의 금융파생상품을 구입한 것)의 형태로 '매장금埋蔵金'화되어버려서 경제사회로 순환되지 않습니다. 썩어버린 재고는 결과적으로는 헐값에 판매되며 기업수익을 떨어트리고 있습니다. 이런 현실을 '틀리는 법이 없는' 삼면등가 원칙은 과연 어떻게 설명할까요?

제조업, 소매업, 부동산업 등의 경우, '재고의 증가' 자체는 '지출'의 구성요소 중 하나인 '투자'의 일종으로 설명됩니다. 즉, '재고가 쌓여 있는 것'은 '재고투자가 늘었다'(즉, 생산한 기업이 자체적으로 지출해서 잉여품을 사들였다)라고 긍정적으로 처리됩니다. 다시 말해 둘선이 팔리든 팔리지 않든 재고를 늘리면서 계속 생산한다면 GDP도 계속 증가합니다. 하지만 그 재고를 처분할 수밖에 없는 상황이 되어서 평가손해가 발생한다면 어떨까요? 생산 안의 재고투자가 마이너스가 되고, 지출 안의 재고가 감소하고, 분배 안의 영업잉여가 감소하니까 GDP도 감소하지 않을까요? 만약 "삼면등가라는 것은 발생 기준의

이론이다. 그 이후에 일어나는 재고처리분 등은 관계없는 일"이라고
한다면, 이 원칙은 '틀리는 법이 없다'가 아니라 시가회계의 시대에는
적절하지 않은, 실질적으로는 무의미한 원칙이 되어버립니다.

더욱 큰 문제는 서비스업입니다. 이 경우에는 인간의 노동 그 자체
가 상품이며, 균형을 잡아줄 재고라는 존재도 없습니다. 손님이 찾아
와서 서비스를 팔 때까지는 생산도 이루어지지 않기 때문에, 지출도
분배도 없습니다. 생산가능인구의 감소에 맞춰서 팔릴 때까지 가격을
내린다면, 그만큼 생산도 지출도 분배도 전부 내려가 버립니다. 즉,
생산가능인구=소비자의 인구의 감소→공급능력과잉→가격경쟁의 격
화에 즉각적으로 반응해서 매상이 떨어지고, GDP는 줄어들지 않을
까요? 사실 그렇게 되어 있습니다.

여기서 등장하는 궁극의 해석이 "시가와 부가는 실질적인 수치로는
일치한다. 따라서 명목GDP는 차치하더라도 실질GDP는 줄어들지
않는다"입니다. 우선, 재고가 썩어서 시가가 저하되는 것과 과당경쟁
속에서 서비스의 가격이 내려가는 것을, '디플레이션'이라는 거시적인
현상에서 출현한 결과로 해석합니다. 이 디플레이션이라는 것은 대체
무엇일까요? 본래의 의미는 '화폐공급＜물건 및 서비스의 공급의 상
태'라고 생각합니다. 그러나 아무래도 그뿐 아니라 단순하게 생산능
력의 과잉으로 물건 가격이 떨어진 경우까지 '디플레이션'으로 취급하
고 있는 것 같습니다. "어떤 상품의 공급과잉→단가저하로 인해서 발
생한 소비자잉여는 전부 다른 무언가의 소비에 사용되기 때문에 수요
전체의 양은 변하지 않는다"라는 기계적인 전제를 바탕으로 하고 있

기 때문에 저런 해석이 나오는 것입니다.

이미 말씀드린 것처럼 저는 이 전제 자체가 성립되지 않는다고 생각하지만 여기서는 더 이상 논하지 않겠습니다. "물가가 내려가는 것은 당연히 디플레이션이므로 보정해야 한다"라고 치고, 물가저하로 내려간 명목GDP를 디플레이터deflator*(실제로는 인플레이터inflator입니다만)라는 계수로 나눠서 물가가 떨어지지 않았을 경우의 '실질GDP'를 계산합니다. 이 작업을 거치면 재고투자가 썩거나 서비스산업의 상품단가가 하락해도, 보정 후의 실질GDP는 떨어지지 않은 것처럼 되어버립니다.

만약 이것이 타당하다면 이해는 가지 않지만 훌륭한 이야기입니다. 그러나 이것은 한마디로 발생한 사실을 없었던 것으로 만들어버리는 일본의 국가적인 분식결산粉飾決算**입니다.

일본은 '디플레이션'이 멈추지 않고 있으며, 물가도 기업의 매상도 그 기업이 지불하는 급여도 점점 축소되고 있습니다. 그런 일본이 "분명히 매상도 급여도 줄고 있지만, 국가 내부적으로 물가도 동시에 떨어지고 있기 때문에 전혀 문제가 되지 않는다. 실질GDP에도 변화가 없다"라고 아무리 억지를 부려도, 해외에서 보면 그 나라의 성세가노가 점점 축소된다는 사실은 변하지 않습니다. 무엇보다 "가격붕괴를

---

*   국민소득 통계의 명목값을 실질값으로 환산할 때에 사용되는 국민경제 계산상의 물가지수. 가격 수정 인자.

** 의도적으로 사실을 왜곡하여 자산이나 이익을 부풀려 계상計上한 결산.

일으킬 정도의 과잉생산을 반복하는 산업에 의존하는 국가, 주요산업이 가격붕괴를 일으키지 않도록 언제나 경영에 유념하고 있는 국가, 디플레이터로 나누면 이 두 국가의 실질적인 경제성장률은 똑같습니다"라는 논리가 성립한다는 사실 자체가 이상합니다. 일본은 많은 나라들로부터 계속해서 "어떻게든 해결책을 찾아라"라는 말을 듣고 있습니다. 이는 일본의 억지를 인정하지 않는다는 뜻이 아니겠습니까?

'국민총시간'의 제약을
깨는 것이 가능할까?

"그래도 지구는 돌고 있다"는 아니지만 지금까지의 주장은 전부 터무니없다고 단언하는 '경제전문가' 분들도 계실 것입니다. 그래도 괜찮습니다. 그러나 이제부터 제가 드리는 질문에 대해서는 반드시 곰곰이 다시 한 번 생각해봐주십시오.

인구의 감소는 국민이 경제활동에 사용하는 시간의 총합계=인구 × 365(366)일 × 24시간(이것을 이 책에서는 '국민총시간'이라 부르도록 하겠습니다)의 감소이기도 합니다. 불가피한 인구감소로 인해서 일본의 '국민총시간'이 점점 감소되는 가운데, GDP를 성장시키기(또는 일정 수준을 유지하기) 위해서는 국민 한 사람 한 사람의 1시간당 생산수준과 소비수준을 계속 향상시켜야 합니다. 시간당 생산수준은 기계화나 생산기술의 혁신 등으로 계속해서 높여갈 수 있다고 생각합니다. 그러나 시간당 소비수준을 끝없이 늘리는 일이 가능할까요?

생산해도 소비되지 않는다면 수출로 돌리든지 재고로 돌려버릴 수밖에 없습니다. 수출만으로는 한계가 있다는 사실은 21세기 초반의 '전후 최장의 호경기'에서 배운 최대의 교훈입니다. 재고로 돌리면 삼면등가로 인해서 GDP의 겉모습은 증가하지만, 실제로는 빠른 시일 내에 재고가 썩는 위험이 증가할 뿐입니다. 그렇기 때문에 일본경제가 성장할 수 있는지 없는지는 국민 개개인의 1시간당 소비수준을 늘릴 수 있는지 여부에 달려 있습니다. 이 1시간당 소비수준을 이제부터 '소비의 대對시간생산성'이라 부르겠습니다. 소비의 생산성은 이상한 표현이지만, 생산성이라는 말 자체를 사용하지 않을 수 없으니 양해해주십시오.

어떻게 생각하십니까? 일본에는 인구×24시간×365(366)일밖에 시간이 없습니다. 그 시간 중에서 소비에 할애하는 시간을 더 늘릴 수 있을까요? 만약 어렵다면, 시간당 소비가격을 올릴 수밖에 없습니다. 그것은 예전보다 고가의 물건을 소비하는 것으로만 가능합니다. 어떻게 하면 그런 경향을 만들어낼 수 있을까요? 그런 경향을 장기적으로 지속시킬 수 있을까요? 예를 들어, 고가의 자동차나 요트를 사게 만든다고 가정해봅시다. 그러나 그것을 타기 위해서는 시간이 필요합니다. 고가의 공연을 보러 간다고 해도 역시 시간이 필요합니다. 고가의 식재료를 사서 먹지 않고 쌓아두거나 조금씩 버리면 되지 않을까요? 그렇습니다. '사기만 하고 사용하지 않는' 행동을 늘리지 않는 이상, 반드시 소비에 사용하는 시간에는 한계가 오고 맙니다.

이런 식으로 시간을 단위로 생각해보면, 이미 1인당 소비수준이 높은 데다가 인구까지 줄고 있는 일본 같은 나라의, 1인당이 아닌 전체적인 범위에서의 경제성장이 얼마나 어려운 일인지 잘 알 수 있습니다. 인간이 소비에 싫증을 내지 않는 이상, 마치 쇼핑중독이나 도박중독처럼 돈과 시간만 있으면 더 비싼 상품이나 서비스의 구입에 계속 쏟아붓고, 게다가 구입한 뒤에는 사용하지 않는다는 상황을 상정하지 않는 이상, '소비의 대시간생산성'이 언제까지나 계속 증가하는 일은 상상할 수 없습니다.

문제를 타개하기 위한 전략 중 하나는 이미 책의 앞부분에서 말씀드린 것처럼, 일본의 상품이 프랑스, 이탈리아, 스위스에 대항할 수 있는 브랜드력을 획득하는 것, 국민들 자신이 그런 브랜드력이 높은 상품을 최대한 소비하는 것입니다. 이것은 단가상승을 통해서 확실하게 '소비의 대시간생산성'을 향상시킵니다. 그러나 모든 상품이 이렇게 될 수는 없습니다. 아니, 오히려 일본의 여러 산업의 대다수는 실제로는 과당경쟁 속에서 가격인하경쟁으로 신음하고 있습니다. 그들이 가격을 인하하면 할수록 오히려 '소비의 대시간생산성'은 떨어져버립니다.

근대 경제학도 마르크스경제학도 모두 노동과 화폐와 생산물(물건과 서비스)을 중심으로 구축되어온 학문입니다. 그러나 현대의 선진국에 절대적으로 부족한 것, 돈으로 살 수도 없는 것은 개개인의 소비활동을 위한 시간입니다.

가장 희소한 자원이 노동도 화폐도 생산물도 아니라, 실은 소비를 위한 시간이라는 새로운 세계. 이 새로운 세계의 경제학에는 종래와 같은 '등가교환이 즉시 성립되는 것을 전제로 한 무시간^{無時間} 모델'의 세계를 벗어나는 것이 요구되고 있습니다. 나야말로 진정한 경제학 연구자라고 생각하시는 분이 계시다면, 이 '시간의 경제학'을 꼭 한번 재고해보시고, "일본은 국민총시간의 감소라는 제약을 극복할 수 있는가?"라는 저의 질문에 답을 제시해주십시오.

큰 소리로 떠들고 있는
잘못된 처방전들

긴 여정을 거치며 간신히 일본경제가 직면하고 있는 인구성숙문제의 대략적인 윤곽을 보여드렸습니다. 그렇다면 그런 심각한 상황에 어떻게 대처하면 좋을까요? '인간은 나이를 먹는다'라는 물리현상이 근본적인 원인인 셈인데, 과연 이것이 대처 가능한 문제일까요?

안심하십시오. 상당 수준까지는 대처할 수 있습니다. 포기하고 앉아 있을 여유가 있다면, 낭상 혼사서 실천할 수 있는 일들이 몇 가지나 있습니다. 단, 세상에는 얼핏 보면 그럴싸하게 보이지만 논리가 결여되어 있어서, 하면 할수록 오히려 경제를 손상시키는 새빨간 거짓말들도 대량으로 돌아다니고 있습니다. 따라서 상당한 주의가 필요합니다.

먼저 세간에서 종종 듣게 되는 여러 주장들이 정말 유효한지에 대해서 살펴보도록 하겠습니다. "생산성만 올리면 해결된다"라는 통념의 오류는 이미 지적했으니까, 그 이외의 것들을 골라서 지금까지와 마찬가지로 선입견을 배제하고 논리적이고 현실적으로 검토해보겠습니다.

'경제성장이야말로 해결책' 이라는 주장이 '대책을 마련한 척' 하게 만든다

일본경제재생을 위한 각종 제언을 듣다 보면, "거시적인 정책으로 사태를 어떻게든 해결해라"라는 주장들 중에는 "어이, 이봐. 진심이야?"라는 생각이 드는 것들이 여럿 있습니다. 그중 대표적인 것이 "무엇보다 경제성장(=GDP의 증가)을 달성하는 것이 중요하다"라는 의견입니다. 아니, 의견이라고 하면 실례일지도 모릅니다. 정·관·재·학政官財學 각계의 총의總意일지도 모릅니다.

"최소한의 경제성장 없이는 경제사회를 안정적으로 운영하기 힘들다"라는 말은 맞습니다. 그러나 "그 역逆이 참은 아닙니다." 이것을 반대로 뒤집어서 "많든 적든 경제성장만 달성하면, 경제사회의 여러 개별 문제들은 해결된다. 그러니 먼저 경제성장을 위해 노력해라"라는 주장으로 바꿔버리면, 사실과 다른 부분이 드러나게 됩니다. 앞에서 이야기한 생산성과 같은 경우입니다. 부가가치액이 상승한 결과로 생산성이 올라간다면 문제가 없지만, 생산성을 올리는 일이 자기목적화가 되어버리면 오히려 인원정리로 부가가치액을 떨어트리기 십상입니다.

GDP도 마찬가지입니다. "GDP의 유지 내지 성장은 생산가능인구 감소에 의해서 상정치보다 내려가 버리는 개인소득, 개인소비, 기업업적을 어떻게든 뒷받침해서 향상시키고자 하는 노력의 결과로 얻을 수 있다"입니다. "GDP를 유지 내지 성장시키는 것이 가능하다면, 아무리 생산가능인구가 감소해도 개인소득, 개인소비, 기업업적도 좋아진다"라는 반대의 흐름은 '전후 최장의 호경기'에는 발생하지 않았습니다.

물론 추상적인 경제이론의 세계에서는 그런 반대의 흐름이 발생한다고 말합니다. 검증도 하지 않고 당연하다고 믿으면서 그것을 자신의 이념으로 삼아버리면, 그런 추상적인 이론에 반하는 구체적인 사실들을 받아들일 수 없게 됩니다. 그러나 생산가능인구가 감소하는 21세기의 일본에서는 그런 이론에 반하는 현실이 존재합니다. 의심의 여지가 없는 전수조사 수치를 보여드리면서 지금까지 계속 설명해왔습니다.

그럼 일본경제는 무엇을 목표로 삼아야 할까요? 그것은 "생산가능인구 감소로 인해서 개인소비가 저하되고, 기업실적이 악화되고 노동자의 소득이 더욱 줄어들어서 개인소비가 감소하는 악순환을 어떻게든 끊어버리자"입니다.

① 생산가능인구가 감소하는 추세를 조금이라도 둔화시키자

② 생산가능인구에 해당하는 세대의 개인소득 총액을 유지하고 증가시키자

③ (생산가능인구+고령자에 의한) 개인소비 총액을 유지하고 증가시키자

이 ①②③이 목표입니다. 물론 이것들이 실현된다면 결과적으로 경제성장률도 개선될 것입니다. 이들 목표는 경제성장률에 관한 일본의 국제공약과도 모순되지 않습니다. 그러나 반대의 흐름이 일어나는 것은 장담할 수 없습니다. 뭔가 다른 방법으로 경제성장률을 올려도 ①②③은 달성할 수 없기 때문입니다.

사실 얼마 전의 '전후 최장의 호경기'에는 수출의 성황으로 수치상의 '경제성장'과 개인소득 총액의 증가(고령부유층에 대한 금리배당소득의 환원)가 발생했습니다. 그러나 ①의 생산가능인구 감소는 전혀 멈추지 않았고, ②의 생산가능인구에 해당하는 세대의 소득증가도 일어나지 않았습니다. ③의 (생산가능인구+고령자에 의한) 개인소비 총액도 (고령부유층이 금융투자로 쏠렸기 때문으로 추측됩니다) 실제로는 늘지 않았습니다. 생산가능인구 감소의 구조 속에서는 ①②③을 직접적으로 노리는 방안이 필요합니다.

그러나 실제로 그런 움직임은 전혀 보이지 않습니다. "경제성장이 우선이다"라는 총론만 횡행하고 있습니다. 그리고 '일단 눈앞의 시험에서 점수를 따는 것이 최우선'이라는 습관이 몸에 밴 수험엘리트들이 그런 요구에 대해서 "예, 알겠습니다!" 하며 움직입니다. 앞에서 설명

한 ①②③은 사실 하루아침에는 좀처럼 실현하기 힘들기 때문입니다. 그래서 추상적인 종합지표 GDP를 구성하는 요소들 중에서 ①②③과는 거의 무관하게 공급 측의 조작이나 재정지출만으로 고칠 수 있는 변수들을 골라서, 일단 수치상으로만이라도 개선해버리는 행동을 취하기 십상입니다.

예를 들어, 팔리든 팔리지 않든 상관없이 공업제품을 증산해서 재고로 가지고 있으면, 지금까지 말씀드렸던 계산방법으로는 GDP가 확대됩니다. 마찬가지로 "경기대책으로 일단 공공公共공사를 계속 늘린다"라는 시책을 취한다면, 우선 공사나 적극적인 매입의 효과로 눈앞의 경제성장률이 올라갑니다. 그러나 결과적으로 기업은 불량재고를, 정부는 미래의 납세자가 부담할 빚을 끌어안게 됩니다. 장기적으로는 오히려 성장을 저해하고 마는 결과를 낳습니다. "경제성장률을 떨어트려서는 안 된다. 따라서 당분간 공공공사의 수준을 유지해야 한다"라는 주장은 반드시 제기됩니다. 그러나 일본정부는 이미 연간 약 40조 엔의 세수税収에 비해서 80조 엔 이상을 사용하고 있습니다. 공공공사를 더 늘린다면 세출歳出 중에서 무엇을 줄여서 충당하든지 혹은 증세를 인정하든지, 어느 한쪽을 함께 선택해야 합니다. 그리고 세출삭감과 증세, 어느 쪽을 선택해도 일본의 내수는 그만큼 거시적인 하강압력을 받습니다. 한마디로 공공공사의 증액에 비례해서 경제성장률이 증가하지는 않습니다.

하지만 저는 "모든 공공공사는 돈 낭비다"라고 단정 짓는 것에는 절대 찬성할 수 없습니다. 특히 기존 인프라의 유지·갱신에 대한 투자는 이제부터가 본격적입니다. 그러나 생산가능인구의 장기적인 대감소 속에서도 정말 필요한 공사 혹은 인구증가를 전제로 하고 있는 공사를 확실히 구별해서, 앞으로는 후자를 취소해야 합니다. 그렇지 않으면 공공공사=세금의 낭비라는 꼬리표가 전체에 붙게 되고, 정말 필요한 공사까지 없애버릴 수 있습니다. 이미 이런 위험은 현실로 나타나고 있습니다. 관계자 여러분들은 어디에 배수의 진을 쳐야 할지 고민할 필요가 있습니다.

'내수확대'를 '경제성장'이라는 잘못된 표현으로 요구하는 미국의 오류

신문, 잡지, 인터넷 등에 실리는 코멘트를 보고 있으면 미국의 정·재·학계 관계자도 모두 한결같이 "일본은 생산성을 올려서 건전한 경제성장을 노려라"라고 말합니다. 그들도 경제성장과 앞에서 말씀드린 ①②③의 관계를 제대로 알지 못하는 것이 아닐까요?

그들이 정말 말하고자 하는 것은 ③의 개인소비 총액의 유지와 증가(→일본의 내수확대)입니다. 미국제품을 팔고 싶기(또는 결과적으로 일본에서 미국으로의 수출을 억제하고 싶기?) 때문입니다. 수출만 늘고(미국에서 일본제품을 잔뜩 팔아치우고) 내수는 전혀 늘지 않았던(미국제품은 일본에서 전혀 팔리지 않은) 21세기 초반의 '전후 최장의 호경기'를 재현하고 싶은 마음은 조금도 없을 것입니다. 그러나 그들도 경제가 성장

일본 디플레이션의 진실

하면 내수도 당연히 확대된다는 교과서의 내용을 순진하게 믿고 있습니다. 최근의 일본경제는 교과서적으로 흘러가지 않는데 말입니다.

심지어는 "개인소득이 늘었는데 개인소비가 늘지 않는 것은 일본정부가 뭔가 이상한 규제를 해서 시장을 일그러트리고 있기 때문이 틀림없다"라는 "이라크 정부는 대량파괴병기를 가지고 있음에 틀림없다"라는 것과 비슷한(의도는 선할지도 모르지만 맹목적이고 단순한) 즉단을 내려버립니다. 그리고 일본에 이런저런 '구조개혁'을 요구해옵니다. 그러나 가장 중요한 구조적인 문제인 '생산가능인구의 감소'를 간과하고 있기 때문에, 미국의 요구를 따라도 그다지 눈에 띄는 효과는 발생하지 않습니다. '고이즈미 개혁'*을 추진하는가, 되돌리는가? 이는 사람에 따라서 혹은 대상에 따라서 극단적으로 의견이 다른 듯합니다. 그러나 한 가지 말할 수 있는 사실은, 추진하든 중단하든 상관없이 그것만으로는 일본의 내수가 성장하지 않는다는 것입니다. 물론 '경제성장률'이라는 표면적인 숫자라면 어느 한쪽에 의해서 올라갈지도 모릅니다.

그런데 미국에서 시작된 "규제를 완화해서 경제가 자유롭게 돌아가면 모든 것이 좋은 쪽으로 해결된다"라는 이념을 공유하는 척하던 일부 일본기업들이 이에 그치지 않고 "고용에 대한 규제완화를 이용해서 급여나 복리후생 관련 비용이 싼 비정규직 사원을 늘림으로써 비

---

* 고이즈미 정권(2001~2006년)이 내세운 정치방침. 경기침체 장기화의 원인을 관료기관의 비대화와 민간에 대한 규제과잉으로 파악하고 민영화, 지방재정의 개혁 등을 추진했다.

용을 절감한다"라는 비즈니스모델 쪽으로 기울어버렸습니다. 그 때문에 '젊은 세대의 급여를 억제하는 현상'이 심각해져서 미국이 바라고 있는 일본의 내수확대는 오히려 더 멀어지고 있습니다.

하지만 저는 그렇다고 해서 "미국에서 시작된 규제완화노선은 엉터리"라고 부르짖는 의견에는 동조하지 않습니다. 조금 전에 규제완화의 이념을 '공유하는 척하던 일부 일본기업'이라고 말씀드렸습니다. 그렇습니다. 그들은 그저 하는 '척'하고 있을 뿐, 본격적으로 임하고 있는 것은 아닙니다. 실제로 그들은 규제완화에 편승해서 새로 채용하는 젊은이들의 고용을 유동화·저렴화하는 일은 적극적으로 시행하고 있지만, 특정 연령 이상의 정사원이나 퇴직자의 기득권으로 굳어버린 처우나 복리후생에는 대체로 손을 대지 않고 있습니다. 정말로 고용에 관한 규제완화의 이념을 믿고 있다면, 상대적으로 급여가 높은 중장년층이나 OB에 대한 처우를 먼저 유동화시켜야 합니다. 소비성향이 낮은 중장년층이 저축으로 사장시킬 부분은 우선적으로 지켜주고 처음부터 비용이 크지 않았던 현장 젊은이들의 고용 부분만 쥐어짜는 것은 그저 관습과 정에 치우친 감정적인 행동일 뿐입니다. 이런 일본적인 폐해까지 자기들 탓이 되어버린 미국만 불쌍합니다.

거시적인 정책으로는 실현 불가능한
'인플레이션 유도'와 '디플레이션 퇴치'

'생산성 향상에 의한 인구감소대

처', '경제성장률 지상주의'에 이어 의문을 제기하고 싶은 것이 거시적인 정책에 의한 '인플레이션 유도' 혹은 그 순화 버전인 거시적인 정책에 의한 '디플레이션 퇴치'입니다. 전자는 소득이 일부 부유층의 저축으로 축적되기만 하고 소비로 이어지지 않는 점을 문제시하고(그 자체는 올바른 인식입니다만), 어느 정도의 인플레이션 상태(물가상승)를 발생시킵니다. "인플레이션으로 저금이 상대적으로 줄어버리기 전에 써 버리자"라는 행동을 일으키기 위해서입니다. 이런 주장을 하는 분들이 '리플레이션reflation* 논자'입니다.

그런 일이 가능하다면 정말 좋을 것입니다. 그러나 '인플레이션 유도'는 어떻게 해야 그렇게 되는지 방법을 알 수 없는 제언입니다. 이것은 '생산가능인구 감소→구조적인 공급과잉→상품·서비스의 단가저하'라는 현상이 계속되고 있는 일본에서 '팔고 남은 것이라도 전부 가격이 올라가는' 상황을 만들겠다는 이야기입니다. 과연 예를 들어, 2년 이상 묵은 표준가격의 쌀이라도 어떤 방법을 동원한다면 가격을 올릴 수 있다고 진지하게 주장할 수 있을까요?

"일본은행이 금융완화를 해서 화폐공급을 늘리면 물가는 올라간다"라고 교과서적으로 말해도 설득력은 없습니다. 일본이 실질적인 제로금리상태가 되고 10여 년이 지났습니다. 경기가 나빴던 시기는 제외하더라도 '전후 최장의 호경기'였던 2002~2007년에도, 심지어 그 안

---

* 경제가 디플레이션 상태에서 벗어났지만 심각한 인플레이션을 유발하지 않을 정도로 통화를 재팽창시키는 것을 의미한다.

에서도 개인소득의 대폭적인 증가가 발생한 2004~2007년에도 전혀 인플레이션 경향이 나타나지 않은 것을 어떻게 생각하십니까? 이미 여러 번 설명드린 것처럼, 그 이유는 소득이 고령자의 저축으로 흘러가버렸고, 생산가능인구 감소로 구조적인 공급과잉이 발생한 데 있습니다. 고령부유층은 금융자산이 2008년 1년 동안 110조 엔, 7퍼센트나 감소했지만 전혀 실물소비를 하려고 하지 않았습니다(실제로 그 기간에도 소매판매액은 늘지 않았습니다). 욕구의 결여, 저축=장래 의료복지부담의 선매 사수라는 확고한 마음가짐을 가진 사람들입니다. 만약 '인플레이션 기대'가 양성된다 해도, 꾹 참으면서 금융자산을 끌어안고 있기만 하지 않을까요?

　내용을 간단히 정리하기 위해서 '생산품은 자동차뿐'이라는 나라를 떠올려봅시다. 그 나라에서는 고령자가 된 베이비부머baby boomer의 퇴직이 이어지고 있고, 아이들 숫자도 적어서 생산가능인구가 점점 줄어들고 있습니다. 자동차는 전자동화全自動化 라인에서 로봇이 얼마든지 제조할 수 있습니다. 그러나 가장 중요한, 자동차를 구입해주는 소비자의 머릿수가 줄어버렸습니다. 결과적으로 제조사에는 대량의 재고가 쌓여서 어쩔 수 없이 때때로 채산이 맞지 않는 가격으로 헐값에 팔아서 처분하고 있다고 해봅시다. 당연히 그 나라의 거시경제론자들은 "우리나라는 디플레이션이다"라고 해석할 것입니다. 그 나라의 정부가 돈을 계속해서 더 많이 찍어내면, 자동차의 헐값 처분은 일어나지 않고 판매가격은 올라갈까요? 아니요, 그렇지 않습니다. 설령 정부가 찍어낸 돈을 공공사업 등에 부지런히 사용해서 국민들에게 넘기더라도, 그 돈을 수령한 국민의 자동차 구입대수에는 생산가능인구의 감소라는 제약이 걸려 있기 때문에(이미 자동차를 충분히 가지고 있는 사람은 자동차가 아니라 뭔가 다른 제품을 사기 때문에) 여전히 자동차는 그다지 팔리지 않습니다. 대신 다른 인기상품의 가격이 올라가고, 결과적으로 종합지표인 '물가지수'도 조금은 올라갈 것입니다. 그러나 국가 주요산업인 자동차산업의 제품가격이 여전히 침체된 상태라는 점에는 아무런 변화도 없습니다.

자동차뿐 아니라 주택도, 전기제품도, 건설업도, 부동산업도, 일반적으로 태평양전쟁 이후의 생산가능인구의 급증기에 활기를 띠기 시작한 주요산업이 고객의 머릿수의 감소→수요의 감소라는 동일한 미시적 요인으로 고민하고 있는 일본의 상황은 이 이야기와 본질적으로는 똑같습니다.

물론 중국을 필두로 한 아시아 국가들, 중남미, 러시아처럼 아직 국민의 소비수준이나 생산능력이 낮기 때문에 충족되지 않은 잠재적 욕구가 무한하게 남아 있는 국가에서는 외화부족으로 인한 수입품의 가격상승 혹은 재정적자의 증가→정부에 의한 소득재분배 기능의 저하가 생기면 얼마든지 인플레이션(수요＞공급) 사태가 출현될 것입니다. 지금의 중국은 외화준비*가 풍부하고 정부도 흑자라서 그런 일은 일어나지 않고 있습니다. 그러나 만약 그와 같은 일이 일어난다면 상대적으로 엔고가 더욱 진행될 것이고, 일본 국내의 물가는 수입품가격

* 정부나 중앙은행이 통화 발행이나 대외 결제의 준비로서 금과 외화를 보유하는 것.

의 하락으로 더욱 아래로 내려가 버립니다.

그렇다면 자원이나 식량의 가격이 수급핍박으로 다시 고양된다면 어떨까요?

에너지가격의 고양은 앞으로도 계속해서 일어날 것입니다. 그러나 최근까지 석유가격의 상승은 전체적인 물가의 인플레이션으로 이어지지 않았습니다. 자그마치 35년 전의 생산연령 급증기에 일어났던 제1차 오일쇼크를 재현하기는 대단히 어렵습니다. 얼마 전까지 이어졌던 '호경기'를 살펴봐도, 석유가격이 갑자기 올라가서 여러 물건과 서비스의 가격 평균을 계산한 종합지표인 '물가지수'도 그 영향을 받아서 상승했습니다. 그러나 이때도 평균치의 상승이 전체적으로 파급되는 일은 일어나지 않았습니다. 생산가능인구의 감소에 의한 일상적인 수요감압력需要減壓力은 물론, 일본이 자랑하는 기술력을 활용한 에너지절약 대응이 신속하게 이루어져서 자원가격의 상승을 저지했기 때문입니다. 앞으로도 같은 일이 반복될 것입니다.

마찬가지로 가격상승의 가능성이 높은 레어메탈(희소광물)의 경우는 어떨까요? 기본적으로 레어메탈은 화석연료 의존을 벗어나서 자연에너지의 이용으로 이행하려고 노력하면 할수록 배터리 등에 사용되는 양이 증가합니다. 대체물을 찾는 것도 쉽지 않습니다. 그러나 레어메탈은 도시광산(과거에 배출된 쓰레기더미)이나 해수에서 채취하는 것이 기술적으로 가능합니다. 따라서 가격상승 여부에 따라서는 일본 국내 생산에도 채산성의 가능성이 생길 수 있습니다.

식량에 있어서도 만약 가격상승이 정착된다면, 원래 세계적으로도

일본 디플레이션의 진실

농업에 대단히 적합한 지역인 일본 국내에서의 생산이 부활하게 될 것입니다. 또한 현재 방대한 양의 식품폐기도 재고될 것입니다. 근본적으로 연간 20조 엔 미만(수입 9조 엔+국내 생산 10조 엔 정도)에 불과한 일본인의 식비가 설령 몇 배로 증가한다고 해도, 단지 그것만으로는 500조 엔의 GDP를 가지고 있는 일본경제 전체가 '인플레이션'에 돌입하는 일은 일어나지 않습니다.

그렇다면 화폐공급을 완화해서 "디플레이션을 탈출하자"라는 주장은 어떨까요? 인플레이션을 발생시킨다는 수준을 요구하지 않으니 어느 정도 온당한 목표입니다. 물론 그런 일이 가능하다면 그보다 좋은 일은 없습니다. 그러나 '생산가능인구의 하락→공급과잉에 의한 가격하락→재고가 썩는다'라는 흐름으로 발생한 경제축소의 경우에는 금융완화가 제 기능을 못한다는 것은 이미 설명드렸습니다. 실제로 인플레이션을 일으키는 것이 불가능했던 것은 물론, 물가하락을 방지하는 것조차 불가능했습니다. 덧붙여 말씀드리면, 현재 발생하고 있는 '디플레이션'에는 일본 국내의 물가가 국제적인 수준에 맞춰서 내려가고 있다는 측면도 있습니다. 1990년대부터 중국이라는 거대한 생산자가 등장했습니다. 그들의 생산비용이나 국내 물가는 일본보다 훨씬 저렴합니다. 그런 존재가 옆에 있다면, 중국에서도 제조할 수 있는 물건(대단히 많은 물건이 해당됩니다만)의 일본 국내 가격이 세계적으로 표준적인 가격을 향해서 내려가는 것은 당연합니다. 이런 현상에 대해서 아무리 일본 국내에서 '인플레이션 유도'를 위해 노력해도 효과를 기대할 수 없습니다. 화폐경제에 국경은 없기 때문입니다.

'일본의 생존은 제조기술의 혁신에 달려 있다' 라는
아름다운 오해

지금까지의 저의 이야기는 많은 거시경제학도를 불쾌하게 했을 것입니다. 혹은 저를 무시하고 싶게 만들었을지도 모릅니다. 그러나 사물을 현실의 기준으로, 게다가 논리적으로 조합해서 사고하는 습관을 가지신 분들, 예를 들어 이공계 분들은 마음에 드는 논조이지 않았을까 합니다.

그런데 이제 드디어 공학 관계자들까지 화가 나게 만들 이야기를 해야 합니다. 이제부터 말씀드릴 제 이야기가 현실이나 논리와 거리가 있어서가 아닙니다. 일부 순진한 공학 관계자 분들이 현실이나 논리와는 거리가 있는 일종의 공동환상을 가지고 계시기 때문입니다. 그것은 "제조기술의 혁신이야말로 일본의 생존에 있어서 최대의 열쇠이다"라는 아름다운 오해입니다.

이 몽상은 일부의 공학 관계자들만 공유하고 있는 것이 아닙니다. 오히려 제조와 아무 관계도 없는 문과계에서, 남에게 의지한다고 봐야 할지 이공계로의 책임전가라고 봐야 할지는 모르겠지만, "제조만 어떻게든 유지된다면 일본은 어떻게든 될 것이다"라는 단순한 신앙에 물들어 있는 사람이 많습니다. 그러나 제조기술을 끊임없이 혁신해서 앞으로도 계속해서 일본 제조업이 항상 세계의 최첨단에 군림한다 해도(저로서는 꼭 그렇게 되었으면 좋겠습니다만), '생산가능인구 감소에 따른 내수축소'라는 일본의 구조적인 문제는 전혀 해결되지 않습니다. 일본 제조업이 세계적인 경쟁력을 유지하고 수출을 계속하는 것

일본 디플레이션의 진실

은 생산가능인구 감소의 마이너스효과에 저항하기 위한 세 가지 목표(213~214쪽)에는 조금도 직접적으로 공헌하지 않기 때문입니다. 얼마 전의 '전후 최장의 호경기'에 일어났던 일들을 보면 명백합니다.

물론 저는 '제조기술의 혁신'의 중요성 자체는 조금도 부정하지 않습니다. 단지 "그것은 일본이 지금 앓고 있는 병에 대한 약이 아니다"라고 말하고 있을 뿐입니다. 제조기술은 누가 보더라도 자원이 없는 일본이 외화를 획득하고 앞으로 살아남기 위한 필요조건입니다. 그러나 지금 일본이 안고 있는 문제는 외화를 획득하는 것이 아니라 획득한 외화를 일본 국내에서 회전시키는 데 있습니다. 그렇기 때문에 앞에서 제시한 세 가지 목표가 불가결합니다. '제조기술의 혁신'은 그 문제와는 직접적인 관계가 없습니다.

많은 주장들을 보다 보면 "친환경 분야의 기술로 세계를 주도하는 것에 일본의 활로가 달려 있다"라는 논조가 두드러집니다. 친환경 분야의 기술혁신은 물론 인류가 멸종하지 않기 위해서 대단히 중요합니다. 기술혁신을 실현시킨다면 일본 제조사의 활로도 개척될 것입니다. 일본경제의 활로도 동시에 개척될 수 있다면 최상이겠지만, 그것은 불가능합니다. 예를 들어, 만약 전기자동차나 연료전지자농차 분야에서 일본 제조사가 세계적으로 최고의 지위에 군림할 수 있었다고 치고(개인적으로는 꼭 그렇게 되었으면 좋겠습니다만), 일본의 수출이 늘고 외화가 일본 국내로 흘러들어왔다고 가정해봅시다. 유감스럽게도 이것은 얼마 전의 '전후 최장의 호경기'의 재현일 뿐입니다. 기술을 최고 수준으로 끌어올린 일본제 휘발유자동차, 각종 기계, 디바이스가 세계를 석권하고, 2000~2007년의 7년 동안에만 일본의 수출이 70 퍼센트나 증가하고, 2004~2007년에는 세무신고 된 개인소득이 거품경제 시절에 육박하는 수준까지 증가하고, 그럼에도 소매판매액은 1엔도 늘지 않고 일본 국내의 신차 등록대수는 20퍼센트 이상이나 줄어버렸던 바로 그 7년으로 말입니다.

이렇게 말하면 반드시 나오는 것이 "그렇게 말하지만, 친환경자동차 기술에서 해외 여러 나라들에 뒤처져서 외화를 못 벌게 되면 어떻게 할 셈이냐?"라는 의견입니다. 미래의 일까지 참 훌륭하게 걱정하고 계십니다. 물론 그렇게 되지 않기 위해서, 일본기업은 반드시 전력을 다해 기술개발을 계속해서 최첨단에 서주기를 바랍니다. 그러나 순조롭게 그렇게 된다 해도 벌어들인 외화가 내수로 전환되는 구조를 재구축하지 않는 이상, 외화를 못 벌어서 죽기 전에 외화가 국내에서 회전되지 않아서 경제가 죽어버립니다.

즉, 일본은 동시에 기술개발과 내수진흥이라는 다른 일을 하지 않으면 안 됩니다. 이때는 옛날부터 가장 자신이 있었던 기술개발 쪽에만 신경을 써서 의도치 않게 내수진흥에 소홀해지는 사태는 반드시 피해야 합니다.

무엇보다 일본은 제조업의 기술력 덕분에, 국채가 되어버린 금액을 제외해도 400~500조 엔의 개인금융자산을 가지고 있습니다. 해마다 수십조 엔의 금리배당도 흘러들고 있습니다. 즉, 피하지방이 충분히 쌓여 있기 때문에, 절식을 한다 해도 10년, 20년 정도로 간단히 아사餓死하지 않는 상태입니다. 불안해할 이유는 전혀 없습니다. 안심하고 좀 더 균형 잡힌 행동, 즉 기술개발에 관계없이 진행되고 있는 생산가능인구 감소라는 과제를 직시한 행동을 취해야 합니다.

생산가능인구 감소는
'출생률 상승'으로는 멈추지 않는다

그렇다면 '① 생산가능인구가 감소하는 추세를 조금이라도 둔화시키자'라는 목표를 직시하고, '어떻게든 출생률을 올린다'라는 목표를 세우면 어떻겠습니까? (이하, 세간의 관행을 따라서 여성 1명이 평생 동안 낳는 평균적인 아이의 수=합계특수출생률을 '출생률'이라 부르도록 하겠습니다.)

이것은 실은 거의 의미가 없는 목표입니다. 출생률을 아무리 늘리더라도 지금 일본에서 일어나고 있는 생산가능인구의 감소를 멈추는 일은 수리적·원리적으로 불가능합니다. 그럼에도 세간이 그 사실을 인식하지 못하고 있는 것은 바로 SY(숫자를 확인하지 않는)의 만연 때문입니다.

미리 말해두겠지만, 저는 출생률은 반드시 올려야 하며, 실세로 올릴 수 있다고 생각합니다. 물론 '낳고 안 낳고는 개인의 자유'입니다. 낳고 싶지만 임신이 되지 않아서 고통받고 있는 분들을 더 고통스럽게 만드는 일은 그만둬야 합니다. 그러나 오늘날의 일본에는 사실은 "결혼하고 싶다. 아이를 더 많이 낳고 싶다"라는 마음이 있어도 경제적인 이유 때문에 주저하고 있는 독신자나 젊은 부부들이 대단히 많습니다. 이 사람들의 '낳는 자유'를 더욱 확실하게 보장해주는 것만으로도 출생률은 지금보다는 올라갈 것입니다. 미혼자를 (억지로) 결혼시키고, 불임부부를 힘들게 하는 것이 아니라, 1명을 낳은 사람이 두 번째 아이를, 2명을 낳은 사람이 세 번째 아이를 안심하고 낳을 수 있는 사회로 만드는 것이 출생률을 올리는 데는 중요하고 또한 효과적입니다.

그런데 아무리 출생률을 극적으로 증가시켜도 출생자수는 그리 간단히 늘지 않습니다. 비율과 절대수치는 다릅니다. 태어나고 일하고 물건을 구입하는 것은 비율이 아닙니다.

이렇게 말씀드리는 이유는, 출생률이 출생자수를 증감시키는 두 가지 요인 중 하나에 지나지 않기 때문입니다. 그 외에도 출산적령기 여성의 인구수 증감이라는 절대적인 제약요인이 있습니다. 이것은 20~40년 전의 출생자수가 뒤늦게 그대로 반영되기 때문에, 나중에 조정할 수 없습니다. 그 출산적령기 여성의 인구수가 향후 20년 동안에 적어도 약 30퍼센트, 40년 동안에는 절반 가까이까지 감소해버립니다. 일본의 출생자수는 209만 명을 기록했던 1973년이 전후戰後 제2의 정점이었고, 2007년에는 109만 명까지 떨어졌습니다. 따라서 출산적령기를 맞이하는 여성의 수도 해마다 감소하고 있습니다. 만약 출생률이 지금의 수준에서 변하지 않는다면, 20년 뒤의 출생자수는 30퍼센트 감소, 40년 뒤에는 절반으로 감소하게 됩니다. 반대로 20년 뒤에도 현재의 연간 약 110만 명 정도의 출생자수를 유지하고 싶다면, 출생률을 현재의 약 1.3에서 1.8까지, 40년 뒤에도 유지하고 싶다면 2 이상으로 올려야 합니다.

다시 말해 3형제가 당연하던 시대로 돌아간다는 이야기입니다. 세상에는 아이를 낳고 싶어도 낳지 못하는 사람, 일부러 낳지 않는 사람도 있습니다. 그러니 "낳는다면 3명 정도는 당연하다"라는 상태가 되지 않으면 평균은 2를 넘지 못합니다. 그러나 집도 좁고 교육비도 많이 드는 대도시권에 젊은이의 과반수가 모여 있는 오늘날 일본의 국토구조를 고려하면, 이것은 대단히 실현되기 어렵습니다. 즉, 이미 최고치의 절반 수준까지 줄어버린 일본의 출생자수가 앞으로 더 내려가게 될 것을 냉정하게 계산해둘 필요가 있습니다.

그렇다면 일본의 생산가능인구는 냉정하게 계산해보면 어느 정도까지 줄어들까요? 최소한 앞에서 소개한 국립사회보장·인구문제연구소의 예측(중위추계) 정도는 각오해야 합니다. 인구를 연구하는 다수의 전문가들이 "전제가 무르다"라고 평가하는 수치이기 때문입니다. 즉, 앞으로 20년 동안 20퍼센트 가까이, 40년 동안에는 적어도 40퍼센트의 감소가 일어난다는 이야기입니다.

그러나 만약 기적의 V자 회복*이 일어나서 "일본의 출생률이 올해부터 2를 넘는 정도까지 회복되고, 한 해의 출생사수는 언제까지나 현재 상태 그대로 유지된다"라면 어떻게 될까요? 그래도 생산가능인구의 감소는 멈추지 않습니다. 단카이세대나 단카이주니어세대는 해

---

* 저하되던 업적 등이 급속히 회복되는 현상을 말한다. 그래프의 선이 알파벳 V자 형태가 되는 데서 붙여진 이름이다.

마다 200만 명 이상이 태어난 세대입니다. 두 세대 사이에 태어난, 상대적으로는 수가 적은 세대도 매년 150만 명 이상이 태어났습니다. 그런 그들이 계속해서 65세 이상이 되어가는 것은, 매년 110만 명 정도가 15세 이상이 되는 수준의 신규투입으로는 보완할 수 없습니다. 즉, 출생률에 기적적인 급상승이 일어나서 출생자수가 지금 이상으로 줄지 않아도, 역시 생산가능인구는 급감해갑니다.

이제부터는 보다 심한 공상空想의 세계입니다. 거듭되는 기적으로 "4형제가 당연해져서 현재 약 110만 명인 출생자수가 내년부터 단카이세대 수준인 200만 명 이상으로 증가했다"라고 가정해봅시다. 그렇다면 생산가능인구는 더 이상 줄어들지 않을까요? 유감스럽게도 내년에 태어나는 아이들이 15세 이상이 되는 것은 16년 뒤, 성인이 되어 취직해서 세금이나 연금을 내기 시작하는 것은 20년이나 더 뒤의 일입니다. 그때까지는 역시 생산가능인구의 감소가 계속되는 한편, 고령자는 급증합니다. 이것에 어떻게 대처해야 할까요?

아이들을 늘리는 일, 적어도 이 이상 출생률이 떨어지지 않도록 노력하는 일 자체는 중요합니다. 그러나 그것은 결코 단카이세대의 노화라는 눈앞의 가장 큰 과제에 대한 해결책이 되지 못합니다. 관계없는 이야기를 꺼내면 문제에서 눈을 돌리는 사람이 늘어날 뿐입니다. 사태를 방치하고 악화시킬 뿐입니다. 그런데 어째서 출생률만 주목을 받을까요? 말 없는 젊은 여성에게 책임을 전가할 수 있어서 남성들, 특히 목소리가 큰 고령남성들은 방관자적인 기분이 될 수 있기 때문이 아닐까요? 그런 남자들뿐이라서 더더욱 결혼하지 않는 여성이 늘고 있는지도 모르겠습니다.

'외국인노동자의 수용'은
사태를 해결하지 못한다

　　　　　　　　　이때 등장하는 일본경제의 구세
주가 '외국인노동자의 수용'입니다. 하지만 아닙니다. 이 또한 아무리
노력해도 생산가능인구를 실효적 수준까지 증가시키는 효과는 기대
할 수 없는 방안입니다. "해야 한다", "하지 말아야 한다"라는 이야기
가 아니라 "아무리 하고 또 해도 실질적인 효과가 전혀 없다"라는 뜻
입니다.

　해외에 거주하면서 일본을 언급하는 경제학자의 거의 전원, 일본
국내에서도 경제를 논하는 사람들의 다수가 이 점에 대한 기본적인
'사실 확인'에서 실수를 하고 있습니다. '해야 한다는 논리'와 '사실'을
혼동하고 "의욕이 있다면 성과는 나온다. 문제는 의욕이 없다는 것이
다"라는 안이한, 너무나 안이한 정신론에 빠져 있는 사람이 정말 많습
니다. 그보다 더욱 곤란한 문제는 "아무리 분을 쉴어 삼그려고 해도
결국 일본은 외국인노동자에게 문을 개방할 수밖에 없게 되고, 사태
는 개선을 향해 나갈 것이다"라는 억측입니다. 그들은 모두 절대수치
를 확인하지 않는 전형적인 SY입니다. "외국인노동자에게 문을 개방
할 수밖에 없게 된다"라는 것은 사실입니다. 하지만 그렇게 되어도 생
산가능인구의 감소는 전혀 멈추지 않기 때문에 사태는 개선되지 않습

니다.

몇 번이나 반복해서 말씀드리지만, 저는 일본사회가 외국인에게 좀 더 열린사회가 되는 것에는 대찬성입니다. 최근 인터넷 우익의 세계에는, 오랜 시간 일본에 살면서 성실하게 일하고 가족을 부양해온 불법입국자의 강제송환에 찬성하는 움직임이 존재합니다. 그러나 경제적으로 혹은 사회의 도리적인 면에서 생각해봐도 실로 이상한 일입니다. 저임금으로 일을 성실하게 수행하고 일본에서 태어난 아이도 기르고 있는 외국인에게 체류권을 부여하는 것이, 일할 수 있는데도 일하지 않는 사람들(하켄무라派遣村*의 사람들처럼 실제로 힘든 노동을 해오던 사람들이 아니라 부모에게 의지하면서 태평하게 살고 있던 사람들)을 "너는 일본인이니까"라는 이유로 우대하는 것보다 훨씬 제대로 된 대책이 아닐까요? '일본인'이라는 혈통만 있다면 아무리 불성실하고 납세를 하지 않아도 국가는 그들을 지켜줘야 하며, '외국인'은 아무리 성실하게 살면서 세금을 내고 있어도 뒷전이라는 그들의 주장을 듣고 있으면, 정말 세상 물정을 몰라도 너무 모른다는 생각이 듭니다. "나는 무사다"라고 허세를 부리던 에도시대의 낭인浪人**이 떠오릅니다.

또 하나 지적해야 할 것이 있습니다. 외국인의 수용에서 생산가능인구 감소의 저지효과를 기대하는 사람도 뭘 잘 모르는 점에서는 비

---

* 후생노동성과 도쿄도의 주관으로 자원봉사자들에 의해서 실업자를 일시적으로 보호(주거·식사 제공)하기 위해 만들어진 시설. 운영기간은 2008년 12월~2009년 1월이고, 취직상담창구를 함께 운영했다.
** 에도시대는 전쟁이 없는 평화로운 시대였다. 전투를 직업으로 삼던 무사계급(사무라이)은 쇠퇴했고, 그 결과 소속을 잃고 전국을 유랑하는 가난한 사무라이인 낭인이 급증했다.

숫하다는 것입니다. 단순한 계산상의 문제입니다. 절대수치가 전혀 맞지 않기 때문입니다.

2011년부터 2015년 사이에 65세 이상이 되는 단카이 전후前後 세대는 1,000만 명 이상이나 됩니다. 그에 비해서 일본에 거주하는 외국인은 불법체류자를 합쳐도 230만 명, 단카이 전후 세대의 약 20퍼센트밖에 되지 않습니다. 이것은 재일한국인과 재일조선인 60만 명이 포함된 수치이기 때문에 겉모습으로 또는 이야기해봐서 외국인이라고 알 수 있는 인구수는 그보다 훨씬 적다고 할 수 있습니다. 참고로 과거 10년 동안의 증가치는 유학생을 포함해 60만 명, 매년 6만 명의 증가추세입니다.

이에 비해서 2005년부터 2010년까지 5년 동안에만 일본에 거주하는 생산가능인구는 300만 명 이상 줄었다고 여겨집니다. 매년 60만 명의 감소, 외국인 유입실적의 10배의 속도입니다. 나아가 사인연은 그 이후의 5년 동안에 이미 450만 명, 20년 뒤라면 1,400만 명, 40년 뒤라면 3,200만 명의 감소를 예측하고 있습니다. 그런데 이런 수준의 감소를 현재 약 200만 명밖에 없는 외국인을 급증시켜서 보완할 수 있다고, 즉 연간 6만 명의 증가를 갑자기 10배 이상으로 가속화시키는 것이 가능하다고 진심으로 믿고 있는 사람이 있을까요? 3년 동안에 지금의 외국인 인구가 2배로 증가하는 수준을 앞으로도 계속해서 유지해야 한다는 이야기입니다. 대체 그렇게 많은 사람들이 어디에서 온다는 것일까요?

주민들의 저출산을 외국인으로 보완하고 있는 대표적인 국가라면 아시아에서는 싱가포르를 들 수 있습니다. 거주자 3명 중 1명이 외국인입니다. 그래도 절대수치로 따지면 170만 명 정도입니다. 토지의 제한도 있기 때문에 계획상으로는 최대 지금의 2배 정도에서 저지할 예정이라고 합니다. 그 정도의 절대수치라면, 영어도 중국어도 충분히 통용되는 다민족국가라서 외국인도(일본인도) 전혀 위화감 없이 살 수 있는 장소이기 때문에 계획의 달성도 가능할 것입니다. 그러나 일본에서는 170만 명 정도로는 이미 언 발에 오줌 누기밖에 되지 않습니다. 단카이 전후 세대의 6분의 1 이하에 지나지 않기 때문입니다. 오스트레일리아도 이민을 받아들이고 있습니다만, 처음부터 총인구가 2,000만 명 정도였습니다. 3년에 200만 명이라는 엄청난 규모로 이민을 받아들이는 일은 절대 없습니다. 적극적으로 이민을 받고 있는 스웨덴의 예를 참고할 필요가 있다는 의견이 있습니다. 이곳의 인구는 약 900만 명이라서, 일본 수준의 연간 수만 명의 유입만으로도 효과가 있습니다.

그러나 절대수치로 생각한다면 1억 3,000만 명에 육박하는 인구가 살고 있는 일본에서 진행되는, 언젠가는 수천만 명 단위에 달할 생산가능인구의 감소를 보완할 수 있는 외국인 유입은 있을 수 없습니다. "중국에서 올 수 있지 않을까?"라는 사람이 있을지도 모릅니다. 하지만 중국의 인구 사정으로는 하늘이 무너져도 불가능합니다. 이유는 조금 뒤에서 설명드리겠습니다.

"절대수치가 맞지 않는다는 것은 알겠다. 그래도 '생산가능인구의 감소를 조금이라도 둔화시키자'라고 한다면 노동시장의 문은 개방해야 한다"라고 주장하는 분도 계실 것입니다. 그러나 그 비용은 누가 지불합니까? 기업이나 농가는 싼값으로 우수한 노동력만 손에 들어오면 만족할 수도 있습니다. 이민자의 주거확보, 아이들의 교육, 의료·복지·연금 면에서의 대응, 고령의 양친을 불러오는 것에 대한 대응 등의 여러 과제들은 모두 공공부문이 떠맡게 될 것입니다. 자동차 산업지대 같은 곳에서는 실제로 이렇게 되고 있는 상황입니다. 세입부족의 지방자치단체가 이런 상황에 발 빠르게 대응하고 있는 예는 적습니다. 대량의 미취학아동이 방치되고 있다는 이야기도 있습니다. 그들이 성인이 되어 빈곤을 재생산하게 된다면, 미국과 유럽처럼 인종차별과 계급 간 격차가 결합된 사회문제가 일본에서도 심각해질 것입니다.

외국인노동자는 기계가 아니라 인권을 가지고 있는 인간입니다. 인간을 받아들이는 이상, 인간으로서의 생활을 영위하기 위한 비용이 필요합니다. 그런 비용을 들이지 않고 외국인이라는 이유로 함부로 취급하는 지역은 반드시 도덕적인 면에서 붕괴되어갈 것입니다. 게다가 그들이 상대적으로 저소득인 이상, 지방자치단체 등의 부담은 그만큼 무거워집니다. 그런 자각도 없이, 싼값의 노농력을 획득하기만을 원하는 기업은 사회의 무임승차자로 비판받아 마땅합니다.

게다가 여러분, 잊어서는 안 됩니다. 만약 외국에서 받아들이는 이민자의 수를 늘려서 조금이라도 생산가능인구의 감소추세를 완화할 수 있다고 하더라도, 그것과는 전혀 무관하게 고령자의 절대수치는 계속 급증합니다. 고령자의 절대수치를 총인구로 나눈 고령화율이라는 수치의 상승속도는 다소 완화되지만, 고령자의 절대수치 증가에는 1명의 변화도 일어나지 않습니다. 당연히 고령자복지와 의료 관련의 부담 급증에도 1엔의 차이도 발생하지 않습니다. 이것 또한 비율만 확인하고 절대수치를 보지 않는 거시경제적인 사고를 하는 일부 사람들이 범하기 쉬운 실수입니다. 게다가 상대적으로 저소득인 노동자를 늘린다면, 세수나 연금재정에도 크게 긍정적인 영향은 발생하지 않을 것입니다. 외국인을 받아들이는 것은 저출산에 따른 현역세대 감소에 대한 대책은 (다소라도) 될 수 있지만, 고령화에 대한 유효한 대책은 아닙니다.

아시아 전체에서 시작될
생산가능인구의 감소에 대비하자

지금까지의 설명을 듣고도 "중국에서는 이민을 올 것이다"라고 막연하게 생각하는 분들도 계십니다. 그 땅에서 극적으로 진행되고 있는 저출산을 모르고 계시기 때문입니다.

2000년 당시의 통계입니다. 중국의 10~14세 아이들은 1억 2,500만 명(거의 일본 인구와 같은 숫자입니다), 그에 비해서 0~4세 영유아는 6,900만 명입니다. 즉, 1990년대에 약 6,000만 명에 가까운, 비율로 계산하면 45퍼센트나 되는 저출산이 진행되고 있었습니다. 다음 조사는 2010년입니다. 이 기간의 경제발전→출생률저하를 고려하면, 아마도 더욱 극적인 영유아수의 감소가 발생했을 것입니다. 중국연구자에게 들은 이야기입니다만, 상하이上海의 경우 출생률은 이미 0.65로, 일본에서 가장 출생률이 낮은 도쿄도의 3분의 2 이하 수준이라고 합니다. 이것은 손자손녀세대의 인구가 조부모세대의 9분의 1이 되어버리는 심각한 상황입니다.

중국의 '한 자녀' 정책이 뒤늦게 효과를 나타내고 있는 셈입니다. 물론 지금에 와서 그것을 철회한다고 해결되는 문제는 아닙니다. 2000년 당시의 10~14세가 출산적령기에 접어들기 시작한 지금은 아직 아이들도 많습니다(그들의 수가 많아서 지금은 대학졸업생도 넘치고 있습니다). 하지만 2000년 당시의 0~4세가 출산적령기에 접어드는 20년 뒤부터는 부모세대의 급속한 감소가 일어나서(그 무렵에는 대학졸업 인재도 대폭 부족해집니다), 출생률 여부에 관계없이 출생자수 저하의 가속화가 불가피하기 때문입니다. 한편, 젊은이들이 하방下放*되었던 1960년대 후반의 문화혁명기에 태어난 대단히 많은 인구수의 세대(그들도 1억 2,700만 명으로 거의 일본 인구와 같은 숫자입니다)가 2030년 정도부터 고령자가 되기 시작합니다. 인구수가 많은 지금의 젊은이들이 소비의욕이 왕성한 30대나 40대 전반이 되는 그 무렵까지, 중국의 내수는 계속해서 얼마든지 증가할 것이고 일본도 그 덕분에 풍요로울 것입니다. 그러나 그 이후의 중국은 일본을 훨씬 뛰어넘는 규모로, 무시

---

*   중국에서, 당원이나 공무원의 관료화를 방지하기 위하여 이들을 일정 기간 동안 농촌이나 공장에 보내서 노동에 종사하게 한 것을 말한다.

무시할 정도의 인구성숙단계에 돌입하기 시작합니다. 중국은 이민을 보낼 수 있는 상황이 아닙니다. 오히려 그들이 억 단위의 이민을 받아들일 필요가 생길 것입니다. 그 옆에서는 일본의 어중간한 이민수용 노력 정도는 한순간에 사라져버릴지도 모릅니다.

"인도는 괜찮겠지"라는 분이 많습니다. 분명히 당분간, 인도의 생산가능인구의 증가는 계속될 것 같습니다. 그러나 50년 뒤는 어떨까요? 왜냐하면 인도의 2001년 시점의 인구피라미드를 살펴보면, 1955년 시점의 일본과 똑같이 닮아 있기 때문입니다. 다시 말해 5~9세 어린이(일본의 경우에는 단카이세대)의 수가 어느 세대보다도 많고, 0~4세 어린이는 그보다 줄어들었습니다. 아마도 인도의 근대 역사상 처음 있는 현상일 것입니다. 나라가 조금 풍요로워지기 시작하자 저출산이 시작되고 있습니다. "저출산은 계속되지 않는다"라고 주장하는 사람도 있을 수 있습니다. 1955년에 "언젠가 일본의 인구는 줄어들 것이다"라고 예언해도 분명히 아무도 귀를 기울이지 않았을 것입니다. 당시의 일본은 아직 식량이 부족했고, 브라질로 한창 이민을 보내고 있던 시기였습니다. 그러나 이후 반세기 동안에 상황은 완전히 변했습니다. 일본이나 중국 정도로 극단적인 속도를 보이리라고는 생각되지 않지만, 저는 크든 작든 인도에서도 저출산이 진행된다고 확신하고 있습니다.

결국 우리는 일본을 포기하고 탈출해야 하는 것이 아닙니다. 일본의 현재 상황을 견뎌내고 대응책을 찾아내서 일본보다 늦게 인구성숙의 길을 걷는 중국이나 인도에 응용해야 합니다. 앞으로는 아시아에

일본 디플레이션의 진실

저가의 대량생산품을 파는 것이 아니라 일본에서 팔리는 상품을 만들어내서 일본에서 돈을 벌 수 있는 기업을 키워야 합니다. 고령화되는 아시아에 미래를 제시하는 것, 이것이 바로 일본기업이 가지고 있는 사명이며 동시에 거대한 가능성이기 때문입니다.

그렇다면 어떻게
해야 하나? ①

고령부유층에서 젊은 세대로 소득이전을 실현하자

일본경제를 좀먹는 생산가능인구의 감소에 따른 내수축소. 지금까지 그에 대한 처방으로 제기되기 쉬운, 생산성을 올려라, 경제성장률을 올려라, 경기대책으로 공공공사를 늘려라, 인플레이션을 유도해라, 친환경에 대응하는 기술개발로 제조의 선두주자로서의 입지를 지켜라 등에는 실효성이 결여되어 있다는 것을 알려드렸습니다.

대신 ① 생산가능인구가 감소하는 추세를 조금이라노 둔화시키기, ② 생산가능인구에 해당하는 세대의 개인소득 총액을 유지하고 증가시키기, ③ 개인소비 총액을 유지하고 증가시키기라는 세 가지 목표를 제시했습니다. 그렇다면 구체적으로 누가 무엇을 해야 할까요?

우리가 해야 할 일은 첫 번째, 고령부유층에서 젊은 세대로의 소득이전 촉진. 두 번째, 여성취업의 촉진과 여성경영자의 증가. 세 번째,

방일 외국인관광객 및 단기체류자의 증가입니다. 모두 경제문제의 범주에서는 화제가 되는 일이 적은, 가끔 언급되더라도 '경제성장률' 등에 비하면 눈에 띄지 않는 조역 수준의 이야기뿐입니다. 그러나 사실이 세 가지는 일본경제의 재생을 위해서 가장 먼저 착수해야 할 만한 가치를 가지고 있습니다. 먼저, 첫 번째에 대해서 설명드리겠습니다.

머릿수 감소에 맞춰서 젊은 세대의 소득을 올리는 '소득 1.4배 증가정책'

일본경제는 성숙의 끝 단계에 접어들어서 이제 저축도 좀처럼 증가하지 않는다고 가정해봅시다. 그러나 소득을 얻고 저금을 가지고 있는 주요 집단이 고령부유층이 아니라 젊은 세대들이라면, 일본인의 개인소비 총액은 지금보다 증가합니다. 소비성향은 나이 대에 따라서 크게 달라지고, 아이를 기르고 있는 세대가 가장 높다는 것이 통계적으로도 우리의 실감으로도 명확하기 때문입니다. 더욱이 아이를 가질 여유가 없는 젊은 세대의 소득을 조금 더 증가시키는 것은 장기적으로 출생자수 증가→생산가능인구 감소추세의 완화(감소를 유지나 증가로 만드는 것이 불가능한 이유는 이미 설명드렸습니다)로 이어집니다.

다시 말해 젊은 세대로의 소득이전을 적극적으로 촉진하는 것은 목표 ③에 직접 공헌하는 일입니다.

이 사실을 깨달은 것은 강연 중이었습니다. 이미 등장한 '인구의 파도'의 표를 보여주면서 "2040년의 생산가능인구는 2005년에 비해서 30퍼센트 감소했다"라고 설명하고 있을 때, 어떤 젊은 관료가 눈이 번쩍 뜨이는 말을 했습니다. "생산가능인구가 30퍼센트 감소한다면, 사람들의 1인당 소득을 1.4배로 늘리면 되잖아요?"라고 말입니다. 분명히 $0.7 \times 1.4 = 0.98$이기 때문에, 이것이 가능하다면 일본 현역세대의 내수는 계산상 거의 축소되지 않는 셈입니다.

"그것은 무리다"라고 생각할 수도 있습니다. 그러나 인구가 급증하던 고도성장기에 '국민 1인당 소득이 10년 사이에 2배 증가'하는 일이 일어났습니다. 생산가능인구가 감소하는 향후에 '생산가능인구 1인당 소득이 35년 사이에 1.4배 증가'할 가능성이 없다고는 할 수 없습니다. 무엇보다 일본의 개인소득은 아직 세계 최고 수준이라고 말할 정도는 아닙니다. 예를 들어, 스위스는 물가도 소득수준도 일본보다 훨씬 높지만, 대對일본 무역수지도 금융수지도 관광수지도 모두 흑자를 기록하고 있습니다.

그렇다면 젊은 세대는 누구일까요? 특히 염두에 두고 있는 것은 생산가능인구 중에서도 아이를 기르고 있는(가능성이 있는) 20~40대 초반입니다. 물론 남성도 여성도 포함됩니다. 어디에서 이전하는 것인가? 고령자들 중에서도 돌아가실 때 상당한 재산을 남길 것으로 예상되는 사람들입니다.

어느 외국계 기업이 세계동시불황이 시작되기 전에 실시했다는 조사결과를 들은 적이 있습니다. 전 세계에서 금융자산(부동산은 포함하지 않는, 채권과 주식과 적금만의 합계)을 1억 엔 이상 가지고 있는 개인은 950만 명이었는데 자그마치 그중의 6명 중 1명, 즉 150만 명이 일본인이었다고 합니다. 거꾸로 계산해보면 일본인 85명 중 1명이 이에 해당합니다. 게다가 일본의 그 150만 명의 부자들이 소유한 금융자산의 합계는 400조 엔이었다고 합니다. 바꿔 말하면, 일본이 보유한 1,400조 엔의 개인금융자산 중에서 1,000조 엔은 그런 큰 부자가 아닌 중상中上 계층 수준의 사람들이 나눠서 가지고 있다는 뜻입니다.

믿기 힘든 분들도 많을 것입니다. 그러나 잘 생각해보십시오. 태평양전쟁 이후, 일본경제의 급격한 발전 속에서 많은 분들이, 예를 들어 종업원 지주회持株會나 계열기업 지주회 등을 통해서 이른 단계에서 지금의 첨단기업 주식을 다수 보유하고 계셨습니다. 그분들 중에는 눈에 띄지 않게 생활하고 있지만 실은 세계적인 기준에서 보면 큰 부자인 분들이 상당히 많습니다. 하지만 그들 고령부유층의 자산은 소비로 전환되지 않는 이상, 기업의 매상이 되지 않습니다. 우리 하하下下 사람들의 개인소득에도 반영되지 않습니다.

그리고 이미 소개해드린 현상들, 즉 "2004~2007년에 세무서에 보고된 개인소득이 14조 엔이나 증가했지만, 이 기간에 일본에서의 물건소비는 전혀 늘지 않았다"라는 사실은 심지어 호황기에도 그들이 소비를 확대하지 않았다는 것을 보여주고 있습니다. 14조 엔이나 되는 신고소득의 증가분으로 큰 집이라도 드레스라도 고급 자동차라도 서화·골동품이라도 사주었다면, 일본의 소매판매액은 사상 최고치를 경신했을 텐데 말입니다. 이렇게 저렇게 하고 있는 사이에 다시 불황이 되어, 2008년 1년 동안에 일본인의 금융자산은 110조 엔 줄었다고 합니다. 그들이 감소액의 10분의 1인 11조 엔이라도 줄어들기 전에 물건을 사는 데에 사용했다면, 일본의 소매판매액은 시장 최고 수준에 근접해졌을 것입니다.

결코 무리한 이야기가 아닙니다. 14조 엔은 1,400조 엔이 넘는 개인금융자산의 겨우 1퍼센트입니다. 해마다 14조 엔을 사용한다고 해도 100년치의 저금이 있는 셈입니다. 그렇다면 그들 부유층은 왜 물건을 사면 좋았을 시기에 감소하는 금융자산을 그대로 계속 가지고 있었을까요? 정부에만 맡겨두지 말고 자신의 재산을 지키기 위해서 스스로 행동해야 한다는 자각, 그러기 위해서는 지금은 운용이 아니라 직접 소비를 해야 할 때라고 판단할 능력이 없었기 때문입니다.

그런 이유에서 저는 그들, 자각 없는 강자=고령부유층에서 젊은 세대로의 소득이전을 촉진해야 한다고 주장하고 있습니다. 저는 "곤궁한 일부 고령자세대에 대한 급부를 줄여서 젊은이들에게 돈을 나누어 줘라"라고 말하는 것이 아닙니다. 이미 은퇴한 고령자를 "너도 시장경제 속에서 똑같이 경쟁하고 제 역할을 다해라"라고 몰아붙여도 인권 무시일 뿐입니다. 사회 전체적인 경제효율도 올라가지 않습니다. 은퇴한 고령자까지 시장경제원리로 몰아붙인다면, 사회 선체에 쓸데없는 공포심만 만연하고 젊은 세대까지 우울해집니다. 다시 한 번 말씀드리지만, 대상은 1,400조 엔의 상당 부분을 사장시키고 있는 고령부유층입니다.

단카이세대의 퇴직으로 여유가 생긴 인건비를
젊은 세대의 급여로 돌리자

               '고령부유층 개인에서 젊은 개인으로의 자발적인 소득이전'이라고 말씀드렸습니다. 누가 그런 일을 진행할 힘을 가지고 있겠습니까? "정부는 어떤 정책을 취해야 하는가?"라는 생각을 하기 쉽지만, 누구보다 민간기업이 추진의 주체가 되어야 합니다. 공급과잉→가격경쟁에 고심하는 기업 자신이 스스로의 장기적인 생존을 위해서, 자조노력自助努力에 의해서, 소비성향이 높으면서 아이를 키우고 있는 세대에 돈이 돌아가게 만들고 내수를 확대할 필요가 있습니다. 물론 세수저하로 고민하는 공공부문도 동일한 노력이 필요합니다. 세금을 내고 있는 사람들은 주로 현역세대이기 때문입니다. 그러나 그것을 위해서 세금을 투입하는 것은 본말전도本末顚倒입니다.

    그렇다면 기업이 할 수 있는 일은 무엇일까요? 한마디로 말하면, 연공서열자금을 약화시키고 젊은이들에 대한 처우를 개선하는 일입니다. 특히 자녀를 기르고 있는 사원에 대한 처우나 복리후생을 충실하게 만들어야 합니다. 그런 젊은 세대는 설령 대기업의 사원이라도 금전적인 여유가 없습니다. 따라서 실수령액이 증가한 만큼 돈을 사용해줄 것이며, 휴가가 늘어난 만큼 소비활동에 사용해줄 것입니다.

    하지만 이 모든 일은 대단히 많은 기업이 일제히 실시하지 않는 이상, 효과가 발생하지 않습니다. 착수하고 나서 효과가 나타날 때까지도 다소 시간이 걸립니다. 사회 전체가 움직이기 시작하면 더할 나위 없지만, 소수의 기업이 자각하고 있는 것만으로는 전형적인 '닭이 먼저냐 달걀이 먼저냐'의 상태를 벗어날 수 없습니다. 게다가 그것을 위한 이니셜 코스트initial cost*는 어떻게 마련해야 할까요?

일의적—義的으로는 현재 진행되고 있는 단카이세대의 퇴직으로 인해서 금전적으로 상당한 여유가 생기는 인건비를 눈앞의 이익창출로 돌리지 않고(이익은 내면 낼수록 배당 등의 형태로 당신의 상품을 사지도 않는 고령부유층에게 환원되어버립니다), 최대한 젊은 세대의 인건비나 복리후생비의 증액으로 돌리는 것입니다. 앞의 〈표28〉에서 일부 상장 제조업의 결산합계에 대한 수치를 보여드렸습니다. 1996~2006년도의 10년 사이에 종업원수가 20퍼센트 감소했고, 다소의 회복세는 있었지만 인건비 총액도 14퍼센트 감소했습니다. 이것들을 감소가 불가피한 경우라도 어떻게든 몇 퍼센트의 감소로 억제하기 위해서 노력하는 것이 자조노력의 방향입니다.

"급여의 증가를 생산성의 범위 내에 묶어두지 않으면 일본의 국제 경쟁력을 잃게 되며, 인플레이션이 되는 등의 부작용이 발생한다"라는 반론을 받은 적이 있습니다. 인구의 파도에 대한 인식이 완전히 결여된 채로 거시경제학의 일반론으로만 생각하고 있기 때문입니다. 그러나 향후 5년 이내에 단카이세대가 65세를 넘겨서 퇴직하기 시작하는 일본에서는 국민들이 수령하는 인건비 총액은 증가할 수 없습니다. 젊은 세대 1인당 급여의 증가=국민이 수령하는 인건비 총액의 증

---

* 기구나 설비 등을 도입할 때 필요한 비용. 초기비용 혹은 도입비용이라고도 부른다.

가는 성립되지 않습니다. 그런 상황 속에서는 "급여의 증가를 생산성의 범위 내에 묶어두지 않으면 안 된다"가 아닙니다. "1인당 급여를 증가시켜서 인건비의 총액을 유지하지 않으면 내수가 증가하지 않고 생산성도 증가하지 않는다"가 맞습니다. 일본기업은 '매력적인 상품의 제조→일본인 1인당 구입횟수의 증가→매상의 유지상승→근로자에 대한 배분 증가→모든 회사가 같은 행동을 취함으로써 내수 전체의 확대→더욱 매상증가'라는 바람직한 순환을 가능한 부분부터 조금씩 실현시켜갈 수밖에 없습니다. 임금인상이 먼저인지 매상확대가 먼저인지의 문제가 아닙니다. 우선은 작아도 좋으니 임금인상→매상확대→임금인상의 순환을 만들어내고 그것을 천천히 확대해가는 노력과 그것을 위한 비전이 필요합니다.

"적자로 고생하고 있는데 그런 일은 절대 불가능하다"라고 생각하십니까? 그러나 당신의 회사가 적자로 고생하고 있는 원인도 실은 일본의 기업사회가 젊은 세대를 저임금·장기노동으로 내몰아서 내수를 대폭 감소시켜왔기 때문입니다. 게다가 향후 25년 사이에 생산가능인구는 25퍼센트나 감소될 것입니다. 어느 시점에서 현역세대의 급여수준을 올리지 않으면 내수=당신의 매상을 지켜낼 수 없습니다. 어느 시점에서 급여감소→매상감소→금여감소…라는 악순환을 끊는 노력을 하지 않는 이상, 당신의 회사는 영원히 적자체질에서 벗어날 수 없습니다. '경기회복'은 자조노력 없이 다른 사람에게만 맡겨서는 찾아오지 않습니다.

이런 방법이 아니라 비정규직 노동자를 고용하는 것으로 비용을 절감하고, 현역세대를 대상으로 한 상품을 헐값에 팔아서 간신히 살아 남으려고 하는 기업은 결국 일본 국내시장의 끝없는 축소를 촉진시킬 뿐입니다. "국제경쟁력 유지를 위해서"라고 부르짖으면서 내수축소 의 불길에 기름을 붓고 있는 많은 기업 관계자 여러분, 눈앞의 상황만 고려한다면 어쩔 수 없는 행동이라고 동정은 갑니다. 그러나 당신들 이 하고 있는 일은 완만한 자살행위일 뿐입니다. 그것을 깨닫지 못하 는 것이 바로 비전상실 아니겠습니까? 기업 각자가 스스로 깨달아서 행동을 바꾸지 않는 한, '경기회복'은 이루어질 수 없습니다.

젊은 세대의 소득증가 추진은 '친환경'을 위한 배려와 마찬가지

　　　　　　　　　　그만 미숙한 주장을 해버렸습니 다. (웃음) 아무리 장기적인 이익에 도움이 된다고 해도 이런 불황 속 에서는 영리를 위해 움직이는 기업이, 게다가 최근에는 4반기결산으 로 주주에게 압박을 당하는 입장에 있는 경영자 분들이 당장은 단순 한 비용에 불과한 젊은 세대의 인건비를 늘려줄 리가 없습니다. 사실 은 단카이세대의 퇴직으로 자동적으로 인건비 총액이 줄어들기 때문 에, 그 일부를 젊은이들에게 돌린다고 해도 비용의 절대치가 상승하 는 일은 일어나지 않습니다. 그러나 일반적인 회사는 일종의 조건반 사처럼 그 금액마저 비용절감 해버릴 것입니다. 그리고 상품의 가격 을 더욱 인하해서 '소비자에게 봉사'할 것입니다. 그러나 젊은 세대를 싼 급여로 고용하고 있기 때문에, 소비자들이 쓸 수 있는 돈은 점점 줄어듭니다. 결국 돌고 돌아 당신의 매상도 줄어들게 될 것입니다.

이런 일은 피할 수 없을까요? 일본기업은 비용을 늘리는 일이라면 무조건 반대일까요?

만약 그렇다면, 예를 들어 어째서 이렇게 많은 기업들이 "친환경, 친환경"이라고 부르짖고 있을까요? ISO*의 취득도 지방의 의욕 있는 중견 중소기업에까지 완전히 확산되어 있는 것처럼 느껴집니다. 단기적인 관점에서 생각하면 이런 현상은 단순히 비용을 늘리는 행동일 뿐입니다. 만약 일본의 모든 기업들이 근시안적으로 이익을 최대화하는 것만 생각하고 있다면, 모두가 이렇게 돈을 들여서 환경을 배려한 기업활동을 하고 있을 리가 없습니다. 그들은 어째서 환경배려에 이렇게까지 비용을 들이고 있을까요? 기업의 이미지향상이라는 목적도 있겠지만, 그 이상으로 큰 이유는 환경오염에 대한 경험이라고 생각합니다.

고도성장기에 많은 기업들이 자신도 모르는 사이에 눈앞의 이익을 장기적인 환경보전보다 우선시해버렸습니다. 그 결과, 많은 지역에서 환경이 심각하게 손상되고 말았습니다. 아니, 그뿐 아니라 건강이나 사람들의 목숨에 해를 끼치는 경우까지 속출했습니다. 그 피해는 너무 커서 누구의 눈에도 분명했습니다. 그래서 "환경을 배려하자. 눈

---

* 국제표준화기구International Organization for Standardization. 친환경인증을 포함해 각국의 공업규격 등 광범위한 분야의 국제표준을 제정 및 인증하는 업무를 수행한다.

앞의 이익을 다소 희생해서 환경에 돈을 쓰는 것은 사회적으로 필요하고 주주도 허락한다"라는 인식이 널리 퍼져 있습니다. 1970년대에는 틀림없이 "환경을 이익보다 우선시하다니 이 무슨 풋내 나는 주장인가?"라고 모든 것을 다 알고 있다는 듯이 말하는 정재계 사람들이 있었을 것입니다. 그러나 지금은 이 힘든 불황 속에서조차 "환경 관련 비용을 삭감해서 그만큼을 배당하고 있습니다"라고 자랑하는 기업은 본 적이 없습니다. 실제로는 그렇게 하고 있는 회사가 있을지도 모릅니다. 하지만 그런 행동은 절대로 큰 소리로 말할 수 있는 자랑거리가 아닙니다.

그렇다면 더더욱 젊은 세대의 소득증가를 위한 노력이 필요합니다. 21세기 전반, 일본의 기업사회가 안고 있는 최대의 문제는 자기 주변의 환경파괴가 아니라 내수붕괴이기 때문입니다. 친환경과 같은 수준의, 아니 그 이상의 관심을 가지고 젊은이들의 급여를 올리는 일이 기업의 목표가 되어야 합니다. '친환경'과 동등한, 아니 그 이상의 관심을 젊은 세대의 급여 수준 향상에 쏟지 않으면 말이 안 됩니다. "인건비를 삭감해서 그만큼을 배당하고 있습니다"라고 자랑하는 기업이 존재하는 것 자체가, "환경 관련 비용을 삭감해서 그만큼을 배당하고 있습니다"라고 자랑하는 기업과 마찬가지로 나중에 생각하면 미숙하고 부끄러운 일입니다.

원래 내수축소는 지구의 환경문제보다도 훨씬 중요한 눈앞의 문제입니다. 세계적인 해수면상승에 대처하는 문제라면, 명백하게 미국이나 중국이 훨씬 더 해야 할 일이 많습니다. 그런데 그런 지구의 환경

문제에는 그렇게 많은 관심과 대처에 대한 지지를 보이는 일본인들이 왜 젊은 세대의 소득증대에는 관심을 가지지 않을까요? 현재의 지구경제가 해결해야 할 문제는 세계적인 수요부진입니다. 이쪽은 어떻게 봐도 구매력이 왕성한 미국이나 중국의 탓이 아니라 내수가 포화상태인 일본에 보다 큰 책임이 있습니다. 전 세계가 그렇게 생각하고 있습니다(지금의 경제위기는 미국 탓이라고 생각하는 사람이 있을지도 모릅니다. 그러나 미국경제의 붕괴는 내수부족으로 고통받는 일본기업이 미국인에게 계속 돈을 빌려주면서 제품을 계속 팔아온 결과라는 것도 사실입니다). 이에 대한 대처는 정부만의 몫일까요? 저는 정부보다도 기업 쪽이 훨씬 큰 책임과 대처능력을 둘 다 확실히 가지고 있다고 생각합니다.

　게다가 당장 시작할 수 있는 간단한 방법도 있습니다. ISO처럼, 젊은 세대로의 소득이전이나 아이를 가진 세대에 대해서 배려하고 있는 기업을 지킬 수 있는 기준을 만들어서 보급시키는 일입니다. 강제적인 기준이 아닙니다. 어디까지나 "가능한 기업이 가능한 범위에서 노력한다"라는 것을 현창顯彰해서 소비자에 대한 이미지향상과 인재확보 등으로 이어질 수 있게 하려는 취지입니다. NPO나 다른 어떤 기관이 여러 관점에서 젊은 세대로의 소득이전을 위한 기업의 배려를 평가해서 객관적인 인증을 부여하고, 매스컴도 그런 노력을 적극적으로 보도합니다. 이것만으로도 기업의 활동은 장기적으로 크게 변화될 것입니다. 모든 기업들에게 더 많은 인건비를 지불하라고 무리하게 강요해서 도산을 늘려버리는 일은 어리석기 그지없는 방법입니다. 임금인상에 대해서는 정부의 철저한 최저임금제도에 맡겨둡시다. 민간에서는 인건비를 늘릴 의욕과 여유가 있는 기업만 먼저 시작하고 그것을 홍보함으로써, 결과적으로 종업원을 중시하는 그런 기업으로 젊은이들이 모여드는 토양을 만들 필요가 있습니다.

ISO도 반드시 돈을 많이 버는 기업만 하는 것은 아닙니다. 작은 회사일수록 경영자(=동족주주同族株主*)의 의지의 차이가 곧 행동의 차이가 됩니다. 이 부분에서도 마찬가지입니다. 경영에 있어서 강한 의지를 가지고 있는 회사가 먼저 실천에 옮기는 것이 중요합니다.

'핑계' 부여와 '가격인상을 위한 비용절감'으로 고령자 시장을 개척하자

지금까지는 기업의 매상총액 자체가 변하지 않는다는 전제에서, 그런 상황에서도 젊은이에 대한 지급분을 늘려갈 필요가 있다는 소극적이고 보수적인 주장을 말씀드렸습니다. 그러나 한발 더 나아가, 고령자가 사장시키고 있는 저축을 적극적으로 끌어내는 방법도 있습니다. 즉, 전략적으로 고령자가 물건이나 서비스를 구매하도록 추구하는 것도 가능합니다. 그것을 동해서 유지 내지 증가되는 매상을 젊은 세대의 급여로 돌린다면, 내수는 더욱 성장하고 세수도 안정되고 고령자의 버팀목이 될 수도 있습니다.

---

* 대주주와 그 친족. 일정 비율 이상의 주식을 소유함으로써 경영지배권 또는 그에 준하는 권리를 가지고 있다고 판단되는 주주를 의미한다.

바로 이것이 고령부유층에서 젊은 세대로의 가장 효과적인 소득이전입니다.

이미 여러 번 말씀드렸습니다. 최근에 사상 최고 이익을 경신한 닌텐도, 유니클로, 도쿄 디즈니리조트의 공통점은 젊은이들은 물론 고령자도 구입을 희망하는 상품, 즉 Wii, 히트텍, 도쿄 디즈니시^{Tokyo Disneysea}*를 개발했다는 것입니다. 이들 모두 고령자라도 사용하기 쉽고 즐기기 쉬운 시스템이지만 늙었다는 이미지가 없습니다. "손자손녀를 위해서" 혹은 "가격에 비해서 질이 좋다"처럼 고령자들이 선호할 것 같은 핑계도 덤으로 갖추고 있습니다. 이와 마찬가지로, 자택의 내진개수^{耐震改修}, 성인병이 개선된다는 온천여행, 저금 대신 구입해서 저장할 수 있는 고급 술·서화·골동품, 건강에 좋은 무첨가식품 등 고령자시장이 확대될 수 있는 분야는 아직도 무수히 존재합니다. 기업의 노력으로 그들이 중심적으로 보유하고 있는 일본인의 금융자산의 1퍼센트, 즉 14조 엔이라도 물건구입으로 돌릴 수 있다면 정부의 경기대책보다 몇 배나 큰 효과가 있을 것입니다. 오레오레사기^{オレオレ詐欺}**만이 시장을 개척하게 내버려두는 것은 너무나 억울한 일입니다.

그렇다면 앞에서도 계속해서 말씀드린 자동차, 주택, 전기제품처럼

---

* 도쿄 디즈니시는 놀이기구의 난이도를 높이고 주류판매를 도입하는 등 성인들도 즐길 수 있는 놀이공원을 지향하며 2001년에 개장했다.

** 주로 노인들을 대상으로 하는 보이스피싱으로, 일본에서는 매년 많은 피해 건수가 보고되고 있다. 전화를 받으면 '나야 나'(오레오레)라고 지인을 사칭하면서 급하게 돈이 필요하다고 요구하는 경우가 대부분이다.

일본 디플레이션의 진실

소비자 한 사람이 구입하는 양이 한정되어 있는 상품, 그중에서도 현역세대를 주요 대상으로 하는 상품의 경우는 어떨까요?

예를 들어, 자동차산업은 전체적으로는 부진입니다. 그러나 잘 팔리는 것은 하이브리드 자동차이며, 렉서스Lexus의 판매추이도 대단히 좋다고 합니다. 이들의 성공은 이미 뭔든지 가지고 있는 고령자들에게 새것으로 교체할 '핑계'를 부여하는 것이 얼마나 중요한지를 보여줍니다. 즉, 그들은 젊었을 때처럼 자동차를 많이 타지 않기 때문에, 자동차가 다소 낡았어도 새로 바꾸지 않고 참을 수 있습니다. 그러나 사실은 돈도 충분히 가지고 있기 때문에, 뭔가 "이것은 결코 낭비가 아니다"라는 핑계만 주어지면 기쁘게 물건을 사러 달려갑니다. 하이브리드 자동차의 경우는 실리적인 측면과 이상적인 측면의 두 가지 핑계를 모두 가지고 있습니다. 전자는 친환경 자동차의 감세 혹은 교체보조금이고, 후자는 "지구의 환경을 생각하는 것은 좋은 일이다"라는 대의명분입니다. 이처럼 이득과 대외적 명분이라는 두 가지 핑계만 있으면, 인간은 별다른 저항 없이 구매행동을 취합니다. 하이브리드 자동차는 결코 저렴하지 않습니다. 렉서스 브랜드라면 두말할 필요도 없습니다. 이런 것들이 살 팔린다는 이야기는 가격보다도 '핑계' 쪽이 중요한 요소가 되었다는 것을 잘 보여주고 있습니다.

공중파 디지털화* 대책이었던 LCD텔레비전의 판매추이가 좋았던

---

* 일본은 2011년 7월부터 공중파방송이 디지털방송으로 전환되었다. 이로 인해 대대적인 디지털 수신기(텔레비전)로의 교체(디지털화)가 이루어졌다.

것도 같은 이유입니다. "목숨 다음으로 중요한 텔레비전이 안 나오게 되어버리면 큰일이니까"는 고령자에게는 최고의 핑계입니다. 참고로 말씀드리면, 새로 바꾸는 편이 에너지도 절약된다는 핑계도 덤으로 붙어 있습니다. 고가의 대화면 텔레비전이 잘 팔리고 있다는 사실이 바로 이것들이 핑계라는 증거입니다. "꼭 새로 살 필요가 있으니까"라며 세상과 자기 자신에게는 뻔한 핑계를 대고 있지만, 실은 큰 화면으로 보고 싶다는 욕구를 충족시키고 있습니다.

이것들은 "이득이니까" 또는 "에너지절약이니까"라는 핑계로 팔리고 있습니다. 그런데 많은 '핑계' 중에서도 특히 강력한 것은 "이것은 많지 않은 내 취미에 관련된 것이니까"라는 녀석입니다. "가끔은 나 자신에게도 선물을 주자"라는 핑계입니다. 예를 들어, 경기가 갑자기 악화되었던 2008년 12월에 페어레이디Z$^{FAIRLADY Z}$*가 풀모델 체인지 되었습니다. 다음 해에 들은 이야기로는 역시 계획했던 수량의 2배가 팔렸다고 합니다.

참고로 일본에서는 페라리도 변함없이 잘 팔리고 있고, 할리데이비슨은 자그마치 24년 연속으로 판매대수가 증가하고 있다고 합니다. 일본 국내의 이륜차 시장은 전체적으로는 최전성기의 10퍼센트대로 축소되어버렸습니다. 그런데 어째서 시장축소의 영향을 전혀 받지 않을까요? Z도 페라리도 할리데이비슨도, 청춘 시절에 대한 동경에 집착하는 한때의 젊은이들(=정년퇴직 전후前後의 사람들)을 대상으로 한 상

---

* 닛산자동차가 제조하는 스포츠카 라인.

품이기 때문입니다. 아이들이 독립하고 집의 대출금까지 정리하고 여유가 생긴 그들이 "지금까지 수고한 자신에게 주는 선물"이라는 이유로 퇴직금의 일부를 써주기만 해도 매상을 확보할 수 있습니다. 페라리나 할리데이비슨 매상의 과반수가 관련 상품과 서비스라는 사실도, 고령자 시장을 대상으로 하는 경우에는 취미를 가진 부유한 사람들에게 초점을 맞추는 것이 중요하다는 것을 상징적으로 보여줍니다.

물론 이 이야기에는 난점도 존재합니다. 근본적으로 어려운 일이기 때문에 기업이 좀처럼 손을 대지 못하는 것입니다. 고령자의 개인적인 취향에 대응해서 커스터마이즈customize한 상품을 출시하기 위해서는 어쩔 수 없이 생산 로트lot*가 줄어듭니다. 따라서 그대로 운영할 경우 상품 1개당 생산비용이 크게 증가해버립니다. 그런데 그 비용을 그대로 소비자에게 가격전가 하면 제품가격이 극단적으로 높아집니다. 저축방어의식이 강한 고령자는 구입하지 않게 될 것입니다. 앞에서 설명한 '핑계'를 효과적으로 상품에 부여하면 어느 정도의 가격인상은 가능하지만, 여전히 생산비용의 상승분을 전부 흡수할 수는 없습니다. 이것이 어려운 부분입니다.

그런 이유에서, 성공의 열쇠는 ① 선입견을 배제하고 고령자 개개인의 취향을 발견해서, ② 고령자가 지갑을 열 때 사용하는 '핑계'를 분명하게 준비하고, 그와 동시에 ③ 다多로트 소량생산에 따른 비용증가를 소비자에게 전가할 수 있는 수준 이하로 억제하는 것입니다. 저

---

* 생산공정이 동일한 최소생산단위.

는 이 중의 ③을 '가격인상을 위한 비용절감'이라고 부릅니다. 세계시장을 상대로 대량생산·염가판매에 특화되어온 대기업은 잘하지 못하는, 또는 로트 부분에 있어서 매력적이라고는 생각되지 않는 영역입니다. 그러나 21세기의 일본에서 성공하고 있는 기업은 크든 적든 반드시 이 일에 착수하고 있습니다. 편의점이나 유니클로, 채소를 많이 사용하기 시작한 최근의 일본 맥도날드 등은 그 전형적인 예입니다. 이것은 대기업의 예이지만, 일반적으로는 오히려 이것에 대응할 수 있는 능력은 지방의 중소기업에 배양되어 있는 경우가 많습니다. 그들은 시장규모가 한정된 특정 지역에서 특색 있는 지역적 수요에 대응해왔기 때문입니다. 다음 세대를 짊어질 많은 영웅들이 그들로부터 계속해서 배출될 깃입니다.

고령부유층에서 젊은 세대로
소득이전을 실현하자

기업이 먼저 장기적인 생존을 위해서 스스로 나서야 한다는 점을 강조했습니다. 그러나 거기에서 끝내버리면, "정부의 역할을 언급하지 않는 것은 말도 안 된다"라는 소리를 들을 것입니다. 예를 들어, "젊은이에 대한 인건비증액에 긍정적으로 임하는 기업에 보조금을 지급해라"라는 의견이 나올 수 있습니다. 그러나 저는 기업들이 냉정하고 진지하게 회사를 운영한다면 해결될 수 있는 분야에까지 세금투입을 요구하는 분들의 사고회로에 강한 위화감을 느낍니다.

앞에서 말씀드렸듯이, 연간 약 40조 엔의 세수를 가지고도 80조 엔 이상을 사용하고 있는 일본정부에게 이 이상 무엇을 기대할 수 있겠습니까? 덧붙여 말씀드리면, 젊은 세대로의 소득이전을 촉진할 경우의 직접적인 수익자는 정부보다 기업입니다. 정부는 젊은 세대뿐만 아니라 고령자에게도 세금을 징수할 수 있고, 고령부유층에게 국채를 판매함으로써 당장의 자금운용을 하는 것도 가능합니다. 그러나 민간기업의 경우에는, 소비성향이 높은 연령계층에 소득이 돌아가지 않는 이상 좀처럼 매상증가를 기대할 수 없습니다. 더 절박한 쪽이 먼저 움직이는 것이 시장경제의 기본원칙입니다. "경기대책은 정부가 하는 것"이라는 고정관념이 뿌리 깊게 박혀 있는 논자들은 시장경제를 살아갈 자격이 없습니다.

그러나 재정에 직접적인 타격을 주지 않고도 정부가 할 수 있는 일이 있습니다. 생전증여生前贈與의 촉진입니다.

앞에서 일본인의 상속(받는 쪽) 평균연령은 이미 연금수급연령에 돌입한 67세라는 것을 알려드렸습니다. 그런 경우에는 상속받은 쪽이 그 재산을 왕성하게 사용하는 것은 기대할 수 없습니다. 무슨 일이 생겼을 경우의 보험으로 저금을 늘리고, 결과적으로 그 대부분의 사람들이 많은 양의 재산을 남기고 세상을 뜹니다. 그 상속인이 또 평균 67세의 나이로 상속을 받아서 저금을 하고…. 이런 연쇄를 조금이라도 끊기 위해서는 생전증여를 촉진하는 정책을 실시해서, 한꺼번에 젊은 세대로 소득이전을 진행해야 합니다. 촉진책으로는 "○○○○년 이후, 금융자산이나 귀금속의 상속에 관해서는 상속세의 기초공제액을 대폭 줄이겠습니다. 과세대상확대 부분에 대응한 최저세율은 낮게 설정하는 한편, 최고세율은 올리겠습니다. 불만이 있는 분들은 그때까지 생전증여를 하시면 어떻겠습니까?"라고 선언하는 것이 효과적이라고 생각합니다.

1990년대 이후 실시된 감세의 결과, 상속세를 내는 사람의 수는 상속인의 약 4퍼센트까지 감소하고, 납세액도 연간 12조 엔 정도에 머물고 있다고 합니다. 이것을 다시 확대해도 불합리하다고는 말할 수 없습니다. 실제로 (구)세제조사회도 이 주제에 대해서는 그렇게 답변했습니다. 제가 내놓은 제안의 과세확대대상은 금융자산이나 귀금속입니다. 따라서 부동산을 억지로 처분하는 사례가 증가할 가능성은 없습니다. 오히려 그로 인해서 자산이 부동산으로 도피한다면, 내수확대로 이어질 가능성도 있습니다. 또한 지금까지 상속세 지불을 면제받아오던 일반적인 중산층 부자들에게도 얼마간의 세금이 부과될 것입니다. 그러나 최저세율을 5~10퍼센트 정도로 과감하게 낮춘다면 국민생활에 있어서의 실질적인 피해는 적으며, 충분히 생전증여를 촉진하는 효과가 있을 것입니다.

그런데 이 생전증여의 촉진에 대해서는 "그 방법만으로는 운 좋게 부모가 부유한 젊은이들만 풍요로워진다"라는 반론을 받은 적이 있습니다. 네, 맞습니다. 실제로는 일반적인 중류층 부모가 수백만 엔을 자식에게 물려주기만 해도 큰 효과가 있기 때문에, 큰 부자만 염두에 두고 있는 것은 절대 아닙니다. 그러나 일반적인 수준의 생활을 하고 있는 사람들 중에는 "수백만 엔을 지금 당장 자식에게 물려준다니 말도 안 되는 소리다"라고 말하는 분도 다수 계실 것입니다.

그러나 제가 여기에서 말씀드리는 것은 일본경제의 활성화방안, 구체적으로는 개인소비의 증가방안입니다. 직접적인 격차의 시정방안이 아닙니다. 고령부유층이 사장시키고 있는 저금의 아주 적은 양이라도 젊은 상속인의 손으로 넘어가서 소비에 쓰이면, 그만큼 기업의 매상이 늘어나고 성실하게 일하고 있는 젊은이들에게도 급여라는 형태로 분배됩니다. 운 좋게 부모가 부유한 젊은이와 그렇지 않은 젊은이의 '격차'는 시정되지 않습니다. 그러나 부모의 재산상속을 기대할 수 없는 젊은이라도 자신의 급여가 올라가면 절대적인 생활 수준은 향상됩니다.

어느 저명한 경제학자(저와는 다른 의견을 많이 말씀하고 계시는 분입니다만)가 한 잡지에서 "문제는 격차가 아니라 빈곤이다. 격차해소가 아니라 빈곤해소가 중요하다"라고 말씀하셨습니다. 이분이 말씀하신 바로 그대로입니다. "상대적인 격차는 없지만 모두가 가난한" 쿠바나 부탄 같은 상태가 되라는 요구는 받아들일 수 없습니다(유감스럽게도 쿠바에서도 부탄에서도 앞으로는 경제활성화에 따른 격차가 확대되기 시작할 것입니다). 격차는 있을 수 있지만, 만약 하층민이라도 최소한 큰 어려움 없이 사람다운 생활을 할 수 있고, 큰 어려움 없이 아이를 키울 수 있는(그리고 이것은 저의 오래전부터의 지론입니다만, 자식세대에 있어서는 부모의 수입에 전혀 관계없이 기회의 균등이 보장되어 있는, 반대로 말하면 부모가 부자라도 자식은 그것만으로 유리해지지 않는) 것이 중요합니다.

격차의 시정이 아니라 일정한 절대수준 이하로 떨어진 사회적 약자를 인간으로서의 최저생계를 유지할 수 있는 수준으로 끌어올리는 구제가 가장 필요합니다. 당연히 최저 수준으로 떨어지지 않은 사람과의 격차는 여전히 존재합니다. 그러나 적어도 '빈부의 차이에 상관없이, 받을 수 있는 교육과 평균수명은 동일하다'라는 정도가 목표로 삼아야 할 수준이라고 생각합니다.

격차를 시정하라고 외치는 사람들 중에는 부자는 아니지만 최저 수준에서 보면 아직 충분히 축복받은 생활을 하고 있는 사람들이 다수 존재합니다. 그런 사람들한테까지 세금을 가져다 바칠 필요는 없습니다. 한편, 진정한 최저 수준 이하로 떨어지는 사람들도 점점 늘고 있지만 오히려 지원의 손이 닿지 않는 경우도 있습니다. 이런 사태를 해결하기 위해서는 '격차해소'라는 상대적인 개념을 추구하는 것이 아니라 '절대적인 빈곤의 해소', 즉 최저생계 수준(이것은 시대에 따라서 상대적으로 결정될 것입니다만) 밑으로 떨어져버린 극빈자 구제를 좀 더 명확하게 진행해야 합니다.

그러나 그 덕분에 일본에서는, 절대적으로 빈곤한 사람들은 늘어나고 있지만 동시에 절대적인 소수자이기도 합니다. 민주주의에서는 그런 소수의 사람들만 도와주는 정책은 인기가 없기 십상입니다. 절대적 빈곤자의 예비군들이 자신보다 아래에 있는 극빈자들을 궁지로 내모는 방안에 찬성하는 아이러니한 일이 일어날 수도 있습니다. 이에 대해서는 사회적으로 최저 수준으로 떨어진 사람을 다 같이 도와줌으로써 "나도 언제 절대적인 빈곤상태가 될지도 모른다"라는 공포에서

다 같이 해방되자는 의식을 양성해갈 수밖에 없습니다.

지금까지의 내용을 읽은 중장년층 분들 중에는 크게 화가 나신 분이 계실지도 모릅니다. "노인을 돈줄로 생각하고 있는 모양인데, 무시하지 마라. 우리들에게서 돈을 더 뺏어가겠다는 말이냐? 그런 듣기 좋은 꼬임에 넘어가서 돈을 넘겨줘봐라. 리어왕은 아니지만 나중에 자식에게서 어떤 대우를 받을지 모를 일이다"라고 말입니다. "연금도 고령자복지도 정말 괜찮을지 불안한데, 고이 간직해둔 재산까지 뺏앗겠다는 거냐?"라고 말하고 싶은 분도 계실 것입니다.

저는 증세를 하라든가 복지의 수준을 낮추라는 이야기를 하는 것이 아닙니다. 언젠가 상속으로 남겨줄 정도의 재산적 여유가 있는 분에게 "그 일부를 일찍 자식에게 물려주고 세금을 절약하는 것이 어떻겠습니까?"라고 권하는 것뿐입니다. 선택은 어디까지나 당사자에게 달려 있습니다. 그러나 언제까지 권하고만 있을 수도 없기 때문에, 시한을 주고 실행하면 어떨까 하고 제안드리는 것뿐입니다.

그런데 왜 "연금도 고령자복지도 정말 괜찮을지 불안하다"라고 생각하십니까? 세수의 2배나 되는 돈을 사용하고 있는 정부의 상황이 만성화되어서, 이제 빚 때문에 꼼짝 못하게 되었기 때문입니다. 불필요한 지출을 줄이려고 해도, 현재 정부예산의 상당 부분은 의료복지 관련 예산입니다. 세수를 조금이라도 늘리는 것을 고려하지 않는다면, 안심할 수 있는 미래는 찾아오지 않습니다. 복지예산이 삭감되거나 고령자까지 증세의 표적이 되는 정도라면, (여유가 있는 분의 경우입니다만) 그보다 먼저 재산의 일부를 기분 좋게 자식세대(원하신다면 손자손녀세대도 좋습니다)에게 넘겨줌으로써 경제를 활성화시키고, 그 증여분을 가지고 재정을 지키고 자기 방위의 도움으로 삼는 것을 고려해보시는 것은 어떨까요?

일본 디플레이션의 진실

제10강

그렇다면 어떻게
해야 하나? ②

여성의 취업과 경영참가를 당연하게 만들자

앞에서는 고령부유층의 저축을 젊은 세대로 이전하기만 해도 큰 차이가 있다는 것을 말씀드렸습니다. 이번 장에서는 더 간단하게 시작할 수 있는 데다가 효과도 극히 거대한 방법에 대해서 말씀드리겠습니다.

전후戰後 일본의 경제를 끌어올린 로켓의 첫 번째 추진체가 단카이세대, 두 번째가 단카이주니어세대였다면, 우리에게는 이직 점화되지 않은 세 번째 추진체가 남아 있습니다. 그것은 전업주부로 대표되는, 유상노동有償勞動을 하지 않고 있는 여성들입니다. 경제활동·기업활동에 '남녀공동참가'를 진행시킴으로써 그들이 가진 힘을 대단히 효과적으로 활용할 수 있습니다.

현역세대 전업주부의 40퍼센트가 일하는 것만으로 단카이세대의 퇴직을 보완할 수 있다

지금까지 일본의 경제계, 기업 사회는 깜짝 놀랄 정도로 남성사회였습니다. 본격적인 여성의 참가촉진은 전혀 이루어지지 않았습니다. 그러나 점점 생산가능인구가 줄어들고 있는 일본에서 생산과 경영은 남자들만 담당한다는 스타일을 과연 언제까지 계속할 셈일까요? 그것이 얼마나 일본경제의 발목을 잡고 있는지(덧붙여서 국제사회의 멸시를 초래하고 있는지), 언제가 되면 깨닫게 될까요?

먼저 단순한 머릿수의 이야기입니다. 일본 여성은 45퍼센트만 유상노동을 하고 있습니다. 정사원뿐 아니라 파견사원까지 1주일에 1시간 이상 돈을 받고 일하고 있는 사람들을 모두 합해도 여성인구 2명 중 1명이 안 됩니다. 즉, 현재 일본에서는 총인구의 30퍼센트에 육박하는 3,500만 명이나 되는 여성들이 급여를 받지 못하는 전업주부나 학생, 집안일을 거드는 일을 하고 있습니다. 그중에는 고령자 분들도 많지만 생산가능인구의 전업주부만을 추려내도 1,200만 명이나 됩니다.

그런데 지금 퇴직연령대로 진입하고 있는 단카이세대 중에서, 유상노동을 하고 있던 사람은 500만 명 정도입니다. 그렇다면 생산가능인구의 전업주부 1,200만 명 중에서 40퍼센트가 (정사원이면 가장 좋지만, 임시채용이나 파견사원이나 파트타임이라도 좋습니다) 일단 1주일에 1시간 이상 돈을 받고 일해준다면, 단카이세대의 퇴직이 고용감소·소득감소라는 형태로 일본경제에 미치는 마이너스 효과는 없어집니다.

일본 디플레이션의 진실

특히 걱정되는 문제는 단카이세대가 담당해온 내수의 감퇴입니다. 하지만 이 정도 수의 여성들이 새롭게 급여를 받아서, 참지 않고 번 돈만큼 물건이나 서비스를 구입해준다면, 실은 내수는 충분히 유지할 수 있습니다. 단카이세대의 아저씨들보다도 여성들 쪽이 사고 싶은 것이 많기 때문입니다. 남편에게 "당신은 내 월급을 낭비하는 거요?"라는 핀잔을 들으면서 참고 있었던 것들을 "이건 내가 번 돈이니까 써도 괜찮지?"라고 당당하게 소비해주면, 일본의 내수는 혁명적으로 향상됩니다. 그만큼 기업의 매상도 증가하고, 여성의 고용도(물론 젊은이의 고용도) 더 증가할 수 있습니다.

저는 "외국인노동자 수용이 필요하다"라고 주장하는 글을 읽을 때마다 언제나 생각합니다. 당신의 바로 눈앞에 높은 교육수준을 가진, 근무경험이 풍부하고 능력도 많은 일본인 여성들이 이렇게나 많이 있습니다. 어째서 그들을 쓸 생각은 하지 않고 먼저 외국인을 데려오라는 발상이 나올까요? 여성들이 일하기 시작하면, 그것만으로도 가계소득이 증가하고 세수가 증가하고 연금도 안정됩니다. 여성들이 자기가 번 돈을 가지고 있는 쪽이 물건도 더 잘 팔립니다. 자동차도 옷도 닛케이신문日經新聞도, 일하는 여성이 늘어나면 지금보다 확실히 더 많이 팔릴 것입니다.

그런데 이것을 잘 알고 있는 사람들 중에도 "여성을 쓰기 전에 퇴직한 고령남성을 다시 고용해라"라는 말을 하는 분이 계십니다. 고령남성들로 낼 수 있는 내수확대의 효과는 한정되어 있습니다. 돈을 쓰는 일은 손자손녀를 위해서 정도뿐, 나머지는 진정한 노후를 대비해서 저축하기 때문입니다. 그런데 최근에는 그 손자손녀의 수도 적습니다. 반대로 여성들은 아무리 나이를 먹어도 수입만 있다면 예쁜 옷이나 비싼 화장품을 사줍니다. 비싸고, 양이 적고, 맛있는 음식도 사줍니다. 한 번 퇴직했던 고령남성을 재고용하는 것보다도 현역세대의 여성을 고용하는 편이 당신의 매상이 올라간다는 이야기입니다.

게다가 외국인노동자를 도입하는 것과 달리, 추가적인 비용도 전혀 들지 않습니다. 일본인 여성은 일본어를 할 수 있고, 그들의 상당수는 고등교육을 받았습니다. 연금이나 의료복지 시스템을 지금부터 새로 증강할 필요도 없습니다. 그녀들이 일을 하면서 연금이나 보험료를 더 많이 지불해준다면 더더욱 좋습니다. 활기차게 일하는 고령여성이 증가하면 의료복지의 지출도 감소하고 소득세수도 증가합니다.

게다가 일본 여성의 취업률 45퍼센트는 세계적으로 봐도 상당히 낮은 수준입니다. 예를 들어, 네덜란드는 70퍼센트 정도 된다고 알고 있습니다. 그러나 그들도 옛날부터 그렇지는 않았습니다. 옛날에는 약 30퍼센트에 지나지 않던 여성의 취업률이 인구가 고령화되어가면서 점점 올라갔습니다. 일본도 그렇게 될 수 있습니다. 물론 전업주부들 전원이 "나는 일하고 싶지 않아"라고 생각한다면 어쩔 수 없습니다. 하지만 40퍼센트 정도 "단기간이라도 상관없고 조건에 맞는 일자리가 있다면 일하고 싶다"라고 생각하는 사람도 있을 것입니다. 그 사람들이 일하기 쉬운 환경을 만들면 됩니다. 단지 그것만으로도 향후 10년에서 15년 정도는 생산가능인구의 감소가 없었던 것과 동일한 경제적인 상황을 만들어낼 수 있습니다.

일본 디플레이션의 진실

나아가 선입견을 배제하고 생각해봅시다. 여성을 단순노동력으로 편리하게 이용만 해서는 안 됩니다. 일본기업은 기업에 참가하는 여성, 경영에 참가하는 여성, 그리고 여성경영자를 확실하게 늘려가야 합니다. 일본에서는 지갑을 여성이 쥐고 있기 때문입니다. 이것은 최근에 시작된 현상이 아닙니다. 아무래도 모계사회였던 고대까지 거슬러 올라가는 전통인 듯합니다. 그러니 여성이 기획하는 편이 인기 있는 상품을 만들 수 있습니다. 나아가 여성이 경영을 담당함으로써 장기적으로 여성의 마음을 사로잡을 수 있는 기업을 만들 수 있습니다.

그런데 대부분의 기업은 "여성을 경영에 포함시켜서 여성시장을 개척한다"라는 가능성을 제대로 추구하지 않고 있습니다. 미시경제학이 전제로 하고 있는 "시장경제의 각 참가자가 이윤최대화를 위해서 최대한의 노력을 기울인다"라는 행동을 실천하지 못하고 있는 셈입니다. 과거 반세기 동안 생산가능인구의 증가가 이어지면서 시장이 자동적으로 확대되어왔습니다. 열심히 생산능력을 늘리기만 하면 돈을 버는 체력승부 시대에는, 남성 중심의 군대조직으로 일제 공격을 해서 성가를 올려왔습니다. 그런 성공체험의 속박에서 벗어나지 못하는 이상, 21세기에서 살아남을 전망은 찾을 수 없습니다.

젊은 여성의 취업률이 높을수록
출생률도 높다

그런데 언제나 똑같습니다. 이

런 이야기를 하면 놀랄 정도로 많은 분들이 납득이 안 간다는 표정을 짓습니다. "여자들이 지금 이상으로 일을 하면 아이들은 더 줄어들지 않을까?"라고 걱정하기 때문입니다. 이것은 남녀노소를 불문하고 정말 뿌리 깊은 선입견입니다.

실은 이 문제는 "주변에서 일어나는 개별적인 사실들을 귀납해서, 일반적인 이론을 이끌어낼 수 있는가"라는 능력을 시험하기에는 절호의 주제입니다.

그렇다면 질문을 드리겠습니다. 일본에서 가장 출생률이 낮은 도도부현은 어디일까요? 그렇습니다. 도쿄도입니다. 그렇다면 도쿄도는 여성의 취업률이 높은 도도부현이라고 생각하십니까? 낮다고 생각하십니까? 높다고 생각하기 십상이지만 실은 그렇지 않습니다. 도쿄는 통근거리가 먼 데다가 부자들도 많기 때문에, 일본 전국에서도 특히 전업주부의 비율이 높은 도도부현입니다. 반대로 일본에서 손꼽힐 정도로 출생이 높은 후쿠이현, 시마네현, 야마가타현 등은 여성취업률도 손꼽힐 정도로 높습니다.

다시 한 번 묻겠습니다. 어머니가 전업주부인 가정과 맞벌이 가정, 어느 쪽이 평균적으로 아이들이 많을까요? 이것 또한 자식이 많은 전업주부처럼 드라마에 나오는 이미지를 떠올리며 그것이 전업주부 전체를 대표한다고 착각하는 사람이 있습니다. 사실은 그렇지 않습니다. 맞벌이 가정 쪽이 평균 자녀수가 많습니다.

수치를 살펴봅시다. 〈표30〉은 20~30대의 젊은 여성이 풀타임으로 일하고 있는 비율과 합계특수출생률과의 관계를 도도부현별로 나타

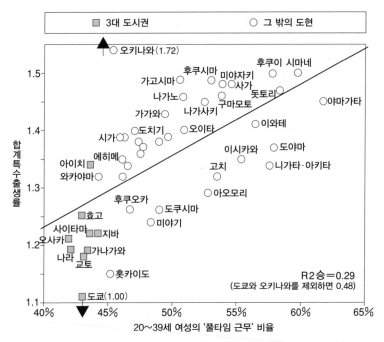

[표30] 20~30대 여성의 취업률과 출생률

□ 3대 도시권   ○ 그 밖의 도현

합계특수출생률 (세로축)
- 오키나와(1.72)
- 1.5 — 후쿠이 시마네, 후쿠시마, 미야자키, 가고시마, 사가
- 나가노, 돗토리, 구마모토, 야마가타
- 가가와, 나가사키
- 1.4 — 시가, 도치기, 오이타, 이와테
- 에히메, 이시카와, 도야마
- 아이치, 고치, 니가타·아키타
- 와카야마
- 1.3 — 아오모리
- 후쿠오카, 도쿠시마
- 효고, 미야기
- 사이타마, 지바
- 오사카, 가나가와
- 1.2 — 나라, 교토
- 홋카이도
- R2승＝0.29
- (도쿄와 오키나와를 제외하면 0.48)
- 1.1 — 도쿄(1.00)

40%   45%   50%   55%   60%   65%
20~39세 여성의 '풀타임 근무' 비율

[자료] 취업률: 총무성 '국세조사' 2005년/출생률: 후생노동성 '인구동태조사' 2005년

낸 것입니다. 보시다시피 강하지는 않지만 나름 정비례적인 상관관계
를 관찰할 수 있습니다. 적어도 젊은 여성이 일하는 현일수록 출생률
이 낮은 현상은 전혀 찾아볼 수 없습니다. 이것은 많은 분들의 선입견
에 명백하게 반하는 사실입니다. 하지만 모든 선진국에서 보편적으로
관찰되는 현상이기도 합니다.

여기서 주의해야 할 것은 상관관계는 인과관계가 아니라는 점입니
다. 젊은 여성이 일하는 현일수록 출생률이 높다는 현상(=상관관계)이

관찰되는 것은 사실이지만, 젊은 여성이 일하는 것이 원인이 되어서 출생률이 높아진다는 원인결과의 관계(=인과관계)가 있다고는 단정 지을 수 없습니다. 미국에서는 '모기가 많은 지역일수록 결핵환자가 많다'라는 상관관계가 관찰된다고 합니다. 그러나 이것은 물론 모기가 결핵의 원인은 아닙니다. 이유는 '따뜻한 지역일수록 모기가 많고, 그와는 별도로 결핵환자의 요양소는 따뜻한 지역에 많이 설치된다'입니다. 젊은 여성이 일하는 현일수록 출생률이 높다는 경우도 마찬가지입니다. 젊은 여성이 일한다는 사실과 출생률이 높다는 사실에 관련된 제3의 이유가 있을 가능성은 충분합니다. 예를 들어, 부모와의 동거가 많다든가 결혼하면 맞벌이를 당연시하는 분위기가 유력한 후보입니다.

그러나 제3의 이유의 유무를 떠나서, '젊은 여성이 일하면 아이들이 줄어든다'라는 명제는 의심의 여지가 없는 반증에 의해서 분명하게 부정된 셈입니다. 생각해보면 에도시대부터 고도성장기까지 농민들은 거의 전원이 맞벌이였습니다. 맞벌이였지만 일본의 역사상 가장 자식이 많았고 높은 출생률을 가진 사람들이었습니다. 이 결과는 그런 역사적인 사실과도 부합됩니다.

일본의 수험엘리트들이 가지고 있는 사고방식의 큰 결점이 바로 이것입니다. 그들이 득점경쟁에서 승리해온 시험의 세계는 '이유를 들어서 증명되는' 것들만 출제합니다. 그 결과, 증명을 바탕으로 이론화된 명제는 많이 외우고 있지만, 증명할 수 없는 명제에 대처하는 훈련은 안 되어 있습니다.

"그런 대처는 불가능하다"라고 하시는 분, 그렇지 않습니다. 증명이 불가능한 경우라도 반증이 있는지 없는지는 간단하게 확인할 수 있습니다. 반증이 없는 명제만을 잠정적으로 믿으면서, 명확한 반증이 있는 것은 입에 담지 않는 것이 바로 현대인이 습득해야 할 사고법입니다. 실제로 세상의 많은 현상들은 증명되지 않은(증명할 수 없는) 것들입니다. 그러니 반증이 있는지 없는지를 확인해서, 증명은 불가능해도 반증을 찾을 수 없는 명제만 따른다면 큰 실수는 막을 수 있습니다.

하지만 어떤 사회적인 움직임을 일으키려고 하면, 반증의 유무는 무시되고 증명의 유무만이 결정적으로 중요시되는 경우가 많습니다. 최악의 예가 미나마타병水俣病*입니다. 미나마타병의 원인이 공장에서 흘러나온 폐수 속의 유기수은화합물이었다는 것은 지금은 사회적으로 널리 인지된 사실입니다. 그러나 당시에는 학문적으로는 증명되지 않았습니다. 그것을 구실로, 즉 "수은이 희귀한 병의 원인이라고는 논증되지 않았다"라는 이유를 들어 당시의 통산성通産省**은 폐수에 대한 규제를 좀처럼 시행하지 않았고, 그러는 사이에도 피해가 확대되었습니다. 그런데 실제로 폐수유출을 멈추고 보니 미나마타병의 신규발생도 멈췄습니다. 즉, 유기수은화합물이 미나마타병을 일으킨다는 것은 '학문적으로는 논증 불가능'했지만, "유기수은화합물이 없으면 미

---

* 1953년경부터 구마모토현 미나마타시의 해변 주변에서 집단 발생한 수은 중독성 신경질환.

** 통상산업성通商産業省의 준말. 현재의 경제산업성.

나마타병은 발생하지 않는다"라는 반증은 성립했습니다. 이처럼 실제 세상에는 논증을 기다리지 말고 반증을 검증해서 실행에 옮겨야 할 정책들이 있습니다. 그것을 인정하지 않고 우물쭈물 논증을 기다리고 있다가는 자칫 사람의 목숨까지 잃을 수 있습니다.

여성취업과 출생률의 이야기도 같은 경우입니다. '젊은 여성이 일하고 있는 현이 출생률은 높다'라는 사실을 이유 불문하고 사실로 인정하지 않는다면 일본경제가 죽어버립니다. 자주 오해를 받는데, "출생률을 올리기 위해서 여성취업을 촉진하자"라는 주장이 아닙니다. "내수를 확대하기 위해서 여성취업을 촉진합시다. 적어도 그 부작용으로 출생률이 낮아지는 일은 없습니다"라는 이야기입니다.

그래도 여러분께서 납득이 안 간다면 어쩔 수 없습니다. 어째서 '젊은 여성이 일하는 도도부현이 합계특수출생률이 높다'라는 상관관계가 관찰되는지, 그 이유를 추측해서 말씀드리겠습니다. 어디까지나 추측일 뿐으로 증명은 불가능하지만, 이 이야기를 통해서 조금이라도 많은 분들께서 '납득'할 수 있으셨으면 좋겠습니다.

추측할 수 있는 첫 번째 이유는 요즘은 맞벌이 수입이 아니라면 아이 3명을 기르기가 상당히 어렵다는 점입니다. 일반적인 가정의 수입과 지출의 균형을 생각해보면 여러분도 쉽게 실감할 수 있을 것입니다. 아이 3명의 이야기가 나온 이유는, 인구 수준을 유지하기 위해서는 2.1 정도의 출생률이 필요하기 때문입니다. 3명 이상 낳아주시는 분들이 충분히 많지 않다면 당연히 출생률은 2를 넘기지 못합니다. 그렇기 때문에 운 좋게 아이를 낳는 데 특히 적합한 체질·성격을 가진

일본 디플레이션의 진실

분이 있다면, 경제적인 제약에 얽매이는 일 없이 3명 이상을 낳아서 기를 수 있는 사회구조를 만들 필요가 있습니다. 그러기 위해서는 맞벌이 수입을 얻고 있는 가정을 늘리는 것이 가장 쉬운 방법입니다.

두 번째 이유는 맞벌이를 하기 때문에, 출근시간이나 근무시간에 보육소 등을 이용할 수 있어서, 혹은 부모의 도움을 더 받기 쉬워져서 육아 스트레스가 조금은 완화된다는 것입니다. 게다가 젊은 세대들에게는 상당히 당연해졌다고 생각하고 싶습니다만, 아버지도 어머니도 일하고 있기 때문에 오히려 아버지도 가능한 한 대등하게 육아에 참여하게 됩니다. 그렇게 되면 부부가 함께 더 많은 아이를 기르려는 의욕이 솟아납니다.

실제로 '남자는 일, 여자는 가정'이라는 생활방식은 고도성장기 이전, 상당수의 국민들이 농민이나 상인 또는 수공업자였던 시대에는 단순한 슬로건이었을 뿐 현실이 아니었습니다. 그런 가업의 세계에서는 대부분의 부인들도 남편과 함께 일했기 때문입니다. 영세농민의 경우에는 남편이 식사분담도 아이 보기도 담당했으며, 영세어부의 경우에는 부부가 배를 탔습니다(이것은 지금도 그렇습니다만). 상업에 종사하면 남편이 행상으로 집을 떠나고 안주인이 집과 가게를 관리하는 것은 아주 당연한 일이었습니다. 무사 중에도 하급무사는 부부가 부업도 밭일도 함께했습니다.

언제부터 그런 전통을 잊어버리고 여성을 집 안에 무직상태로 가둬놓기 시작했을까요? 생산가능인구가 급증하는 가운데, 기업이 그 대다수를 기업전사企業戰士로 흡수한 고도성장기 이후의 일입니다. 여성들에게 결혼퇴직을 권장한 것은 줄줄이 학교를 졸업하는 젊은 남성들을 위해서 자리를 비워놓아야 한다는 경제적인 요청이 있었기 때문입니다.

그러나 이미 충분합니다. 출생률은 급격하게 저하되었습니다. 해당 연도의 신규졸업자가 해마다 감소하기 시작한 1997년 이후에는 반대로 정년퇴직자가 신규졸업자 취업자를 상회하고 있습니다. 드라마 등에서는 종종 "나는 일을 하고 있다. 가정은 네가 지켜라"라고 고집을 부리는 남자의 모습을 볼 수 있습니다. 하지만 오늘날의 일본에서 정말 중요한 것은 일이라는 이름으로 축소되는 시장을 상대로 죽음을 각오하고 대량생산·염가판매로 도전하는 것이 아닙니다. 가정을 소중히 여기고 다시 아이들이 태어나기 쉬운 사회를 만드는 것입니다. 그 중요한 책무를 여성에게만 떠넘기고 남자는 책임을 지지 않는 것은 시대착오가 지나쳐도 너무 지나칩니다. 일이 중요해서 가정을 뒤로 미룬다는 사고방식은 21세기의 일본에서는 이미 사회악 수준이 되었습니다. 이 정도에서 톱니바퀴를 되돌려서, 기업전사의 가정을 전업주부에게 지키게 하는 전후戰後 일본의 특수한 생활습관을 멈춰야 하지 않겠습니까?

이렇게까지 말씀드렸지만, 일본에서 여성취업을 추진해나가는 과정에는 3개의 벽이 더 있습니다. 그것은 ① 남성의 마음의 벽("나는 여자가 아니다, 남자다"라는 것을 자랑스럽게 여기도록 교육받아온 일본남성의 '불완전한 인격형성'), ② 여성의 마음의 벽(여자가 노력하면 여자가 발목을 잡는 쓸쓸한 현상), 그리고 마음이 아니라 ③ 현실의 벽(일하는 여성 대신

일본 디플레이션의 진실

가사를 누가 분담하는가)이라는 세 가지입니다. 마음의 문제에 있어서는 젊은이를 대상으로 교육을 개선해가면서 세대교체를 기다리는 수밖에 없을지도 모릅니다. 그러나 마지막 문제에 있어서는 확실히 든든한 지원군이 존재합니다. 기업사회에서 퇴장하고 있는 고령남성들입니다. 그들이 사회인으로 축적해온 능력과 재주를 가지고 젊은 여성들을 대신해서 가사에 임한다면, 그만큼 여성들은 소득을 얻어 경제를 확대할 수 있으며, 고령남성도 가족의 칭찬을 받을 수 있습니다.

일본에 남겨진 세 번째 인재人材의 추진체인 미취업여성들에게 점화點火하기 위해서도, 반드시 첫 번째 추진체였던 단카이세대가 다시 한 번 최선을 다해 주시기를 간절히 바라고 있습니다.

제11강

그렇다면 어떻게
해야 하나? ③

노동자가 아니라 외국인관광객·단기체류객을 유치하자

마지막으로 말씀드릴 세 번째 방안은 방일 외국인관광객·단기체류 객의 증가입니다. '외국인노동자'의 도입이 아닌 '외국인관광객'의 증가. 이것은 일본경제의 장애물=생산가능인구의 감소가 경제학이 상정하는 것처럼 노동력의 감소가 아니라 소비자의 감소, 생산력의 감퇴기 아니라 내수의 감퇴라는 문제를 낳고 있다는 현실의 관찰로부터 당연하게 유도된 전략입니다. 생산자가 아니라 소비자를 외국에서 불러오자는 것입니다.

고부가가치율로
경제에 공헌하는 관광수입

　　　　　　　　내수확대를 위해서 공공투자를
해라, 보조금을 나눠줘라 등 여러 의견들이 있습니다. 그러나 외국인
관광객을 늘리고, 그 체재일수를 늘리고(가능하면 단기체류 하게 만들어
서), 그 소비단가를 늘려서 일본 국내에서 최대한 많은 돈을 쓰게 만드
는 것만큼 부작용 없고 효율 좋은 내수확대방안은 찾기 힘듭니다. 수
출에만 의지하는 경제활성화가 벽에 부딪혀버린 오늘날의 일본에서,
외국인을 대상으로 하는 유치·교류촉진에 의한 '내수확대'가 국가나
경제계의 전략에서 우선적으로 나오지 않은 것 자체를 이해할 수 없
다고 해야 할지, 한심하다고 해야 할지 모르겠습니다. 그저 후세의 비
웃음거리가 될 것만은 틀림없다고 생각합니다.

　사실 정부는 '○○○○년까지 외국인 관광객 ○천만 명 달성' 같은
목표는 내세우고 있습니다. 이번의 세계동시불황만 없었으면 2010년
도의 1,000만 명이라는 목표는 확실히 달성되었을 것입니다. 그러나
좋은 기회니까, 마찬가지로 정부의 목표 중 하나인 '××××년까지 외
국인에 의한 국내소비 ×조 엔 달성'에 더욱 주목해야 합니다. 그렇지
않으면 실무 담당자들은 이벤트 등 일단 관광객 수를 간단하게 늘릴
수 있는 쪽으로만 치닫기 쉽습니다. 머릿수는 늘리지 못해도 체재일
수나 소비단가를 올려서 최종소비액을 늘리는 것이 중요합니다.

　"그런 융통성 없는 말만 하지 마라. 머릿수가 목표라도 괜찮잖아"라
는 소리가 들려올 것 같습니다. 그러나 1회성 이벤트를 하거나 환승

승객(외국에서 외국으로 이동하는 도중에 공항에서 비행기를 갈아타는 손님)에게 단시간 관광을 시켜주는 것처럼, 머릿수를 늘리는 방안이 체재일수나 소비단가를 늘리는 것보다 간단합니다. 그렇게 처음부터 도망갈 길이 준비되어 있다면, 편한 방법만 시도해서 경제효과는 늘지 않습니다. 반대로 '외국인에 의한 일본 국내에서의 소비 X조 엔'이라는 목표를 강조한다면, 머릿수의 확대도 자연스럽게 수단의 일부로서 추구할 수 있기 때문에 아무 문제가 없습니다. 앞에서 말씀드린 "생산성 향상이 아니라 부가가치액의 상승" 혹은 "경제성장률의 상승이 아니라 일본 국내에서의 개인소비의 확대"와 같은 맥락의 이야기입니다.

그런데 현재 상태의 금액을 말씀드리면, 비즈니스 손님들을 포함한 방일 외국인의 국내소비액(=국제관광수입)은 2008년이 1조 엔 정도입니다. 일본제품의 수출액 77조 엔, 국내소매판매액 135조 엔에 비하면 상당히 적은 금액입니다. 그렇지만 2001년 당시의 4,000억 엔보다는 2배 이상으로 증가했습니다. 이상하게 정부가 하는 일에 대해서는 언제나 조건반사적으로 비판적이 되기 쉽습니다. 그러나 이 분야에 있어서만은 정부가 선두에 서서 지휘한 비지트 저팬 캠페인VJC, Visit Japan Campaign의 효과가 명확하게 나타나고 있습니다. 여러분도 디 칭찬을 해주셨으면 하는 부분입니다.

문제는 이것이 향후 어느 정도까지 늘어나는지입니다. 세계 각국의 국제관광수입을 비교해보면 일본은 절대액으로 28위 정도입니다. 1인당 수치로 환산하면 전 세계 국가들 중에서도 상당히 하위에 위치합니다. 인구가 일본의 25분의 1인 싱가포르도 일본과 동등한 1조 엔 정도는 되고, 인구 2,000만 명으로 일본의 6분의 1 이하인 오스트레일리아와 터키가 2조 엔입니다. 중국이나 이탈리아 등이 4조 엔, 세계 최대의 관광국 미국이 11조 엔입니다. 반대로 긍정적으로 생각해보면 일본에는 아직 수조 엔의 성장 가능성이 있습니다. 그뿐만이 아닙니다. 중국인의 1인당 해외여행지출은 최근 급성장하고 있다고는 하지만 아직 일본의 10분의 1 수준입니다. 이 수치가 일본의 약 절반 수준에 달하기만 해도, 단순계산상으로는 18조 엔의 국제관광시장이 새로 출현합니다. 바로 옆에서 수요의 대폭발이 일어나고 있는 것입니다. 그것을 수중에 넣는 것이 얼마나 중요한지 이제 이해하셨을 것입니다. 단기의 주유周遊가 아니라 체재로, 나아가 단기체류로 관광객 단가를 증대시키는 방향을 촉진한다면 이 수조 엔의 증가는 반드시 달성할 수 있습니다.

이렇게 말해도 "수조 엔 정도의 대책이라면 생산가능인구 감소에 따른 소비저하에 대해서는 언 발에 오줌 누기가 아닌가?"라고 생각하는 분도 계실 것입니다. 확실히 고령부유층에서 젊은 세대로의 소득이전은 1,400조 엔의 개인금융자산을 염두에 두고 있기 때문에 규모가 컸습니다. 또한 여성취업의 촉진도 일본에 단카이세대의 퇴직을 보완할 수백만 명의 신규취업자를 만들어내자는 주장이었기 때문에 지극히 효과가 큰 이야기였습니다. 확실히 이것들과 비교하면, 규모가 작은 이야기를 꺼냈다고 하셔도 딱히 할 말은 없습니다.

그러나 상당 부분의 관광수입은 인건비로 돌아갑니다. 따라서 수입 원재료를 가공해서 판매하고 있는 수출제조업이나 박리다매의 일반적인 소매업에 비해서 부가가치율이 높습니다. 관광청이 발표한 시산 試算을 나눠서 산출한 수치를 살펴보면, 관광매상이 1조 엔인 경우에 는 5,000억 엔이 부가가치로 GDP에 산입되고(즉, 부가가치율 50퍼센 트), 9만 명의 고용과 850억 엔의 세수가 발생합니다. 이것들은 직접 효과입니다. 간접효과를 포함시키면 관광매상 1조 엔에서 파생되는 GDP는 2.3조 엔, 고용이 19만 명, 세수가 2,200억 엔이라고 합니다. 다시 말해서 수조 엔의 관광수입 증가는 일본경제에서 결코 무시할 수 있는 것이 아닙니다.

"관광은 농업부터 제조업, 건설업, 부동산업, 금융업, 그 밖의 서비 스업까지 모든 지역산업을 활성화시키는 종합산업입니다." 이것은 제 가 존경하는 이 분야에서 가장 훌륭한 실천자 겸 논객, 관광 카리스마 인 야마다 게이치로山田佳一郎 씨(스위스 체르마트 재주在住)의 지적입니다. 우리는 이런 분명한 사실을 깨닫지 못하고 '일본은 물건제조(만)의 나 라'라고 우겨대고, 게다가 내수대응이 아니라 수출에만 주력해온 것 을 이번에야말로 진지하게 반성해야 합니다. 관광은 물건의 내수도 증가시킵니다.

비용 대비 효과가 지극히 높은
외국인관광객 유치

그러나 미래에 대한 전망은 차치 하더라도, 잠재적인 시장을 어떻게 현재화顯在化시켜가는지에 대한 전력과 전술에 있어서는 상당한 아이디어와 노력, 그리고 과거 방식과의 결별이 요구됩니다.

특히 최대의 문제는 여행대리점, 숙박업자, 지방자치단체의 관광담당 혹은 관광협회라는 기존 관광 관계자의 '타성의 트라이앵글'입니다. 이것은 제가 야마다 게이치로 씨 등과 함께 자주 강연하고 있는 분야입니다. 이에 대한 자세한 내용은 책 한 권을 쓸 수 있을 정도이기 때문에, 이 책에서는 전혀 언급하고 있지 않은 지역개발*과 마찬가지로 다음 기회로 미루도록 하겠습니다. 남겨진 논점인 정부의 관여에 대해서 보충설명을 하는 정도에 그치는 점을 양해해주십시오.

저는 지금까지 여기저기에서 "정부에 경기대책을 요구하기 전에, 기업이 살아남기 위한 행동으로서 자조노력을 해야 한다"라고 말해왔습니다. 외국인관광객 증가에 관해서도 기존 관광 관계 사업자의 노력이 최우선 과제라는 생각에는 변함이 없습니다. 단, 이 분야에 있어서는 일본정부의 관여가 해외 여러 국가들에 비해서도 극히 적기 때문에, 그 문제도 지적해보겠습니다. 재원財源이 부족한 일본정부이지만, 외국인관광객 유치는 비용 대비 효과적이라는 면을 고려하면 조금 더 세출을 투자해야 할 분야의 전형적인 예입니다.

일본정부도 관광입국立國을 내걸고 관광청을 설치하는 등, 관광 분야에 주력하기 시작했습니다. 그러나 그들 담당자의 노력에도, 관광

---

* '지역개발'에 대한 내용은 이 책의 지은이가 공저한 『숲에서 자본주의를 껴안다』(동아시아, 2015)에서 확인할 수 있다.

분야에 대한 실제 정부예산의 배분은 미미합니다. 외국인관광객을 유치하는 것이 임무인 '일본정부관광국'을 예로 들어보겠습니다. 세계 많은 나라들이 가지고 있는 조직이지만, 일본의 경우에는 관광청 소관의 독립행정법인 JNTO^{Japan National Tourist Organization}가 이것을 담당하고 있습니다. 이 조직의 존재 자체를 알고 계셨습니까? JNTO의 2008년 연간예산은 34억 엔이었습니다. 그중에서 정부 보조는 20억 엔뿐이고, 나머지는 민간기업의 찬조금이나 자기 부담의 조사·통계 판매금 등입니다. 직원 수는 해외사무소의 현지채용을 포함해서 140명이 조금 안 되는 정도입니다.

그에 비해서, 예를 들어 인구가 일본의 16분의 1밖에 되지 않는 스위스정부관광국(마찬가지로 특수법인)은 직원이 약 220명, 연간예산은 70억 엔 정도(정부 보조 42억 엔 포함)입니다. 참고로 스위스는 연방제국가로, 물론 정부관광국 이외에도 각 지역이 관광전문가를 양성하고 자신들만의 관광국을 가지고 있습니다. 인구가 일본의 25분의 1인 싱가포르를 살펴보면 직원이 570명, 연간예산은 120억 엔입니다. 이제 국력이나 인구에 비해서 일본이 지나치게 국제관광에 힘을 기울이지 않고 있다는 것을 아시겠습니까? 실제로도 인력이나 예산에 너무 제약이 많기 때문에, 외국인관광객 유치에 대한 진정한 전문가의 육성이 충분히 이루어지지 않고 있습니다. 또한 해외사무소 등의 현장은 "해야 할 일과 가능한 일은 얼마든지 있지만, 여유가 없다"라는 혹독한 현실에 직면하고 있습니다.

절대로 "인구비^{人口比}에 맞춰서 싱가포르 수준의 연간 3,000억 엔을 투자해라"라고 요구하는 것이 아닙니다. 그러나 예를 들어, 예산을 (겨우) 100억 엔을 늘려서 결과적으로 외국인관광객의 일본 국내소비가 연간 1조 엔에서 2조 엔으로 증가한다면, 조 단위의 돈을 써도 그 전액이 소비로 돌아갈지 전혀 알 수 없는 각종 보조금이나 수당과 비교해도 분명히 효율이 좋은 투자입니다. 실제로 정부가 '비지트 저팬 캠페인'을 시작한 지 아직 10년이 채 안 되지만, 일본을 방문한 외국인 수도 일본 국내에서 소비하는 금액도 2배 이상으로 증가했습니다. 그러니 결코 공상을 말하고 있는 것이 아닙니다. 요즘 세상에 이 정도의 정부관여의 잠재적인 경제효과가 있는 분야는 좀처럼 존재하지 않습니다. 이런 성장기회가 왜 방치되고 있을까요?

경직화된 종적 관계 예산시스템 속에서 제대로 된 예산의 교체가 이루어지지 않았다는 점. '정부가 해야 할 일은 거시정책에 의한 경제성장률의 확보'라는 강한 선입견 때문에 자국의 관광 매력을 밖에 어필하는 미시정책의 부재가 이어진 점. 마찬가지로 '일본은 물건제조(만)의 나라'라는 강한 선입견 때문에 물건의 수출뿐 아니라 관광객 유치도 외화 획득의 수단이라는 인식이 이루어지지 않은 점. 근본적으로 공장유치 등에 비해서 관광진흥이 지역의 경제력을 끌어올리는 데 대단히 중요한 시책이라는 것이 이해되지 못한 점. 이런 점들이, 한마디로 만성과 선입견이 그 원인이라고 생각합니다. 국가보다도 기업 스스로의 노력이 필요하다고 생각하는 저이지만, 이 점에 있어서는 반드시 개선되기를 바랍니다. 또 하나, 일본을 방문하는 많은 아시아인 관광객들에게는 비자 취득도 장애물입니다. 대상국에 따라 달라지

일본 디플레이션의 진실

기도 하지만, 일본이 관광으로 그 나라를 방문할 때는 비자가 불필요한데 상대가 관광으로 일본에 올 때는 예금의 잔고증명 등을 첨부해서 비자를 신청해야 하는 상황입니다. 그 이유는 불법취업 방지입니다. 그러나 멀리 일본까지 오는 아시아인 관광객은 대부분 부유합니다. 일본인보다 훨씬 좋은 집에서 살고 호화로운 생활을 하고 있기 때문에 오히려 우스운 느낌까지 듭니다.

물론 불법취업을 인정하라는 말은 아닙니다. 그러나 '어느 나라에서 온 사람이라도, 일본에게 관광객은 대단히 대단히 중요한 손님'이라는 것을 근본적으로 인식하고, 해가 갈수록 제도를 개선해가기를 바랍니다.

고령자의 급증에
대처하기 위한
'새로운 강령'

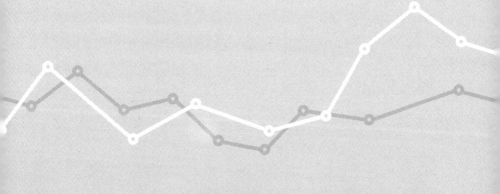

지금까지 '일본경제의 재활성화를 위해서는 어떻게 해야 하는가?'
라는 주제로 '생산가능인구 감소'에 대한 대처방안을 알려드렸습니다.
제가 그중에서 중요한 이야기 하나를 의도적으로 피하고 있었다는 것
을 이미 눈치채셨겠지요? 인구의 파도가 낳는 또 하나의 큰 문제점,
'급증하는 고령자에 대응해서 어떻게 의료복지와 생활안정을 유지해
갈 것인가?'라는 안심·안전 확보에 대해서는 지금까지 전혀 언급하지
않았습니다. 그것은 문제가 없어서가 아니라 문제가 너무 크기 때문
입니다.

그러나 이대로 끝내는 것은 너무 무책임합니다. 따라서 마지막으로
제가 개인적으로 생각하고 있는 기본적인 방향성을 몇 가지 소개하겠
습니다. 단, 사실을 논리적으로 전개해온 지금까지와는 달리 앞으로

말씀드리는 것들은 전부 다 저의 생각, 이른바 '자설自說'입니다.

　말하자면 사카모토 료마坂本龍馬의 선중팔책船中八策* 같은 것입니다. 어디까지나 대략적이고 전체적인 비전으로, 구체적으로 어떻게 해서 그렇게 하겠다는 전략도 개별의 전술도 없습니다. 그것들은 한참 뒤의 문제입니다. 그러나 비전 없이는 전략도 없고, 전략 없이는 전술도 있을 수 없습니다. 오늘날 일본의 의료복지를 둘러싼 논의는, 비전과 전략은 생산가능인구가 증가하고 있던 시대 그대로 방치하고 있으면서, 지나치게 기술적으로 전술에만 치중하고 있지 않습니까?

　'폭론暴論'이라는 한마디로 정리될 것을 각오하고, 누가 아무리 노력해도 궁극적으로는 이렇게 할 수밖에 없다고 예상되는 전망을 말씀드리겠습니다.

제일 먼저 충실한 생활보호를 통해서
고령화사회의 안심·안전을 확보하자

　　　　　　　우선, 줄고 있는 현역세대가 주로 부담하고 있는 정부의 자금은 평균 수준으로 생활할 수 있는 수준의 재산을 가진 사람(고령자도 포함)의 생활지원에는 사용하지 말아야

---

* 사카모토 료마(1836~1867)는 에도시대의 인물로, 대정봉환(막부가 권력을 천황에도 양도한 사건)을 주도해 실질적으로 일본의 근대화를 이끌었다. 선중팔책은 사카모토 료마가 구상한 8조의 신정부 강령으로, 대정봉환은 물론 이후 메이지정부에 큰 영향을 미쳤다. 고향을 떠나 상경하는 배 안에서 동료에게 보여주었다는 일화에서 이런 이름이 붙었다.

합니다. 한정된 정부의 돈을 개인을 대상으로 사용할 경우에는 정말 가난한 사람이나 사회적 약자를 구제하는 일에 집중적으로 사용하고, 소득에 관계없이 배부되는 지원금, 감세, 소득공제 종류는 폐지할 필요가 있습니다.

하지만 의료와 교육은 예외입니다. 의료에 있어서 어디에 선을 그을지는 여기서는 결정을 보류하겠지만 병이나 부상위험의 가능성을 고려하면, 현행 건강보험이 그렇게 하고 있는 것처럼 일반인이라도 지원을 받을 수 있는 체제를 유지하는 것이 중요할 것입니다. 또한 저는 고등학교까지의 교육은 무료여야(+대학 수준 이상에 관해서는 의욕만 있다면 대출이 아니라 장학금을 획득할 수 있는 기회가 풍부하게 존재해야) 한다고 생각하는 사람입니다. 저출산은 계속 진행되고 있기 때문에, 공교육 관련 예산의 절대액을 늘리지 않고도 대응할 수 있습니다. 무엇보다도 "부모가 돈이 많은 아이가 부모의 힘으로 부당하게 어드밴티지를 얻고 유리한 지위를 손에 넣는 사회는 국제경제에서 패배하든가, 국내의 사회질서가 자멸하든가의 어느 쪽으로든 망하게 된다"라는 강함 우려감을 가지고 있기 때문입니다.

이것은 자주 듣는 "부모가 가난해도 능력이 있는 아이에게는 기획가 균등하게 부여되어야 한다"라는 것과 같은 이야기처럼 보이지만 실은 취지가 다른 주장입니다. 저는 물론 능력이 있는 인간이 빈곤하기 때문에 능력을 펴지 못하는 것도 문제라고 생각합니다. 그러나 그들이 올라오지 못하는 것만큼, '그 정도의 능력이 없는데도 지위를 차지한 인간이 늘어나는' 쪽이 오히려 사회에 한층 더 해악을 가하는 일이라고 믿습니다. 정말 능력이 있는 사람이라면 다소 억압을 받아도 결국 능력을 발휘하는 것을 기대할 수 있습니다. 그러나 능력이 없는 인간이 지위보전에만 급급해하며 높은 지위에 둥지를 틀고 있는 것을 제거하는 일은 지극히 어렵기 때문입니다. 참고로 여기에서 말하고 있는 능력은 입시 관계자가 '능력'이라고 착각하고 있는 '시험에서 점수를 따서 좋은 학교에 입학하는 기술'이 아니라, 일반적으로 생활하면서 충분히 돈을 벌고, 가족과 즐겁게 생활하면서 사람과 소통하고, 힘을 길러서 사회에도 공헌해가는 힘, 즉 '살아가는 힘'입니다.

그러나 지금 설명드린 교육·의료 관련 이외에는 정부의 여러 보조금은 생활보호로 일원화해도 좋지 않을까 생각합니다(농가를 포함한 개인기업을 대상으로, 생활지원이 아닌 생산정책으로 지급되는 보조금은 여기에 포함되지 않습니다. 지금은 그것의 옳고 그름에 대해서는 논하지 않겠습니다).

기본적으로 개인에게 정부의 돈(=모두가 낸 세금)을 건네주는 경우, 그것을 저금할 정도로 여유 있는 계급까지 대상을 넓힌다면 경제효과(내수확대효과)가 그만큼 감소되어버립니다. '자산효과가 기대된다'라고 교과서에 쓰여 있는 추상적인 이야기(사실을 통한 검증이 없다는 점에서는 이론이라고는 할 수 없습니다. 저는 거의 미신에 가깝다고 생각합니다)를 내세우는 분은 한 번 더 책의 앞부분을 읽어보고 왜 최근의 '전후 최장의 호경기' 속에서 소매판매액에 자금효과가 작용하지 않았는지에 대해서 재고해보시기 바랍니다. 만약 생활보호나 모자가정의 양육처럼 저소득자 지원에 한해서 돈을 사용했다면, 나눠준 돈은 그대로 소비에 반영되어서 공공공사 등에 비해서도 대단히 높은 효율의 내수 활성화 효과가 있었을 것입니다. 이 경우에는 복지정책임과 동시에 경제정책으로도 효과가 있습니다.

물론 같은 생활보호 대상자들 중에서도 일할 수 없는 아이와 노인에게는 후하게, 현역세대에게는 능력에 따라서 엄격하게 처리되어야 합니다. 흔히 발생하는 현역세대의 생활보호 부정수급에 관해서는 행정기관이 재량껏 대처하는 것이 아니라 사기죄의 형법범으로 꾸준히 기소해야 합니다. 악질적인 사람에게는 주저 없이 징역을 부과할 필요가 있습니다. 형법을 적용하면, 예를 들어 조직폭력배 등을 엄격하게 처벌하는 것처럼, 부정수급자 개개인의 사정이나 생활태도 등에 따라서 형량판단과 정상참작 등을 유연하게 해나갈 수 있다는 이점도 있습니다.

물론 일하지 않고 공공비용에 의지하는 생활보호 귀족을 늘려서는 안 됩니다. 그러나 노인과 아이들에게 일하라고 요구하는 것은 무리입니다. 그들에 대해서는 필요한 최소한의 지원은 확실히 이루어질 수 있도록 해야 합니다. 예를 들어, 빈곤가정의 아이가 도시락을 가지고 오지 못하는 사태에 대해서는, 부모가 아니라 어린이에 대한 지원으로 무료급식을 제공합니다(급식비를 면제해줍니다).

단, 일부 지방자치단체가 하고 있는 것처럼 '부모의 소득에 관계없는 일률적인 급식비의 무료화' 같은 일은 절대로 해서는 안 됩니다. 일반적으로 아이를 기를 수 있을 정도의 수입이 있는 세대는 인간으로서 그리고 생물로서의 자부심을 가지고 독자적인 힘으로 아이를 길러야 합니다. 또한 아이에 대한 지원에 기생하는 부모, 고령 부모에 대한 지원에 기생하는 성인자녀의 경우에는, 일이 늘기는 하지만 고령자나 어린이와는 분리시켜서 본인에게 우선 자력으로 일을 시키는 방향으로 유도해야 합니다. 이것들은 물론 생활보호 관련 공무원 수의 대폭적인 증가를 전제로 합니다. 그 비용을 마련할 방법에 대해서는 나중에 설명드리겠지만, 정부의 연금 관련 지출의 대폭적인 삭감분을 이쪽으로 돌려야 합니다.

다음은 성인 생활곤궁자입니다. 그 안에는 심신장애로 돈을 충분히는 벌 수 없는 사람과, 일을 할 수 있는데 게으름 피우고 있는 사람들의 여러 경우가 섞여 있습니다. 이 또한 일이 늘기는 하지만 개별적인 재활프로그램을 만들어서 능력에 따른 목표를 정하고, 생활을 개선하고 생활보호 의존에서 탈피할 수 있도록 지도해갈 필요가 있지 않겠습니까? 그 과정에서는 목표를 달성하지 못한 벌로 지원 수준을 일시적으로 낮추는 등의 방법이 필요하다고 생각합니다.

그리고 "그렇게 하면 개인이 납세한 돈은 결국 생활곤궁자의 생활지원으로 전부 들어가게 된다. 그렇다면 소득이 있는 사람들은 일본에 세금을 안 내게 되지 않을까?"라고 걱정하시는 분들께 한 말씀 드리겠습니다. 걱정할 필요는 없습니다. 일본인의 대부분은 나이를 먹으면 먹을수록 외국에서는 생활할 수 없습니다. 언어가 가장 큰 문제입니다만(일본어 이외에 의사에게 진찰을 받을 수 있을 정도의 외국어 회화 실력을 구비한 사람은 극히 일부라고 생각합니다), 물도 식사도 기후풍토도 대단히 축복받은 일본의 환경에 익숙해진 인간은 도저히 이 열도

일본 디플레이션의 진실

를 떠날 수가 없습니다. 만약 밖으로 나간다고 해도 언젠가는 돌아오고 싶어질 것입니다. 물론 떠나는 것은 자유입니다. 그러나 일본어를 구사하는 인간(외국인 포함)에게 천국인 일본을 최후의 터전으로 삼는 사람들에게는 일본의 치안이나 경제를 지키기 위한 어느 정도의 부담이 요구된다는 이야기입니다. 그리고 그렇게 일본을 선택한 사람은 만에 하나 일을 못 하게 되어도, 못 움직이게 되어도, 사회적 약자가 된 이상은 죽을 때까지 돌봐줄(절대적 빈곤까지는 떨어지지 않도록 지원할) 필요가 있습니다.

연금에서
'출생년별 공제'로 전환하자

두 번째는 더욱 '폭론성'이 높은 의견입니다. 그러나 누가 어떻게 노력해도 궁극적으로는 이렇게 할 수밖에 없다는 확신은 가지고 있습니다.

바로 21세기에는 모든 분야에서 '노인들은 젊은이들에게서 징수한 돈으로 돌본다'라는 전후戰後 반세기 동안 고수되어온 방식을 포기할 수밖에 없다는 의견입니다. 향후에는 노인은 더욱 급증하고 젊은이는 감소하는 일방적인 흐름이 계속됩니다. 그러므로 이 방식을 고수하고 있으면 돈은 절대로 회전하지 않습니다. 예를 들어, 연금은 개인의 납부분은 물론 매년 정부의 막대한 세금투입에 의해서 유지되고 있습니다. 한마디로 현역세대가 낸 세금으로 현재의 고령자를 돌보고 있는 구조이기 때문에 유지는 불가능합니다.

　근본적으로, 부유한 인간도 평범하게 생활할 수 있을 정도의 재산이 있는 중산층도 연금수급자라면 일률적으로 정부의 금전지원대상이 되어왔다는 자체가 이상하다(유지할 수 있다면 괜찮겠지만, 자금운용적인 면을 생각하면 불가능)고 생각합니다. 연금은 어느 시점이 되면 납입액에 일정한 이자를 붙여서 각자에게 돌려주는 것이 어떨까요(그 전에 누가 얼마를 납입했는지 특정해야 합니다. 현행법률상으로는 무리입니다만)? 하지만 상당한 고령자에게 그런 환경의 급변이 생겨도 곤란할 것입니다. 전후의 번영 속에서 이득을 본 세대 이후, 구체적으로는 1940년생 이하나 1945년생 이하부터 그런 조치를 시작하는 것이 타당할 수도 있습니다.

　그렇다면 정부는 노후의 안심을 책임지지 않는 것일까요? 그렇지 않습니다. 이미 말씀드린 것처럼, 연금을 납입해왔는지 여부에 상관없이 생활곤궁자에게는 최저 수준의 생활보호를 일률적으로 제공해야 합니다. 특히 후기고령자를 이제 와서 일을 하라며 시장경제원리 속으로 내던지는 것은 의미가 없습니다. 그들의 과거의 태만을 나이를 먹은 뒤에 벌하는 것은 현역세대에게 공포감만 안겨줄 뿐입니다. 재원적인 면에서도 지금까지 연금재정에 투자해온 자금의 일부를 사용하기만 해도 꾸려갈 수 있지 않겠습니까?

　단, 그것뿐이라면 정말 최저 수준이기 때문에 덧붙여 연금을 대신하기 위한 '출생년별 공제出生年別共濟'를 제도화해야 합니다. "이것을 구입하는 사람에게는 생애에 무슨 일이 있더라도 정부가 생활과 일정

수준의 의료복지는 죽을 때까지 보장한다. 그 대신, 다행히도 납입한 비용을 사용하지 않고 건강하게 세상을 떠난 경우에는, 남은 돈은 환급하지 않고 출생년이 같은 다른 고령자를 위해서 전액 사용한다"라는 제도입니다. 방금 연금을 환급한다고 말씀드렸습니다만, 실제로는 이 출생년별 공제에 (임의로) 입금해두는 것입니다. 이 제도를 통해서 출생년에 따른 인구의 차이에 상관없이 '노인들은 노인들에게 징수한 돈으로 돌본다'라는 것을 실현할 수 있습니다. 운 좋게 큰 병도 앓지 않고 다치지도 않은 채로, 세상을 떠나기 직전까지 건강하게 지내다 돌아가신 분들이 남긴 돈을 불행히도 큰 병을 앓거나 크게 다친 같은 세대 분들을 돌보는 데 사용함으로써, 상처받는 사람 없이 고령화 사회를 이겨낼 수 있습니다.

그런 완벽한 일이 있을 수 있을까요? 누군가 손해를 보지 않는 이상 그런 일은 실현 불가능하지 않을까요?

전쟁에서 모든 것을 잃어버린 사람도 많았던 과거의 세대를 대상으로 그런 제도를 도입하면, 풍요로운 시대에서 살아온 후속세대에 비해서 분명히 불공평합니다. 그러나 1940년대 출생자 이후 세대라면, 태어난 연도별로 나눠보면, 특정한 해에 태어난 출생사 선원이 살아가기에는 충분한 양의 저축을 획득할 수 있을 것입니다. 물론 같은 해에 태어난 사람들 중에도 개인차가 큽니다. 그러나 같은 해에 태어난 사람들끼리 서로 돕는다면, 그 세대는 전원이 행복하게 최저한의 생활수준·의료복지 수준은 향유할 수 있습니다. 후속세대가 선행세대를 돕는다는 연금제도는 고령자가 가난한 소수자였던 전후 반세기 동안에는 대단히 훌륭하게 기능했습니다. 그러나 고령자가 상대적으로 부유한 사람들도 많이 포함된 다수자가 되고 있는 21세기에는 기능할 수 없습니다. 반대로 고령자에게 충분한 저축이 없었던 옛날에는 기능하지 못했던 이와 같은 출생년별 공제 제도가 훌륭하게 기능하는 시대가 되었습니다.

그렇지만 이 제도로 잠재적으로 손해를 보는 사람이 없는 것은 아닙니다. 단, 손해를 보는 사람은 고령자 본인이 아닙니다. 누구라도 사후에 무덤으로 돈을 가지고 가는 일은 불가능하기 때문입니다. 다행히도 큰 병도 앓지 않아 공제에 지불한 돈을 다 쓰지 못하고 돌아가신 분도 딱히 손해를 봤다고는 할 수 없습니다. 손해를 보는 것은 '다행히도 큰 병도 앓지 않고 다치지도 않은 채로 세상을 떠나기 직전까지 건강하게 지내다 돌아가신 분'의 '상속인'입니다. 부모가 이 공제를 구입했다면, 그 상속인이 손에 넣는 상속재산은 그 공제의 대금만큼 줄기 때문입니다.

그러나 손해를 본다고 해도 어디까지나 계산상의 이야기입니다. 상속인이 실제로 현금을 내야 하는 것은 아닙니다. 부모가 재산을 물려주기 전에 어떻게 소비하는지는 부모의 자유이며, 자식도 자식대로 본인도 공제를 구입하면 자신의 노후는 (같은 세대 중에서 건강한 상태로 세상을 떠나는 분에게 도움을 받아서) 안심입니다. 다시 말해 이 공제 방식이라면 누가 현금을 지불하지 않아도, 각 세대가 세대 내부에서 서로 도움을 주고받음으로써 고령자의 급증을 극복할 수 있는 것입니다.

참고로 이 이야기는 제가 책도 읽지 않고 혼자서 생각해낸 것입니다. 그러나 직면한 현실이 같은 이상, 이 세상에는 같은 생각을 하는 분들도 당연히 계실 것입니다. 어디선가 들은 이야기입니다만, 과거 국토청國土廳*이 1970년대에 3전총(제3차 전국종합개발계획)을 구상했을 때, 인구예측을 통해서 현재와 같은 고령자의 급증을 간단히 예상했고 그에 대처하는 방책으로 같은 방향성(연금제도를 공제로 개편)이 검토되었다고 합니다. 그러나 당시의 연금관료들의 맹렬한 반대로 이 방안은 어둠 속에 묻혀버렸다고 합니다. 그들은 연금에 대한 정부자금투입에서 부수적으로 발생하는 방대한 권익을 지키고 싶었을 것입니다. 하지만 그 시점에서 이런 시책이 시작되었다면 일본의 현재는 크게 달라지지 않았을까요?

의료복지 분야의 공급증가는
주택공급과 동일한 사고방식으로 진행하자

　　　　　　　　세 번째는 의료복지서비스의 공급을 안정적으로 증가시키기 위한 제안입니다.

일본의 의료복지는 정부의 가격통제 아래에 있으며, 이용자가 지불하는 가격을 낮게 억제하는 과정에서 수익자부담을 크게 상회하는 비용이 들고 있습니다. 간단히 말해서, 의료복지의 공급자(의사, 간호사,

---

* 　현재 일본의 국토교통성에 해당한다.

간호복지사, 그 밖의 의료복지 관계자)의 인건비는 결국 상당 부분을 (건강보험이나 간호보험을 경유해서) 정부가 부담하고 있는 셈입니다. 그리고 그 의료복지의 고객=고령자가 5년 동안 수십 퍼센트라는 속도로 급증하고 있는데, 자금원인 정부가 대규모의 적자이기 때문에 의료복지 종사자의 인건비 총액을 충분히 늘리지 못했습니다. 결과적으로 공급능력증가=종자사의 인원증가가 이루어지지 못했고, 병원 관계자도 복지 관계자도 지금은 상당수가 저임금·장시간노동에 신음하고 있습니다.

이것은 전형적인 '정부의 실패'입니다. 지금은 일종의 유행처럼 여러 분야에서 시장만능주의가 비판받고 있고 개중에는 올바른 비판도 있지만, 이 경우는 반대입니다. 수요가 있는데, 게다가 수요자의 다수를 차지하는 고령자 중에는 윤택한 저축을 가지고 있는 사람이 많은데도 공급이 충분하게 이루어지지 못하고 있습니다. 그뿐 아니라 공급자 측이 과로사할 수도 있는 상황에 놓여 있습니다. 그 결과 수요자도 불안에 떨고 있는 상황입니다. 이 어이없는 상황은 요점을 제대로 파악하지 못한 공공단체의 개입이 시장의 정상적인 기능을 방해해서 수급균형을 해치고 있는 전형적인 예입니다.

물론 정부에는 변명거리가 있습니다. "시장경제원리를 도입하면 약육강식 상황이 되어버린다. 부자는 높은 수준의 의료복지를 받을 수 있지만, 돈이 없는 사람은 만족스러운 서비스를 받을 수 없게 될 것이다"라는 이유입니다. 훌륭하게 들리는 말이지만 현재 상태에서는 공급자 측이 워킹푸어로 전락하고 있으며, 특히 간호의 현장에 지원자

일본 디플레이션의 진실

가 없는 상태가 만성화되고 있습니다. 그렇기 때문에 정말로 돈을 풍족하게 쓸 수 있는 특별한 사람이 아닌 이상, 만족스러운 서비스를 받을 수 없습니다. 정부의 지나친 개입의 결과, 결국 약육강식에 가까운 상황이 나타나버렸습니다. 게다가 장시간·저임금노동으로 간호서비스나 의료에 종사하고 있는 젊은이 같은 공급자 측의 취업자까지도 '육'으로 변해버렸습니다.

이런 상황에 대해서 시장경제의 효용을 주장하는 입장에서는 "진료보수나 간호보수를 자유화해서 수입총액을 올릴 수 있게 함으로써, 충분한 일손을 확보할 수 있게 만들어야 한다"라는 주장이 나오고 있습니다. 다시 말해, 보다 큰 금액을 지불하는 대신 보다 쾌적한 의료복지서비스를 요구하는 사람들에게 충분히 봉사하고 충분히 돈을 받아서 공급자 측의 수입을 늘려야 한다는 생각입니다. 저도 이 원리는 기본적으로 틀리지 않다고 생각합니다. 그러나 그만큼 윤택하게는 돈을 쓸 수 없는 사람에 대한 서비스가 소홀해질 걱정은 없을까요?

사실 시장경제원리의 관철을 부르짖는 움직임 속에는 일정비율로 "노력을 게을리한 결과 가난해진 사람이 일종의 본보기로 나름대로 고통받는 것은 개의치 않는다"라는 의견을 가지고 있는 사람이 섞여 있습니다. 저는 '노력할 수 있는데 하지 않는 인간을 어느 정도 질책하는 것'은 필요하다고 생각합니다. 그러나 '노력할 수 있다, 없다'를 '결과만 보고 일률적으로 구분'하는 것은 대단히 어려운 일입니다. 나아가 의료복지나 교육이라는, 개인의 생존권 혹은 차세대의 기회균등에 관련된 부분을 질책에 사용하는 것에는 반대합니다. 따라서 저를 "빈곤한 사람이 어느 정도 고통받는 것은 개의치 않는다"라고 생각하는 경향이 강한 사람들과 동일하게 보신다면 대단히 곤란합니다. 그런 주장을 하고 있는 것이 아니기 때문입니다. 그러나 '돈을 풍족하게 쓰지 못하는 사람에 대한 서비스가 소홀해지는 사태는 막으면서도, 보다 큰 금액을 지불해도 좋으니까 보다 쾌적한 의료복지 서비스를 요구하는 사람들에게는 충분히 봉사하고 충분히 돈을 받아서 공급자 측의 수입을 늘리는 것'은 동시에 실현 가능하다고 생각합니다.

실제로 지금까지 일본에서는 수요가 현저하게 증가한 상황에서 약자보호와 부자들을 상대로 한 매상증가를 동시에 달성했던 분야가 존재합니다. 바로 주택공급입니다.

1940년대부터 1995년 사이에 일본의 생산가능인구는 딱 2배가 증가했습니다. 당연히 이에 비례해서 방대한 양의 주택공급이 이루어져야 했습니다. 태평양전쟁 이후의 일본은 빈민가를 형성하는 일도 없이, 요구하는 사람 전원에게 크든 작든 간에 문화적이고 건강한 생활을 영위할 수 있는 주택을 공급하는 일에 성공했습니다. 이것은 어떤 방법에 의해서 이루어졌을까요? 그것은 정부의 개입(=공공주택의 제공)과 민간기업에 의한 공급의 최적의 안배에 의해서였습니다.

지금도 남아 있지만, 1955~1964년이나 1965~1974년에는 현재보다도 훨씬 많은 사람들이 주택공단·도도부현·시정촌이 운영하는 주택에 살고 있었습니다. 공공부문에서 이루어진 이런 주택의 공급이 부모세대보다 2배나 많았던 전쟁 중에 태어난 세대나 전후戰後에 태어난 단카이세대의 높은 파도를 흡수했습니다. 상당수는 목조의 나가야

長屋* 혹은 콘크리트 건물이라도 엘리베이터가 없는 공동주택이었습니다. 집은 좁고 화장실은 재래식이었지만, 위생상태가 나빠서 전염병이 만연하거나 주민의 평균수명이 다른 지역보다도 떨어지는 일은 없었습니다.

한편, 그렇다고는 해도 그곳을 나와서 민간기업이 공급하는 주택(소유자택 포함)으로 이사 가는 편이 쾌적함이 컸기 때문에, 많은 사람이 어떻게든 돈을 모아서 그곳을 나가려고 노력했습니다. 이것이 중요한 점입니다. 실제로 전후 일본에서는 일생일대의 쇼핑으로 비싼 모기지론을 빌려서 자택을 구입하는 일이 당연한 행동이었고, 일반적으로 모두들 그렇게 했습니다. 물론 그렇게 못 하고 마지막까지 공영주택에 남았다고 해도, 덜 쾌적할 뿐이지 생존권이 손상되는 것은 아니었습니다. 그러나 다들 손해와 이득을 도외시하고 있는 것은 아닌지 의심스러울 정도로 일본 중류계층의 자택구입을 향한 의지는 강했습니다. 공영주택의 윤택한 공급은 전혀 그런 의지를 저해하지 않았습니다(=민간기업에 의한 주택공급시장의 성장을 저해하지 않았습니다).

여담입니다만, 현재 도상국의 원조에 있어서 공영주택을 세울 때에 반복되고 있는 실수는 현지의 민간주택보다도 쾌적힌 수준의 공영주택을 공급하고 있다는 것입니다. 이렇게 되면, 정부 관계자에게 연줄이 있는 사람처럼 소득이 높은 계층이 공영주택에 입주해버리고, 서

---

* 한 건물 내부에 칸막이를 해서 여러 가구가 살 수 있도록 만든 집. 그 대부분이 좁고 긴 형태를 하고 있어서 붙여진 이름이다.

민에게는 손이 닿지 않는 대상이 되어버립니다. 그 결과 빈민가는 사라지지 않고, 바람직한 민간주택시장의 발전도 저해됩니다. 실은 일본의 의료복지 분야도 이것과 비슷한 실수를 하고 있는 것처럼 보입니다.

저는 현재 수요급증기에 있는 의료복지의 경우에도, 주택수요급증기의 공영주택공급과 민간주택공급의 역할분담과 똑같은 체계가 기능할 수 있게 만들어야 한다고 생각합니다. 즉, 공적인 의료복지서비스의 내용은 공영주택처럼 개인의 생존권을 충분히 만족시키는 수준이 아니면 안 됩니다. 단, 그것은 결코 충분히 '쾌적한' 수준이라고는 말할 수 없는 수준에 머물러야 합니다. 그 이상의 더 쾌적한 서비스를 원하는 사람은 민간기업의 임대주택으로 이사를 간 사람이나 자택을 구입한 사람들처럼, 자기 돈으로 계속해서 보다 쾌적한 수준을 추구해갈 수 있도록 만들어줘야 합니다.

단, 공적보험만으로 살아가는 사람과 본인이 돈을 내서 더 쾌적한 서비스를 추구하는 사람은, 경험하는 쾌적함은 다르지만 평균수명은 똑같다는 것을 목표로 삼아야 합니다. 그리고 공급자 측(=의사, 간호사, 간호복지사, 그 밖의 의료복지 관계자)도 공적보험으로 방문하는 사람과 자기 돈으로 방문하는 사람 중 어느 쪽을 상대하더라도 일정 한도 이상의 충분히 만족할 수 있는 수입을 얻을 수 있는 체계가 필요하다(그리고 그런 체계의 구축은 가능하다)고 생각합니다. 공영주택을 건설해도 민간주택을 건설해도, 건설업자에게는 그에 상응하는 매상이 돌아가는 것과 마찬가지입니다.

이처럼 공적개입에 의해서 나름대로 높은 최저선(=내셔널 미니멈)*을 보장하면서, 한편 시장경제원리에 따라서 그 이상의 쾌적함을 추구하는 것은 자유롭게 인정한다는 결론은 과거에 주택시장에서 실현됐었음에도, 시장 또는 정부개입이라는 현재의 헛된 이원론 안에서는 잊어버리기 쉽습니다. 전문분야의 벽에 가로막혀 있는 것일까요? 아닙니다. 단순한 온고지신 정신의 결여입니다.

그러나 이것을 실현하면 공급자 측의 인건비는 확실하게 늘릴 수 있습니다. 또한 그 자체가 이 책에서 큰 주제로 제시하고 있는 '고령부유층에서 젊은 세대로의 소득이전'의 한 가지 과정이기도 합니다. 게다가 앞에서 설명드린 '출생년별 공제'의 가입비를 의료복지 현장에 대한 요금지불로 돌린다면, 현장의 고통은 더욱더 완화될 것입니다.

지금까지의 제언은 '말하는 것은 간단'합니다. 구체적으로 생각하면 생각할수록 걸림돌은 산더미처럼 나타날 것입니다. 전술론의 전문가로부터 "현실적인 제도설계나 제도의 안정성 요청에 입각하지 않고 있다"라는 비판이 그야말로 산더미처럼 쏟아져 나올 것입니다. 그러나 고령자의 급증이라는 사태 쪽이 훨씬 절대적인 현실이며 기존의 제도설계 등은 그런 현실 앞에서는 무용지물이 되어버립니다. 그렇기 때문에 저의 주장에 대해서는 일단은 비전으로서의 우열이라는 관점에서, 전술론의 막다른 골목에 갇히지 않은 비판과 의견을 주신다면 감사하겠습니다.

---

* 국민생활 환경기준. 한 나라 전체 국민의 생활복지상 필수불가결한 최저 수준을 나타내는 지표.

다양한 개성의 콤팩트시티들과
아름다운 전원이 수놓는 나라

고용정세가 한층 악화되었다는 보도가 이어지고 있습니다. 특히 젊은이들의 취직은 더욱 어려워지고 있습니다. 단카이세대가 60세를 넘기고 한창 1차 퇴직을 하고 있는 중이기 때문에, 원래 젊은이들의 인력부족현상이 발생해야 하는 시점입니다. 현실의 경제는 악순환의 방향으로 나아가고 있습니다. 즉 '단카이세대의 1차 퇴직→그들의 연소득 감소→그들의 소비 감퇴→내수대응산업의 공급과잉추세→내수대응산업의 상품·서비스 가격 붕괴→내수대응산업의 채산 악화→내수대응산업의 채용 억제·인건비 억제→내수의 감퇴 증가'라는 국내경제 축소의 흐름이 소용돌이치고 있습니다.

사실은 지금까지 이 책에서 말씀드린 것처럼 단카이세대의 1차 퇴직으로 인해 여유가 생긴 인건비를 젊은 세대로 돌리는 노력을 한다면, 내수의 감퇴를 방지하고 끝없는 경비삭감의 지옥에서 탈출할 수 있습니다. 혹은 고령부유층이 가만히 앉아서 주가하락을 지켜보고 있는 것이 아니라 가지고 있는 금융자산의 1퍼센트라도 소비해준다면 일본의 국내경제는 크게 활기를 띠게 될 것입니다.

　그러나 '100년에 한 번의 불황'이라는 표어 아래에서 "지금은 불경기니까 어쩔 수 없잖아"라는 변명이 기업사회에 버젓이 통용되고 있기 때문에, 젊은 세대의 고용을 지켜주려는 움직임은 전혀 나타나지 않고 있습니다. 정부의 재무상태를 고려한다면 극히 비현실적인 '경기대책은 정부의 일'이라는 사고가 만연해 있기 때문에, 자기가 직접 소비함으로써 금융자산을 지켜내려는 부유층도 거의 찾아볼 수 없습니다. 그 결과, 기업들의 일본 국내 판매가 일직선으로 곤두박질치고 주가도 떨어지고 있습니다. 다시 말해, 모두가 서로의 목을 조르고 있는 상황이 계속되고 있는 셈입니다.

　'일본인의 노화에 따른 생산가능인구의 감소'라는 사태의 본질을 무시하고, 일어나고 있는 일들을 무리하게 '경기순환'으로만 설명한 것이 이런 사태를 초래한 가장 큰 원인입니다. "모든 일은 경기가 회복되고 나서"라고 미시적인 부분에서 발생한 실패까지 경기의 탓으로 돌려버리고, 심지어 지금 꼭 해야 하는 일까지 뒤로 미루는 일도 정당화되는 실정입니다. 그러나 과거 10년 이상 그래왔던 것처럼, 그들이 일본인의 노화를 고려해서 적절한 대책을 취하지 않는 이상, 호경기가 오든 불경기로 돌아가든 앞으로도 계속해서 기업의 과잉재고는 썩어가고 내수는 축소되어갈 것입니다.

　하지만 사실은 생산가능인구의 감소는 (젊은 세대의 소득을 그것에 대응해서 증가시킨다는 가정하에) "일본의 고용과 내수를 유지하면서 동시에 생산성도 높일 수 있다"라는, 일본의 역사가 시작된 이래의 가장 큰 기회입니다. 기업은 '경기대책'을 정부에 맡기는 것을 그만두고 스스로 젊은 세대를 고용함으로써 내수를 확대시킵니다. 한편 정부는 (부자도 생활곤궁자도 일률적으로 지원하는 지금 같은 연금에 대한 재정투입을 중단하고) 빈곤한 고령자를 대상으로 하는 사회적 안전망에 만전을 기함으로써 고령자의 퇴직을 촉진합니다. 이와 같은 새로운 분담이 가능하다면 수십 년 뒤의 일본은 현재의 경제규모를 유지한 채로 몇 배나 높은 생산성을 달성하고 있을 것입니다. 젊은 세대의 소득향상과 여성취업 촉진으로 인해서, 그리고 단카이세대의 죽음에 따른 사회복지부담 절대액의 감소로 출생률도 크게 향상되어, 현재보다는 적은 수준이지만 연도별 출생자수도 안정될 것으로 예상됩니다.

그 무렵의 일본, 생산가능인구가 30~40퍼센트 줄어든 뒤의 국토의 모습은 어떻게 변해 있을까요? 전후戰後 반세기를 지배한 도시개발 지역 확대·용적율 향상·토지신화 등은 모두 붕괴되어 있을 것입니다. 인구감소에 맞춰서 도시개발지역을 축소하고 기존의 시가지나 농산촌 집락을 재생시켜서, 어중간한 교외지역의 개발지는 전원과 임야로 되돌리는 현상(콤팩트시티화Compact City化*)이 각지에서 진행될 것입니다. 그 과정에서 전후 일본이 잃어버린 최대의 자원인 아름다운 전원 경관과 저마다 확실한 개성을 가진 도시경관의 부활을 계획할 수 있습니다. 용적률을 낮춰서 저렴하게 지은 고층 건축물을 스카이라인이

---

* 콤팩트시티는 도시고밀도 개발을 통해 지속 가능한 도시공간형태 조성을 지향하는 도시정책 모델을 말한다.

정리된 중저층 건축물, 그것도 높은 내진성의 고품질 건물로 재건축하는 '감축減築'이 당연해질 것입니다.

또한 생산가능인구=토지이용자의 감소에 따른 땅값의 현저한 하락과, 토지를 보유하는 것만으로 이익을 얻어온 세대의 죽음으로 부동산거래는 훨씬 유동적으로 변할 것입니다. 정기차지定期借地의 보급에 의한 '토지의 소유와 이용의 분리'의 일반화, 토지가 아니라 건물이 낳는 수익을 기준으로 하는 부동산 평가방법의 정착, 불평불만을 늘어놓으며 자기 잇속만 챙기는 토지소유권자의 감소에 의한 신속한 비내진건축물의 재건축 등이 기대됩니다. 토지보유가 저축 수단으로서의 의미를 잃어가면서 공예품이나 미술품, 명주銘酒, 명차名車, 명반名盤, 뛰어난 디자인의 건축물 등, 빈티지 라벨이 붙는 상품의 구입이 저축 수단으로 대체되고, 그 결과 사회에서 문화와 디자인이 차지하는 지위가 해마다 높아질 것입니다.

대량생산품 시장이 천천히 축소되는 한편, 각 지역의 개성을 살린 핸드메이드 지산지소품地山地消品*을 공급하는 영세사업자(신규참가자들도 다수 포함되어 있을 것입니다)가 계속 늘어날 것입니다. 해외에서 싼값의 대량생산 보급품을 수입하는 흐름도 확대됩니다. 한쪽, 일본보다 늦게 인구성숙을 겪게 되는 아시아 여러 국가 등에 일본의 고가 지산지소품을 수출하는 흐름도 매년 증가될 것입니다.

참, 그리고 제가 이곳저곳에서 자계自戒를 담아 비판해온 '수험엘리

---

* 지산지소는 지역에서 생산된 농산물은 지역에서 소비한다는 뜻이다.

트'의 문제는, 정답이 있는 문제·논증 가능한 문제에만 대답을 잘하는 우등생이 사회에 나와서 현실부적응 증후군을 앓게 되는 상황이 앞으로도 20년 정도는 계속될 것입니다. 그러나 그런 시험만 잘 보는 사이비 엘리트는 결국 사회의 일선에서 퇴장할 것입니다. 또는 그런 사람들에게 지배당한 일부 대기업이나 관청은 사라져갈 수밖에 없습니다. 부모의 공포심을 부채질하고 입시경쟁으로 내몰아서 돈을 벌어온 입시산업의 면면도 아무리 번드르르한 말을 하고 있어도 저출산 속에서 차례로 소멸되어갈 것입니다.

다시 한 번 말씀드리지만, 진정한 엘리트나 지도자는 성공이 보장된 길을 억지로 걷게 해서 키울 수 있는 것이 아닙니다. 초야 속에서, 종래의 기준으로 말하면 학력도 없고 경력도 없지만 사람을 이끄는 힘과 매력 그리고 청렴함을 갖춘 지도자가 반드시 나타날 것이라고 믿습니다.

아니, 사실 지도자는 그다지 중요하지 않습니다. 일본은 항상 현장에서 땀을 흘리고 있는 보통 사람들의 노력으로 몇 번이나 회생시켜온 사회입니다. 저는 그런 현장의 힘, 잡초의 힘을 신뢰합니다.

제가 큰 확신을 가지고 상상하는 미래는 '다양한 개성의 콤팩트시티들과 아름다운 전원이 수놓는 나라'의 등장입니다. 인구감소 속에서 한 사람 한 사람의 가치가 상대적으로 높아지고, 그 속에서 살아가는 사람들도 각자 보람 있는 일을 발견하고 활기가 넘칠 것입니다. 그런 미래의 실현을 위해서 자기가 살고 있는 지역을 좋게 만들어가고자 활동하는 남녀노소는 점점 늘어갈 것입니다. 저는 이런 새로운 바람이 시작되는 것을 매일매일 전국에서 실감하고 있습니다.

이렇게 오랜 시간, 제 이야기를 들어주셔서 감사합니다.

　'경제를 움직이고 있는 것은 경기의 파도가 아니라 인구의 파도, 즉 생산가능인구=현역세대 수의 증감이다.' 책의 요지를 한마디로 정리하면 이렇게 말할 수 있습니다. 누구의 '의견'도 아닌 객관적인 '사실', '생산가능인구의 감소와 고령자의 급증'이라는 일본의 현실에 대한 인식을 한 사람이라도 많은 사람들과 공유하고 싶다는 것이 이 책을 쓰게 된 동기입니다.

　사실에 대한 인식만 공유할 수 있다면, 아무리 마음이 맞지 않고 의견이 달라도 함께 취해야 할 대처방안을 자연스럽게 찾을 수 있을 것입니다.

　물론 '사실'과 '의견'의 구별은 어려운 일입니다. 예를 들어, 천동설이 상식이었던 시대의 사람들을 비웃을 수 있을까요? 천동설을 믿고 있던 중세 유럽인도 지동설을 당연하다고 알고 있는 현대인도 대부분의 사람들은 자신이 직접 사실을 확인한 것이 아닙니다. 주변 사람이나 권위가 "이것이 사실이다"라고 말하는 것을 그대로 믿었던(믿고 있는) 것뿐입니다. 결국 지금도 과거에도 대부분의 사람들에게는 '모두

가 그렇게 말하는 것'이 '사실', '일부 사람들만 말하는 것'이 '의견'이
되어버립니다.

그런 식이라면 우리들은 몇 번이고 실수를 반복할 수밖에 없습니
다. 여기 이 책에서는 자료의 출처도 명기해서 책의 내용이 진정한 '사
실'인 것을 누구라도 검증할 수 있도록 했습니다. 저의 '의견'을 그대
로 받아들이기 위해서가 아니라 '사실은 사실'이라고 알기 위해서, 의
문을 품으셨다면 반드시 원전原典을 확인해주십시오. 경제학을 공부한
적이 있는 분들은 실수로 머릿속에 정착시켜버린 잘못된 믿음을 제거
할 기회가 될 수도 있을 것입니다.

마지막 장에서는 몇 가지 제언도 적고 있습니다. 이 부분만큼은 제
'의견'입니다. 그러나 부디 앞 장의 사실 인식 부분을 건너뛰고 뒷부분
만을 읽고는 "엉터리 제언이다"라고 무시하지는 말아주십시오. 사실
을 마주하기 전에 이념에 빠져서 스스로의 사실인식을 일그러뜨리는
것은 (누군가의 방식일지도 모르지만) 저의 방식이 아닙니다. 나중도 먼
저도 상관없습니다만, 반드시 앞부분의 사실인식을 확인하고 음미하
신 뒤에 저의 제언이 어떤지 판단해주십시오.

저의 본업은 시가지활성화, 관광진흥, 기업경영 등 지역진흥에 관
한 구체적인 분야에서 구체적인 지역이나 기업에 계신 분들을 대상으
로 강연이나 어드바이스를 하며 돌아다니는 것입니다. 책이 강연풍으
로 쓰인 이유는 지금까지 총 3,000회 이상, 많은 해에는 연간 400회
이상 해온 강연에서 이야기한 총론을 몇몇 강연록을 바탕으로 되살린

것이기 때문입니다.

책에서 말씀드린 총론은 각지에서 구체적으로 지역개발 활동을 시작할 때 전제로 삼을 필요가 있는 내용입니다. 이 책을 시작으로 앞으로는 각각의 논의에 대한 저술을 계속해가겠습니다.

그리고 참고문헌의 언급이 (문장 중간의 한 곳을 제외하고) 없는 것을 의심스럽게 여기는 분들도 계실 것이라 생각합니다. 참고문헌은 국세조사를 비롯해 본문에서 사용한 통계 데이터뿐으로 그 이외에는 특별히 존재하지 않습니다. 단, 일본경제신문출판사에서 나온 졸저『실측! 일본 지역의 힘実測! ニッポンの地域力』도 함께 읽어주시면 감사하겠습니다.

출판에 있어서, 게으른 저를 수년간 밤낮을 가리지 않고 방문하며 집필하도록 격려해주시고, 열의과 성의로 마침내 여기까지 도달하게 해주신 가도카와쇼텐角川書店의 편집자 기시야마 유키히로岸山征寬 씨, 무수한 강연의 현장을 찾아 방대한 공정단계를 거쳐서 강연록을 제작하고 수정해주신 유한회사 HA2와 직원 여러분들께 깊은 감사를 드립니다. 저처럼 어딜 봐도 한심한 직원의 존재를 받아주고 지금까지 감싸주고 키워준 도량이 넘치는 근무처 주식회사 일본정책투자은행에도 다시 한 번 감사의 뜻을 전합니다.

마지막으로, 저에게 지혜와 활력을 주는 아내, 그리고 신념을 따라서 행동하는 것을 결코 포기하지 않는 전국 각지의 풀뿌리 지역부흥 관계자 여러분들께 이 책을 바칩니다.

일본 디플레이션의 진실

일본 **디플레이션**의 **진실**

초판 1쇄 펴낸날 2016년 1월 12일
초판 6쇄 펴낸날 2019년 10월 18일
지은이   모타니 고스케
옮긴이   김영주
펴낸이   한성봉
편집   안상준·박소현
디자인   유지연
마케팅   박신용
경영지원   국지연
펴낸곳   도서출판 동아시아
등록   1998년 3월 5일 제1998-000243호
주소   서울시 중구 소파로 131 [남산동 3가 34-5]
페이스북   www.facebook.com/dongasiabooks
전자우편   dongasiabook@naver.com
블로그   blog.naver.com/dongasiabook
인스타그램 www.instagram.com/dongasiabook
전화   02) 757-9724, 5
팩스   02) 757-9726

ISBN   978-89-6262-127-3 03320
이 도서의 국립중앙도서관 출판예정도서목록(CIP)은 서지정보유통지원시스템 홈페이지(http://seoji.nl.go.kr)와
국가자료공동목록시스템(http://www.nl.go.kr/kolisnet)에서 이용하실 수 있습니다.
(CIP제어번호: CIP2015035632)